디테일리즘

Detailism

프리미엄 호텔은
어떻게 고객을 만족시키는가

디테일리즘

조정욱
지음

SAY KOREA

추천의 글

호텔이라는 구체적 현장을 통해 경영의 본질을 다루는 책이 이렇게 깊이 있게 쓰인 경우를 보지 못했다. 『디테일리즘』은 화려한 전략보다 실행의 완결성을, 속도보다 신뢰를 우선하는 리더십을 이야기하고 있다. 고객을 향한 세심함이 조직문화와 성과로 어떻게 전이되는지 생생히 보여주고 업종을 불문하고 경영자라면 반드시 되짚어야 할 원칙을 제시한다. 현장의 경험이 이론을 압도하는 설득력으로 다가오며 복잡한 시대일수록 '디테일'이 경쟁력이라는 사실을 다시 일깨워주는 책이다. 업종을 불문하고 디테일이 프로세스와 시스템으로 결합되어 조직문화와 실행력으로 연결될 때 한 차원 높은 경쟁력이 될 것이다.

— 김정환 (홍콩 폴리테크닉대 호텔경영학과 특임교수, 전 호텔롯데 대표이사)

『디테일리즘』은 기술이 고도화된 시대에도 여전히 사람이 호텔의 중심임을 일깨운다. 조정욱 대표는 서비스의 디테일을 단순한 매뉴얼이 아닌 인간의 감각과 판단, 배려가 만들어내는 지적 행위로 설명한다. AI가 실행하지 못하는 온기와 맥락 그리고 관계의 미묘함이야말로 호텔을 움직이는 진짜 힘임을 이 책은 설득력 있게 보여준다. 『디테일리즘』은 급격한 변화 속에서 호텔의 전략과 산업의 본질을 고민하는 현직자들, 호텔업의 내일을 책임질 학생들에게 깊이 있는 사유의 기회를 줄 텍스트가 될 것이라 믿는다.

― 김현정 (Executive Coach Society 대표)

호텔은 결국 '디테일의 집합체'이다. 눈에 보이지 않는 완성도를 쌓아가는 과정이 곧 경쟁력이고 그것이 고객의 신뢰로 이어진다. 『디테일리즘』은 그 단순한 진리를 깊이 있게 증명해낸 책이다. 조정욱 대표는 화려한 구호보다 원칙과 기준, 그리고 실행의 힘이 조직을 움직인다는 사실을 현장에서 몸소 보여주며 만들어낸 성과의 과정을 이 책에 담아냈다. 『디테일리즘』은 호텔을 포함해 고객을 가까이에서 마주하는 산업뿐 아니라 모든 업계의 리더에게 타협하지 않는 디테일이 고객을 사로잡을 수 있음을 일깨우는 경영의 교본이다.

— 성영목 (전 신세계조선호텔 대표이사)

호텔 경영은 사람과 시스템, 감성과 효율의 균형으로 완성된다. 『디테일리즘』은 그 미묘한 균형의 예술을 현실적인 사례들을 통해 깊이 있게 풀어낸 책이다. 조정욱 대표는 수많은 현장에서 부딪히며 터득한 디테일의 본질인 보이지 않는 질서와 감각의 조율을 생생히 보여준다. 서비스는 순간의 친절이 아니라 축적된 사고와 실행의 결과라는 저자의 통찰에 깊이 공감한다. 이제 '디테일'은 단순한 기술이 아니라 경영과 리더십의 핵심 언어로 다시 정의되어야 한다. 『디테일리즘』은 그 변화의 지점을 가장 설득력 있게 제시하고 있다.

— 유명순 (한국씨티은행 은행장)

『디테일리즘』은 호텔이라는 특수한 공간을 넘어 모든 조직의 운영 전반에서 디테일이 어떻게 전략이 되는지를 탐구한 경영학적 텍스트이다. 조정욱 대표는 감각과 경험의 영역으로 여겨지던 서비스 품질을 체계적인 경영 언어로 승화시키고 있다. 그의 통찰은 고객 경험 관리, 현장 중심 리더십, 조직 몰입 등 현대 경영 이론의 주제와도 맞닿아 있다. 호텔을 넘어 모든 조직의 리더가 읽어야 할 책으로서, 디테일을 경영의 철학으로 바라보는 새로운 패러다임을 제시하는 책으로서 이 책을 권한다.

— 유용종 (한국호텔업협회장, 전 워커힐호텔 대표이사)

호텔은 '인간'과 '공간', 그리고 '순간'이 정교하게 맞물려 완성되는 산업이다. 『디테일리즘』은 그 복잡한 조화를 이끄는 리더의 통찰을 담은 귀중한 기록이다. 조정욱 대표는 호텔을 경영의 현장으로 삼아 디테일이라는 언어로 서비스와 조직의 본질을 재정의해왔다. 이 책은 단순한 경영 노하우를 나열한 것이 아니라 호텔이 지향해야 할 품격과 리더십의 기준을 제시하는, 호텔 경영의 교과서 같은 책이다. 호텔 산업으로의 진출을 꿈꾸는 학생들에게는 현장을 이해하는 감각을, 현업 종사자에게는 디테일을 경영의 언어로 삼는 지혜를 전해줄 것이라 기대한다.

— 이애리 (중부대학교 호텔비즈니스전공 학과장)

경영의 본질은 산업의 경계를 넘어 통한다. 『디테일리즘』은 호텔이라는 무대를 통해 '고객을 향한 경영'의 정수를 보여준다. 조정욱 대표는 고객 경험의 모든 순간을 세심히 설계하며 작은 차이가 어떻게 큰 신뢰를 만든다는 것을 실감 나게 전한다. 이는 기술과 자본보다 '디테일'이 경쟁력의 원천임을 일깨운다. 변화와 불확실성의 시대일수록 조직을 이끄는 리더에게는 더 섬세한 감각과 따뜻한 통찰이 필요해지고 있다. 『디테일리즘』은 그 감각을 되살리고자 하는 모든 경영자에게 깊은 울림을 줄 것이다.

— **정창화** (전 포스코홀딩스 미래기술연구원장)

차례

Check-in
이제 호텔은 어떻게 돈을 벌 것인가   15

Floor 1
우리는 무엇을 위해서 고생을 자초하는가
: 전략적 의사결정의 디테일

악마는 디테일에 있다
고객 만족을 좌우하는 디테일에 대한 집념   25

당신은 고객을 얼마나 알고 있는가 26 | 일본에서 발견한 디테일의 끝 31 | 타협하지 않는 디테일 36 | 디테일, 프리미엄을 만드는 한 끗 37 | 디테일이 브랜드의 운명을 결정한다 41

죽은 생선이 더 맛있다
시장 최초는 고객 니즈 파악과 디테일한 준비에서 나온다   43

애월의 명물, 토마토 짬뽕의 탄생 44 | 모두가 경악했던 숙성 스시 48 | 우리나라 숙성 스시의 시작 51 | 혁신의 성공 조건 54

미슐랭 3스타 획득기
계획적·전략적 팀워크로 최고 수준에 도달하다   58

제로에서 시작하다 59 | 베일에 쌓인 미슐랭 가이드 선정 기준 60 | 지난한 미슐랭 스타의 길 63 | 한국 첫 번째 미슐랭 3스타 레스토랑 66 | 조직의 역량이 만드는 차이 69

시간을 브랜딩한다
옛것의 재해석을 통한 계승과 발전   73

존치와 철거의 갈림길 74 | 전문가의 시각이 뒤집은 패러다임 76 | 한옥의 비효율성, 그럼에도 불구하고 78 | 한옥, 독보적 자산이 되다 81 | 레전드는 시간이 만드는 것 83

30년은 돈 벌어줄 투자
장치산업인 호텔의 전략적 투자 철학   86

호텔은 서비스업이 아니다 87 | 한 번의 투자로 돈을 벌어라 88 | 30년 만에 단행한 전면 개보수 91 | 매일 같이 계속된 피 말리는 상황들 93 | 당장의 비용보다 중요한 완성도 97 | 브랜드 구축을 위한 고민 102

디테일 비하인드   고객이 뭐라 해도 과하다 싶게 포장하라   104

Floor 2
남다른 디테일을 만드는 집요한 사람들
: 인재와 조직문화의 디테일

스타 셰프의 탄생
이제 전문성만으로는 성공할 수 없다   111

우리 호텔의 총주방장을 소개합니다 112 | 일본에서의 잊을 수 없는 경험 115 | 식재료의 이야기꾼이자 문화의 전달자 119 | 새로운 보스, 신종철 셰프 123 | 뷔페의 달걀 코너에는 고참을 배치하라 126

키우지 마라, 데려와라
퀀텀 점프를 실현하기 위한 용인술   129

파격적인 지시 130 | 최고 중의 최고 영입 작전 132 | 드라마틱한 조직 혁신의 결과 135 | 변화한 시대에 맞춘 인재 운용 방식 139

고객은 잘못하는 경우가 없다
불만의 근본 원인과 매뉴얼을 넘어선 실전 서비스   143

선배가 건네준 장문의 의견 144 | 마음을 담은 것은 알겠지만 146 | 하필 VIP 서비스에 발생한 휴먼 에러라니 148 | 매뉴얼을 넘어서는 실전 서비스의 필요성 154 | 그럼에도 고객은 학생이 아니다 156

호텔에 어울리는 격이란
체계적인 계획과 실행이 일류를 만든다   160

호텔의 격과는 거리가 멀었던 웨딩과 식음 161 | 웨딩 일류화, 격에 맞는 변화부터 162 | 완벽한 고객 경험을 위한 프로세스 165 | 식음 일류화, 뷔페의 업그레이드 170 | 이제는 뷔페도 파인 다이닝이다 172 | 변화에 대한 저항과 타협하지 않는 혁신 174 | 고통스러웠지만 확실했던 일류화의 교훈 176

인재는 얼굴을 보면 안다
협업 능력을 가진 인재를 어떻게 찾을 것인가   179

하나를 보면 열을 안다 180 | 모범 답안 너머의 진정성 검증 183 | 호텔은 화합할 줄 아는 인재를 원한다 188

디테일 비하인드   모든 리더는 성격이 급하다   191

Floor 3
바람 잘 날 없는 호텔의 365일
: 위기 관리와 해결의 디테일

2018년 4월 27일
그 어떤 것도 대체할 수 없는 경험과 직관의 힘   197

훗날 역사에 기록될 만찬 198 | 설마 독도가 빠진 건 아니겠지 201 | AI 시대에도 유효할 인간의 능력 203

고객 불만의 연금술
사고와 불만도 기회로 바꾸는 위기 대응   207

순간의 대응이 불러오는 엄청난 차이 208 | 섣부른 판단 209 | 걷잡을 수 없이 커지는 문제 211 | 고객이 진정 원하는 것은 무엇인가 214 | 불만 고객에서 충성 고객으로 218 | 무조건 고객의 입장에서 생각하라 221

호텔에는 단차를 두지 마라
근본 원인을 찾아 해결하는 것이 진정한 대응이다   224

모처럼의 휴가를 멈추게 한 전화 한 통 225 | 호텔은 내가 아니라 고객이 이용할 곳이다 228 | 호텔을 건축할 때 기억할 디테일 233 | 호텔에는 고객만큼 직원도 많이 있다 234 | 잊지 말라, 호텔은 장치산업이다 236

셧다운, 그 후
필사즉생 필생즉사, 메르스 팬데믹의 교훈   238

고통과 맞바꾼 깨달음 239 | 전례 없는 위기의 시작 240 | 치열했던 14일간의 격리 244 | 메르스의 선물, 체계적 위기 대응 시스템 248 | 진짜로 고생 끝에 낙이 왔다 253

2주, 2개월, 2년
우리는 코로나19 팬데믹 이전으로 돌아가지 못할 것이다   **256**

존립의 기로에 서게 만든 위기 257 | 팬데믹 속 희비가 엇갈린 호텔 업계 260 | 구조적으로 뿌리부터 흔든 변화 263 | 이제 우리는 어떻게 해야 할 것인가 267

디테일 비하인드 배고픈 것은 참아도 배 아픈 것은 못 참는다   **271**

Floor 4
디테일의 끝을 보여드립니다
: 서비스와 제품 차별화의 디테일

프라이빗 시크릿 디너
예약을 어렵게 만들어 브랜드 가치를 높여라   **279**

비상식적 성공 법칙 280 | 접근성을 제한하는 마케팅 전략 281 | 품질로 완성되는 희소성의 정당화 283 | 문제를 문제로 보지 않는다 286 | 성과와 아직 풀어야 할 숙제 289 | 두 번째, 세 번째 시크릿 디너 293

아라비안 나이트와 망고 빙수
혁신은 기존 것의 새로운 재해석이다   **295**

최고의 경험을 상품으로 기획하다 296 | 진화적 발전을 통한 완성 299 | 낙과 덕분에 탄생한 베스트셀러 메뉴 302 | 제주에서만 맛볼 수 있는 망고 빙수 306 | 제철, 제산지, 그리고 전략 식자재 308

성산일출봉 상인에게서 배우다
마케팅은 타이밍, 남들보다 한두 계절 앞서라   **312**

하던 대로 하려면 아예 시작을 마라 313 | 데이터가 알려주는 시즌을 앞선 대응 318 | 고객이 원하기 전에, 찾기 전에 320

오후 3시에 시식하는 이유
올바른 시식과 온도 관리의 철학   **322**

프리미엄 식음 서비스의 기반 323 | 맛에 냉정해지는 시간, 오후 3시 323 | 이유 없는 고객 불만은 없다 326 | 고객 행동 패턴에서 발견한 해답 330 | 직원이 바빠지면 고객은 행복해진다 333

일상을 특별하게 만드는 스토리
일상도 바라보기에 따라서는 최고의 순간이다   **335**

잃어버린 도시 하바나 336 | 이방인에게 위로를 준 쿠바의 일상 340 | 투숙객의 향수를 달래주었던 작은 새장 343 | 앰버드의 탄생 345 | 환대의 스토리가 브랜드가 되다 348

> **디테일 비하인드**   팁은 고래도 춤추게 한다   **351**

Check-out
호텔리어로 살아온 8714일   **358**

Check-in

이제 호텔은
어떻게 돈을 벌 것인가

호텔 경쟁력의 기본, 입지와 인력

"호텔 사업에서 가장 중요한 것은 무엇입니까?"

 호텔 경영자로 일하면서 가장 자주 받게 되는 대표적인 질문이다. 호텔 경영자로 일하는 대부분의 시간은 매일 접수되는 고객 불만 사항 검토와 처리, 직원 관리와 교육, 새로운 서비스 개발, 시장 분석, 영업 대비 등 호텔 운영과 관련해 결정한 것을 실행하고 성과를 측정하는 일의 연속이었다. 그러는 중에도 시간을 내어 호텔이 성장하기 위해서는 무엇이 가장 중요한지 늘 고민해왔다.

같은 업계에서 일하는 지인에게 호텔 사업에서 가장 중요한 것이 무엇인지 묻자 그는 '입지'를 꼽았다. 예전부터 '장사는 목'이라고 했던 것처럼 첫째도, 둘째도, 셋째도 모두 입지만큼 중요한 것은 없다고 답했다. 아무리 멋진 건물을 지어놓아도 접근성이 좋지 않으면 고객을 불러 모으기 어렵다.

2000년대 초중반만 해도 제주도는 호텔 업계에서 볼 때 거의 버려진 시장이었다. 1990년대까지만 해도 대한민국의 거의 모든 신혼부부는 제주도로 신혼여행을 떠났다. 하지만 빠르게 해외로 수요를 뺏긴 데다가 항공편도 대한항공과 아시아나뿐이어서 수요를 늘리기에는 한계가 존재했다. 그러던 중 저가 항공 시장이 열리고 올레길이라는 콘텐츠도 더해지면서 제주도의 황금 시기가 다시 열렸다. 저가 항공의 등장과 함께 접근성이 좋아진 것은 입지 조건의 변화로 볼 수 있다.

그렇다면 입지만 좋으면 장사가 잘될까?

호텔을 경영하면서 느낀 것은 사람, 즉 직원의 중요성이다. 호텔이라는 곳에서 일어나는 일은 결국 사람이 하는 것이기 때문이다. 고객과 대면해 서비스를 제공하는 것은 호텔을 포함한 호스피탈리티 산업의 기본이다. 그러니 그 업무를 완벽하게 수행하기 위해서는 우수한 직원이 반드시 필요하다. 그들의 역량과 생산성은 호텔의 매출과 이익을 결정하므로 우수한 직원의 필요성이 이전보다 더욱 중요해지는 것은 맞는 말이다. 포시즌스 호텔의 창업자인 이사도어 샤프도 "사람을 꿈꾸게 하라."라고 말하며 사람의 중요성을 강조하지 않았던가. 그런 의미에서 좋은 직원을 뽑아 더욱 우수한 역량을 갖추도록 성장시키고 회사에 대한 충성도를 높이는 것도 중요한 요소 중 하나이다.

가치를 결정하는 브랜드

나는 늘 어떤 분야의 어느 사업이든 결국 모든 것은 브랜드 싸움이라고 생각한다. 상품과 서비스를 정의하고 고객이 그 상품과 서비스에 지갑을 열도록 만드는 것. 그것이 바로 브랜드가 하는 일이다. 그리고 브랜드의 가치가 상품과 서비스의 가격을 결정한다.

호텔도 무수히 많은 브랜드가 있고 각 브랜드마다 고객이 지불하는 가격도 다르다. 프리미엄 브랜드를 추구하고 만드는 것이야말로 호텔 사업이 성공할 수 있는 기본 중의 기본이다. 문제는 브랜드의 가치를 구축하는 작업이 결코 쉽지 않은 데다 브랜드의 정체성을 확립하는 데까지 시간이 제법 걸린다는 점이다.

각 호텔 브랜드마다 특색이 있는데 건물 같은 하드웨어 외 대부분은 맛과 서비스라는 두 가지 카테고리에 따라 결정된다. '훌륭한 맛'과 '만족스러운 서비스'라는 고객 경험으로 압축되는 이 관문을 통과해야 좋은 호텔이라는 평판을 얻게 된다.

우리나라의 경우 호텔 브랜드의 가치나 정체성은 주로 F&B 사업에서부터 시작한다. 유명인이나 VIP는 객실 투숙보다 식음 업장을 이용하기 위해 호텔을 찾는 경우가 많다. 그렇다 보니 호텔의 레스토랑이나 연회장의 시설이 잘 갖추어져 있고 메뉴가 훌륭해야 좋은 브랜드라는 인식을 갖게 되어 다시 방문하기 때문이다. 그래서 호텔 경영에 깊숙이 관여하게 되면서 레스토랑의 맛 품질 개선을 포함한 식음 일류화부터 시작하는 것이 중요하다고 생각했다. 물론 호텔은 식음만 중요한 것이 아니고 객실 부분이나 피트니스 클럽 등 다른 부분도 중요하지만, 적어도 국내 시장에서는 식음 부문이 호텔의 브랜드 명성을 올리는 데 매우 중요하다는 생각에는 모두 동의할 것이다.

우리나라에서 사업을 전개하는 글로벌 체인 호텔과 로컬 호텔, 특히 5성급 이상 호텔의 경우 브랜드 명성을 높이는 접근 방식에서 차이점을 보인다. 글로벌 체인 호텔은 로컬 호텔보다 F&B의 중요성을 비교적 하위에 두는 경향이 있다. 그들은 글로벌 체인 호텔이 강점을 보이는 객실 부문의 하드웨어나 소프트웨어적 특색을 부각하기 위해 힘을 쏟는 경향이 있다.

반면 로컬 호텔은 객실의 특색보다는 식음업장에서 그들만의 특징을 보여주기 위해 집중하는 경향을 보인다. 어느 쪽이 맞는가를 따지는 것보다 각자 선택한 전략에 맞춰 역량을 집중하고 고객의 선택을 받는 것이 중요하다고 생각한다.

AI 시대를 준비하는 호텔의 자세

고객을 불러 모을 수 있는 입지와 최상의 서비스를 제공할 우수한 인력 그리고 가치를 만들어낼 브랜드는 호텔 사업을 할 때 잊어서는 안 될 핵심 요소들이다. 그렇지만 시대가 변하고 있는데 과거부터 그래왔듯 이 세 가지만으로 될까? 혹시 무언가 더 중요한 것을 빠뜨린 것은 아닐까?

고객 접점이 크고 많은 호텔의 특성상 사람이 중요하다는 것은 모두가 동의한다. 다만 현재 시점에서는 말이다. 앞으로도 계속 사람이 중요할 것인지에 대해서는 의문이다. AI 시대가 빠르게 열리고 있고, 더불어 로봇이 인간의 삶에 점점 깊숙이 관여하는 시대가 되고 있다. 이러한 상황에서 앞으로도 호텔사업에서 직원의 역량이 절대적인 영향을 주는 시대가 계속될 것인가 하는 근본적인 질문을 던질 수밖에 없다.

아직 AI 시대, 로봇 시대를 본격적으로 살아보지 않았기 때문에 미래가 어떠할 것이라고 단정할 수는 없다. 그렇지만 지금까지의 변화를 통해 미래 추세를 예측한다면 앞으로 사람을 대신해 호텔의 많은 업무를 대체할 기기나 도구들, 구체적으로는 스스로 사고하고 판단하는 로봇이 많아질 것은 분명하다. 어쩌면 인간보다 일을 더 잘할 수 있을지도 모른다.

호텔 사업에서의 성공이라는 것은 영업이 잘되도록 해 어떻게든 고객이 우리 호텔을 먼저 떠올려 이용하도록 하는 것으로 정의한다면 AI 시대에서는 어떻게 하면 될까. AI 에이전트가 많은 것을 대신 해주는 시대가 열릴 터인데 인터넷에 존재하는 수많은 여행사를 통해 호텔을 찾고, 비교하고, 직접 예약하는 시대는 곧 끝날 것이다. AI에게 조건에 맞는 호텔을 찾아달라고 하고 예약까지 지시하면 다 되지 않을까.

그렇다면 앞으로 호텔 마케팅과 브랜드의 역할은 AI가 우리 호텔을 고객에게 먼저, 더 많이 제시할 확률을 높이는 것이 될 것이다. 고객은 예산에 맞는 가격대나 투숙할 인원처럼 기본적인 사항부터 시작해 이왕이면 레스토랑이 좋은 곳이나 주변에 둘러볼 관광지가 있는 곳 등 아주 사소한 것까지 AI에게 요청하게 될 것이다. 결국은 AI도 고객 후기나 각종 자료 등을 종합해 분석 후 결과를 도출할 것이므로 호텔의 브랜드 관리는 지금보다 훨씬 더 세분화하고, 또한 호텔의 모든 요소를 자기만의 스토리와 콘셉트를 결합해 고객을 설득할 맥락을 만들어내야 한다.

새로운 성공 공식의 탄생

앞으로 모든 호텔의 전략 도식은 이렇게 바뀌어야 할 것이다.

로케이션 + 우수한 인력 + 브랜드 + AI 마케팅
= 고객이 좋아하고 찾아주는 호텔

이제는 구글링이나 네이버 등을 통한 검색 시대, 즉 페이지 뷰가 KPI의 핵심이 되는 시대가 저물고 있다. AI의 작동 원리와 결과가 얼마나 잘 보이고 이해되는지를 말하는 AI 가시성(AI visibility)이 KPI의 핵심이 되고 있는 만큼 이에 맞춰 무엇이 호텔 사업의 성공을 정의하는지 성공 방정식부터 바뀌어야 한다.

호텔의 모든 영역에서 고객과의 관계를 다양한 스토리와 콘텐츠로 브랜드화하고 연결하는 역량이 중요해질 것이다. 호텔 예약부터 서비스 제공까지 기존의 호텔 시스템과 프로세스가 전부 바뀔 수도 있는, 사업 자체의 패러다임이 바뀌는 AI 시대가 되면 앞으로 호텔 사업이 어떻게 전개될지 예상하기란 결코 쉽지 않다. 그럼에도 변하지 않을 호텔의 핵심 가치는 '환대'가 될 것인 만큼 이것을 잘 지킨다면 거대한 변화 속에서도 올바른 길을 찾을 수 있을 것이다.

『디테일리즘』은 지금까지 내가 걸어온 37년이라는 커리어 중 3분의 2 가까이 되는 24년 동안 호텔이라는 복합 비즈니스 생태계 속에서 호텔리어로 일하며 발견한 호텔 경영의 본질인 '디테일'에 관한 이야기를 담았다. 호텔은 24시간 365일 불이 꺼지지 않는, 살아 있는 경영의 실험실이다. 호텔에서 만나는 모든 순간은 타협하지 않는 디테일의 연속이었고 그 디테일이 모여서, 그리고 진화적 발전을 거쳐 완벽한 고객 경험을 만들었다. 이제 그 디테일이 구현된 순간들의 기록과 거기에 숨겨진 경영의 비밀이 누군가에게는 도움이 되지 않을까 싶은 마음에 기꺼이 나누고자 한다.

앰배서더서울풀만 대표이사

조정욱

Floor 1

우리는 무엇을 위해서 고생을 자초하는가

: 전략적 의사결정의 디테일

악마는
디테일에 있다

고객 만족을 좌우하는 디테일에 대한 집념

디테일의 디테일

미니바 피드백

- 시기: 2013년 초, 전관 리모델링 시기
- 당시 직책: 서울신라호텔 마케팅팀 팀장

더 오쿠라 도쿄 방문

- 시기: 2019년 여름
- 당시 직책: 서울신라호텔 총지배인

당신은 고객을 얼마나 알고 있는가

호텔은 통상 10년에서 15년 정도의 주기로 '소프트 터치'라는 명목 아래 도배 등 소규모 공사를 통해 객실 등의 상태 개선을 하고 호텔의 상품력을 높이는 작업을 진행한다. 그리고 25년에서 30년 정도가 경과하면 '리노베이션', 즉 건물 구조체는 그대로 두고 시설물의 노후화 억제와 기능 향상을 목적으로 대규모 수선 공사를 하는 경우가 많다. 리노베이션 공사에는 객실의 크기를 키운다든지, 로비의 형태를 바꾼다든지, 새로운 식음업장을 만드는 등 규모가 크고 시간이 오래 걸리는 공사가 포함된다.

2013년 초, 당시 근무하던 호텔은 전관 리모델링 공사 중이었다. 특히 객실의 수를 줄이는 대신 객실을 전보다 넓히는 큰 규모의 공사를 진행하고 있었다.

객실 내부에 비치할 주문 제작 가구들에 대해 여러 방안이 검토되고 있던 어느 날 저녁, 갑자기 회의가 소집되었다. 전 임원과 주요 간부들은 호텔 개보수 목업 사무실로 밤 9시까지 모이라는 지시가 떨어졌다. 개보수 TF를 맡고 있던 단장에게 회의 소집의 이유를 물었더니 그도 정확한 이유는 모르지만, 아마도 그날 들어온 붙박이 가구 샘플 때문이 아닐까 한다는 대답이 돌아왔다.

목업 사무실에 도착했을 때의 시간은 대략 밤 9시를 향해 가고 있었고 소집된 임원과 간부들 대다수는 회의실 탁자에 자리하고 있었다.

"호텔 객실에 설치할 미니바 샘플이 들어왔습니다. 이렇게 회의를 소집한 것은 누구보다 호텔을 잘 아시는 여러분의 의견이 필요했기 때문입니다. 모두 한번 살펴보셨으면 해 늦은 시간인 것을 알지만, 자리해주실 것을 요청드렸습니다."

호텔 개보수는 항상 시간과 일정 그리고 비용에 쫓기는 작업이었다. 객실 가구들도 미리 준비한다고 나름 노력했지만, 이미 일정은 계획보다 두 달이나 지나 있었다. 그렇기에 당장 가구를 결정해도 공사 기간에 맞춰 납품을 받아 객실에 설치하기까지는 빠듯한 상황이었다. 이런 상황을 알고 있었기에 급하게 회의가 소집될 수밖에 없었던 것도 수긍할 수 있었다.

객실 미니바 목업 샘플은 이미 회의실 옆 공간에 설치되어 있었다. 회의실에 모인 임원과 간부들은 모두 일어나 살펴보기 시작했다. 소집된 사람들 중 호텔 개보수와 관련한 경험이 가장 많았던 TF 단장이 앞장서 의견을 말하기 시작했다.

"이 미니바는 고객들이 사용하기에는 다소 불편하게 디자인 되지 않았나 싶습니다. 먼저 문을 양쪽으로 열어야 해 문이 열렸을 때 공간을 너무 많이 차지합니다. 그리고 미니바의 핵심은 수납인데 수납 공간이 충분하지 않은 것도 문제라고 생각합니다."

일목요연하게 생각을 말하자 대표이사는 수긍의 의미로 고개를 끄덕였다. 함께 둘러서 있던 다른 사람들도 와인 잔 수납 기능이 충분하지 않다, 문이 닫혀 있을 때에는 미니바라고 인식하기 어려울 수 있겠다, 수납 공간의 마감 수준이 고급스럽지 못하다 등 자신들이 보기에 개선이 필요하다고 생각하는 것들을 이야기하기 시작했다.

대표이사는 이어지는 의견을 가만히 듣고 있다가 갑자기 가구 앞에 주저앉았다. 그러더니 미니바 하단의 서랍장을 만지작거리기 시작했다. 열어보고 또 닫아도 보면서 뭔가 골똘히 생각하는 듯했다. 수많은 의견이 오가기 시작한 지 한 시간쯤 지났을까. 그러는 중에도 대표이사는 깊은 생각에 잠겨 있는 듯했다.

사람들은 말없이 가구 샘플을 구석구석 꼼꼼하게 살피는 대표이사의 모습을 한동안 긴장하며 바라보았다. 그렇게 의도를 알 수 없는 시간이 계속되었다. 대표이사가 꼼짝도 하지 않은 채 가구에 집중하는 것을 보며 하나둘 긴장이 풀어지기 시작했다. 조심스레 삼삼오오 모이기 시작하더니 개보수가 아닌 회사 돌아가는 이야기를 주제로 대화를 하더니 나중에는 조금 소란스러워지기까지 했다.

어느덧 시간은 자정을 넘어 새벽 1시를 가리키고 있었다. 그때까지 두 시간 넘도록 가구 앞에서 꼼짝하지 않던 대표이사는 그제야 몸을 일으켜 미니바에 대한 자신의 의견을 말하기 시작했다.

대표이사는 고객이 미니바를 여는 순간부터 음료를 꺼낸 후 문을 닫는 과정을 시연하면서 말을 시작했다.

"배우자와 함께 투숙한 고객이 있다고 해봅시다. 새벽 2시에 잠에서 깬 고객이 미니바를 이용하려 합니다. 미니바의 문을 열 때 옆에서 곤히 자고 있는 동반자를 방해하지 않으려면 문 여는 소음은 어느 정도까지 허용할 수 있을까요? 그리고 미니바 내부 조명이 너무 밝다면 자다 깬 고객 입장에서는 눈이 부셔 불편함을 느끼지 않을까요? 그렇다고 조명이 너무 어두우면 내부에 무엇이 있는지 확인하기 어려울 수 있겠죠?"

전반적인 미니바의 장단점부터 시작한 대표이사의 의견은 모두를 놀라게 했다. 어느 정도 높이에서 어떤 각도로 열려야 고객이 불편함을 느끼지 않을지, 내부의 조명은 어느 곳에 어떻게 배치해야 효율적일지, 심지어 문을 닫을 때 발생하는 소리까지도 고려해야 한다고 했다. 그렇게 철저하게 고객의 입장이 되어 행동 패턴을 예측하면서 개선점에 대해 세부적인 것 하나하나 설명했다. 이후로도 미니바 목업에 대한 대표이사의 설명은 무려 세 시간 동안 이어졌다.

사실 대표이사가 의견을 말하기 전까지 회의에 소집된 사람들 중 그 누구도 그만큼 치열하게 고민하지 않았다. 어쩌면 '이게 내 일인가? 회사 일이지.'라고 생각했을지도 모른다. 나조차도 객실에 비치할 가구 하나를 가지고 뭐 이렇게까지 고민할 일인가 하는 생각을 했던 참이었다. 하지만 대표이사는 객실의 작은 가구 하나도 자신의 일이라고 생각했던 것 같다. 그런 자세를 가지고 고민한 결과였으니 그 의견의 질과 깊이는 누구와도 비교할 수 없었다.

자신의 의견을 모두 전한 대표이사는 처음부터 잘 만들었다면 좋았을 것이라며 아쉬움을 드러냈다. 임원과 간부들이 먼저 나서서 꼼꼼하게 점검해 더 좋은 결과물이 만들어지도록 하지 못했다는 질책도 빼놓지 않았다.

저녁 9시에 시작한 회의는 다음 날 새벽 5시가 조금 넘어 끝났다. 이 회의를 통해 진정한 리더는 모두가 이 정도면 충분하다고 생각하는 지점에서 고민하기 시작한다는 것을 깨달았다. 그리고 디테일에 대한 집착은 단순히 완벽주의라고 할 것이 아닌, 당연히 가져야 할 고객에 대한 깊은 이해와 배려의 태도라는 것을 마음 깊이 새기게 된 계기가 되었다.

일본에서 발견한 디테일의 끝

새로운 호텔이 오픈한다는 소식은 늘 신나는 일이다. 또 하나의 경쟁자가 새로 탄생하는 것이기는 하지만, 호텔에 새롭게 적용된 기술이나 콘텐츠는 무엇인지 분석하는 것은 무척 흥미롭기 때문이다.

국내외 호텔 간에는 상대방의 시설 방문을 원할 경우 그 요청을 수용하는 관례가 존재한다. 이것을 적극 활용해 새로운 호텔이 오픈한다는 소식을 접하면 정식 오픈 전에 미리 현장을 살펴보는 것을 원칙으로 삼아 실천하고 있다. 만약 경쟁 관계에 있는 호텔이라면 어떤 고객군을 타깃으로 설정했는지, 포지셔닝 전략은 어떻게 세우고 있는지 등을 알 수 있었기에 호텔 오픈 전에 방문해보면 미리 대비할 전략을 준비할 수도 있었다.

안다즈서울, 시그니엘서울, 포시즌스호텔서울이 처음 오픈했을 때에도 남들보다 먼저 가서 직접 보고 확인했다. 이럴 때마다 1순위로 관찰하는 부분은 인테리어의 마감이었다. 딱 한 곳만 살펴봐도 수준의 차이를 확인할 수 있어 이 호텔이 시장에서 어떤 전략을 취할지 예측할 수 있었다.

2019년, 일본 오쿠라 호텔이 올림픽을 대비해 진행한 재건축을 마치고 '더 오쿠라 도쿄'라는 이름으로 오픈을 앞두고 있었다. 당시 근무하던 곳은 오쿠라 호텔과 제휴를 맺고 있었던 터라 서로 빈번히 왕래했다. 때마침 일본을 방문하게 되었고 그 기회를 살려 현장 방문을 요청했다.

오쿠라 호텔의 세일즈 담당자는 구석구석 친절하게 안내해 주었다. 아직 오픈까지 한 달 정도 남았음에도 한국에서와는 달리 공사 진행이 거의 끝나 있었다. 한국에서는 오픈을 불과 며칠 앞둔 상황에도 공사를 마무리하지 못한 채 자재가 쌓여 있기 일쑤다. 이에 반해 오쿠라 호텔은 당장 오픈한다고 해도 될 정도로 깨끗이 청소까지 되어 있었다. 구석 한쪽에 일부 마감재가 쌓여 있는 것이 발견되었지만 가지런히 정돈되어 있었다. 게다가 어떤 공정이 얼마나 남아 있는지 알 수 있을 정도로 깔끔하게 정리되어 있었다. 이러한 모습은 이 호텔에서 경험하게 될 놀라움의 시작에 불과했다.

나는 안내하던 직원에게 이번 개보수의 핵심 콘셉트는 무엇인지 물었다. 표면적으로는 일본의 전통적 건물 형태나 문양 같은 것들을 발견할 수 있어 콘셉트가 무엇인지 대략은 알 것 같았지만 정확하게 확인해보고 싶었다.

"저희 호텔은 일본의 전통 오모테나시의 구현을 원칙으로 하고 있습니다. 당연히 일본 전통 건축 디자인을 추구하며 인테리어를 했습니다."

확실히 그런 것 같았다. 곳곳에서 일본의 전통 격자무늬라든지 등롱 스타일의 조명, 일본풍의 조그마한 정원처럼 일본의 전통을 구현했다는 것을 많이 발견할 수 있었다. 확실히 자기만의 건축 및 인테리어 철학을 잘 표현하고 있는 듯했다.

우리나라의 호텔은 건축 시 화재 예방을 위해 구역마다 천장에 열 감지기나 연기 감지기를 설치한다. 다만 감지기의 오작동이 워낙 잦은 탓에 연기가 많이 발생하는 곳인지, 열이 많이 발생하는 곳인지 판단해 필요에 따라 감지기를 달리 부착하고는 했다.

"여기는 주방 공간인 것 같은데요. 천장에는 열 감지기, 연기 감지기 중 어떤 것을 설치했나요?"

"일본에서는 열과 연기를 동시에 확인할 수 있는 복합 감지기를 설치하고 있습니다. 감지기가 작동하면 곧바로 소방서에도 정보가 전달됩니다."

혹시 오작동 상황이 자주 발생하는지 묻자 일본 직원은 고개를 갸우뚱하며 전혀 그렇지 않다고 답했다. 이것은 단순히 감지기의 품질 차이가 아니었다. 일본은 호텔을 설계할 때부터 오작동을 최소화할 수 있는 시스템을 구축한다. 이 시스템에 맞는 품질의 제품을 선택해 설치 과정에서도 철저한 검수를 거치기 때문에 가능한 일이다. 반면 우리는 일단 설치하고 나서 문제가 생기면 그때그때 대응하는 방식에 익숙했다.

일본 방문 당시는 근무하던 호텔의 화재 경보 오작동 때문에 손님도 불편하고 직원도 힘들어지는 상황이 많아 고민이 큰 시기였다. 화재 경보 오작동이 누적되면 화재 예방 활동의 신뢰도에도 문제가 생길 수밖에 없다.

당시 근무하던 호텔에 설치된 화재 감지기는 총 2,500여 개였다. 그중 연기 감지기가 80%, 열 감지기가 20% 정도였다. 문제는 화재 감지기의 법정 내구 연한 규정이 없고 회사 내부적으로도 별도의 관리 규정이 없다 보니 연 2회 정도 시행하던 소방점검 시 작동 여부를 테스트하는 것이 전부였다.

오쿠라 호텔 방문 후 그들의 노하우를 참고해 관리 규정을 신설하고 내구 연한도 설정하는 등의 개선 방안을 마련했다. 그 덕분에 화재 경보 오작동을 개선 이전 대비 10% 이내로 줄이는 등 성과를 거둘 수 있었다. 결국 근본적 접근 방식의 차이가 결국 고객 경험의 차이로 이어지는 것이다.

○

이것은 단순히 기술의 차이가 아니었다.
일본은 처음 설계할 때부터
오작동을 최소화할 수 있는 시스템을 구축하고,
그에 맞는 품질의 제품을 선택하며,
설치 과정에서도 철저한 검수를
거친다는 것을 의미했다.

고객이 사용할 공간이
완벽하게 준비되지 않은 상태에서
영업을 시작한다는 것 자체가
상상할 수 없는 일이었던 것이다.
그들에게 '완벽한 마감'은
협상의 대상이 아닌 기본 조건이었다.

타협하지 않는 디테일

공용 공간을 지나 객실로 올라가 타입별로 살펴보던 중 수건이나 어메니티 등이 모두 준비된 것을 보고 깜짝 놀랐다. 이런 나의 반응에 일본 직원은 의아하다는 표정으로 바라보았다. 그는 아직 몇 가지 부족한 것이 있지만 정상 영업 시와 동일한 환경으로 준비를 마쳤다고 했다. 또한 객실 정비와 함께 침구류도 정상 영업 시점과 동일하게 세탁하고 있다고 안내했다.

우리도 '프리 오프닝'이라는 절차가 있어서 정식 오픈 전에 미리 운영하는 프로세스가 매뉴얼로 존재했다. 그렇지만 운영에 필요한 집기나 비품 등이 필요한 시점에 준비되지 않는다는 점이 늘 문제였다. 결국 정식 운영 때처럼 세팅했다가 철수하고 세탁하는 등 일련의 프로세스 시연은 고작 1~2주 정도 미리 해볼 수 있을 정도로 공사 기간을 타이트하게 관리한다는 것이 근본적인 차이였다.

이는 단순히 물류나 납기 관리의 문제가 아니었다. 일본은 개보수 프로젝트를 계획할 때부터 실제 운영을 고려해 충분한 시간을 확보해 공급 업체와 협업한다는 것을 의미했다. 그들에게는 완벽한 준비는 선택이 아닌 필수였다.

객실을 둘러보던 중 창을 연 순간 나는 또 한 번 깜짝 놀랐다. 마치 입주 청소가 끝난 것처럼 창틀에는 작은 먼지 하나도 없었기 때문이다. 한국이었다면 입주 청소는 고사하고 고객을 받은 이후에도 창틀이나 필터 공간 등 평소 손이 잘 가지 않는 곳은 제대로 청소가 되어 있지 않은 경우가 많았다. 문제가 생겨 뜯어보면 먼지는 물론이고 공사 폐자재가 발견되기도 했다. 이런 이유로 한국에서 갓 오픈한 호텔은 최소 한 달 정도 지난 후 투숙할 것을 권하는 정보를 보기도 했다.

객실에 먼지가 하나도 없다는 칭찬에 일본 직원은 말없이 웃으며 고개를 숙여 감사를 표했다. 나는 그에게서 '이것이 당연한 것 아닌가?'라는 무언의 메시지를 읽을 수 있었다. 일본에서는 고객이 사용할 공간이 완벽하게 준비되지 않은 상태에서 영업을 시작한다는 것 자체가 상상할 수 없었던 것이다.

디테일, 프리미엄을 만드는 한 끗

오쿠라 호텔을 나와 식사 장소로 향하면서 생각을 정리했다. 나는 그동안 '악마는 디테일에 있다'라고 수없이 강조하고는 했다. 그렇지만 실제로는 어떤 디테일에 집착했던 것이었을까. 레스토랑의 메뉴와 그릇부터 서비스 냅킨까지 수많은 아이템들에 천착하면서도 정작 가장 크고 중요한 하드웨어에 대한 품질은 소홀했던 것은 아닐까 싶었다. 호텔의 외관은 멋지게 구상하면서도 비용과 공사 기간에 쫓겨 고객에게 판매할 가장 중요한 하드웨어의 마감 품질 디테일에는 집중하지 못했던 것이다.

오쿠라 호텔 방문을 계기로 각 나라마다 문화의 차이가 있고, 그 문화가 관광의 격과 양을 결정할 수 있겠다는 생각이 확고하게 자리잡았다.

냉정하게 말하자면 대한민국에 지어지는 대부분 호텔의 마감 품질은 만족스럽다고 말하기 어렵다. 우리나라 건설사나 인테리어 업체의 실력을 폄훼하려는 것이 아니다. 그렇지만 새로운 호텔 건축 현장을 방문했을 때, 근무하는 호텔의 시설 개보수나 새로운 시설 공사 때마다 늘 아쉬움을 감출 수 없었기 때문이다. 엘리베이터 내부의 잘 보이지 않는 틈새에는 늘 공사 먼지가 있었다. 창틀에는 당연한 듯 먼지가 쌓여 있었고, 각 층 공조실 내 필터실은 공사 후 청소를 하지 않은 채 가동하는 바람에 장비가 망가지기도 했다. 이런 환경이다 보니 새로 지어진 호텔은 오픈 한두 달 후에 투숙하는 것이 좋다는 통설에 반박하기 힘들다.

미니바 기획 회의 당시 모습.

이런 환경은 단기적으로 비용을 절감하는 효과를 얻을 수 있을지 모르지만, 그 대신 장기적으로는 브랜드 가치를 심각하게 훼손할 수 있다. 객실의 청결도, 시설의 완성도, 소음, 냄새 등 고객이 호텔에서 경험하는 모든 것이 호텔의 인상을 결정하고 궁극적으로는 재방문 의사와 추천 의향에 영향을 미칠 수 있다.

나는 지금도 미니바 목업을 앞에 두고 새벽까지 이어졌던 그 회의를 떠올리며 디테일의 의미를 되새긴다. 머릿속으로만 생각하는 디테일이 아닌, 현장에 들어가 타협하지 않고 치열하게 따지는 디테일이 중요하다고 생각한다. 말 그대로 디테일에 미쳐야 한다. 모든 부분에서 디테일에 신경을 쓰지 않으면 성공할 수 없다.

호텔에서 디테일이 중요한 이유는 고객의 경험은 수많은 작은 접점의 합으로 이루어지기 때문이다. 객실에 들어가는 순간부터 체크아웃을 할 때까지, 고객은 끊임없이 호텔의 품질을 평가한다. 문을 여는 순간의 첫인상, 조명의 밝기, 침대의 편안함, 욕실의 청결도, 어메니티의 배치, 심지어 창문 너머 보이는 풍경까지도 모든 것이 고객의 만족도에 영향을 미친다. 하지만 많은 호텔들이 눈에 보이는 화려한 부분에만 집중하고, 정작 고객이 실제로 사용하게 될 세부적인 부분들은 소홀히 하는 경우가 많다. 로비는 웅장하게 만들면서 객실 내 콘센트 위치는 불편하게 배치하거나, 레스토랑 인테리어는 세련되게 디자인하면서 음식 온도 관리는 허술하게 하는 식이다.

진정한 디테일은 고객의 행동 패턴을 깊이 이해하는 것에서 시작된다. 고객이 객실에 들어와서 어떤 순서로 움직이는지, 어떤 부분에서 불편함을 느끼는지, 어떤 순간에 감동을 받는지를 파악해야 한다. 그리고 그 모든 순간을 완벽하게 설계해야 한다. 이런 모든 상황을 고려해서 설계하고, 테스트하고, 문제점을 찾아 개선하는 과정이 바로 진정한 디테일한 관리이다. 물론 시간과 비용이 많이 드는 작업이지만, 바로 이런 차이가 평범한 호텔과 프리미엄 호텔을 구분하는 기준이 된다고 생각한다.

디테일이 브랜드의 운명을 결정한다

좋은 호텔이 되려면 공사 마감 품질부터 꼼꼼하게 살피는 것이 중요하다. 호텔 인테리어의 마감 품질부터 잘 살펴야 호텔의 브랜드 명성을 지킬 수 있다. 이보다 더 중요한 것은 이런 디테일에 대한 집착이 조직 전체의 문화로 공유되어야 한다는 점이다. 디테일에 대한 집념은 하루아침에 만들어지지 않는다. 지속적인 관심과 투자, 그리고 무엇보다 올바른 철학이 필요하다. 비용을 아끼려고 보이지 않는 부분을 대충 처리하거나, 시간을 절약하려고 검증되지 않은 솔루션을 도입하는 순간 브랜드의 가치는 무너지기 시작한다.

미니바 하나를 두고 새벽까지 고민하던 대표이사의 모습에서 배운 것은 단순히 완벽주의의 중요성이 아니다. 디테일에 대한 집념은 완벽주의를 추구하는 것을 말하지 않기 때문이다. 핵심은 내 일이라는 마음가짐이다. 내가 근무하는 호텔의 모든 것이 자신과 관련된 일이고, 고객이 경험하는 모든 순간이 나의 책임이라는 마음가짐이 비로소 진정한 디테일을 만들어낸다. 이것은 고객에 대한 존중이며, 브랜드에 대한 책임감의 다른 표현이다. 그리고 무엇보다 '이것이 나의 일'이라는 주인의식에서 나오는 자연스러운 결과일 것이다.

조직의 리더가 이런 자세를 보일 때 그 영향은 조직 전체로 퍼져나간다. 직원들도 자신의 업무 영역에서 더 세심하게 주의를 기울이게 되고 결국 호텔 전체의 품질 수준이 향상된다. 이것이 바로 디테일이 조직 문화가 되는 과정이다.

경쟁이 치열한 호텔 업계에서 살아남기 위해서는 남들과 다른 무언가를 갖춰야 한다. 그 차별화를 가능하게 만드는 요소는 대부분 디테일에서 나온다. 같은 5성급 호텔이라도 세부적인 서비스와 시설의 완성도에 따라 고객의 만족도는 천양지차가 될 수밖에 없다.

진정한 명품은 보이지 않는 곳까지 완벽하게 만드는 데서 탄생한다. 고객이 직접 보지 못하는 부분까지도 최고의 품질로 완성하는 것. 바로 이것이 프리미엄 브랜드들이 갖고 있는 공통점이다. 그리고 이런 철학이 호텔에서도 똑같이 적용되어야 한다. 어느 것 하나 소홀할 수 없는 집념. 이것이 바로 평범한 것을 명품으로 바꾸는 유일한 방법이다. 디테일은 기술이 아니라 철학이고, 그 철학이 결국 브랜드의 운명을 결정한다.

죽은 생선이
더 맛있다

시장 최초는 고객 니즈 파악과 디테일한 준비에서 나온다

디테일의 디테일

토마토 짬뽕과 맛있는 제주 만들기

- 시기: 2015년 봄
- 당시 직책: 제주신라호텔 총지배인

숙성 스시

- 시기: 2002년~2003년
- 당시 직책: 서울신라호텔 마케팅팀 팀장

애월의 명물, 토마토 짬뽕의 탄생

애월의 해안도로에 자리하고 있는 30평 남짓한 작은 동네 식당의 사장님은 기대 반 걱정 반의 표정으로 자신의 식당 리뉴얼 오픈 행사에 참석했다. 그날은 당시 근무하던 호텔에서 주관한 지역 사회 기여 프로그램인 '맛있는 제주 만들기'의 도움으로 한 달여 동안 바쁘게 준비한 끝에 완전히 새로워진 식당을 공개하는 날이었다.

리뉴얼 오픈하던 날은 아침부터 햇살이 좋았다. 아침 일찍부터 오픈 행사를 준비하던 직원들은 좋은 날씨처럼 장사가 잘 되겠다는 기분 좋은 예감과 함께 분주히 움직이고 있었다. 지역 사회에서 열심히 홍보를 해주었고, 이 프로그램의 준비 과정을 방송으로 제작하는 지역 방송국에서도 취재를 나왔다. 호텔 임직원들도 오픈 행사에 참석해 호텔의 사회 공헌 프로그램이 잘 이어지기를 그리고 새로운 출발을 앞둔 식당의 성공을 기원했다.

맛있는 제주 만들기 프로젝트는 불우 이웃 돕기 성금이나 연탄 봉사, 독거 노인 돕기처럼 당시까지 관행처럼 해오던 일회성 사회 공헌 활동과는 근본부터 달랐다. 지역 사회에서 어려움을 겪고 있는 식당 업주를 발굴해 메뉴 개선부터 고객 서비스 등 식당 전반을 컨설팅해 어려움을 극복하고 장사가 잘 되도록 돕고자 했다. 쉽게 말해 '고기를 잡아주는 것이 아니라 고기 잡는 방법을 가르쳐주자'라는 것을 목표로 시작한 사회 공헌 프로그램이었다.

지자체에서 도움이 필요한 식당을 선정하면 조리팀은 식당 사장님을 호텔로 초청해 메뉴 개발을 위한 논의와 조리법 교육, 위생 교육까지 진행했다. 그리고 F&B팀은 효율적인 운영 방안과 고객 서비스 노하우를 전달했다. 또한 시설팀은 식당의 조리 시설 개선을 맡아 설계부터 시공까지 모두 책임지고 진행했다. 지역 TV 방송사는 컨설팅 과정과 리뉴얼 후 오픈까지의 전 과정을 촬영해 프로그램으로 제작, 방영하면서 호텔의 이미지를 제고할 수 있는 좋은 기회도 되었다.

이 식당의 경우 애월의 아름다운 풍광을 감상하고자 해안도로를 찾는 관광객이 많다는 점에 주목해 여행의 추억을 사진으로 담을 수 있는 음식을 개발하는 데 주력했다. 그 결과물이 바로 토마토 짬뽕이었다. 메뉴 개선을 담당한 조리팀의 조리장이 예전부터 구상했던 메뉴라며 제안한 것이다.

섬인 제주는 지리적 특성상 고급 해산물을 비교적 저렴한 가격으로 그리고 쉽게 공수할 수 있어 짬뽕으로 유명한 식당이 많았다. 다만 다른 식당과의 차별화를 위해 기본 육수에 토마토 소스를 첨가한 것이다. 제주를 찾는 내국인 관광객이 많다는 점도 감안했는데 얼큰한 음식을 선호하는 우리나라 사람들의 입맛도 사로잡을 수 있겠다고 판단했다. 개선한 메뉴를 준비하며 몇 번 시식을 했을 때 무엇보다 맛이 좋았다. 또한 사장님께서 직접 채취한 톳과 함께 황게, 새우가 통째로 들어가 시각적인 즐거움도 제공한다는 것이 인상적이었다.

사실 식당 사장님은 토마토 짬뽕이라는 메뉴의 도입을 망설였다. 짬뽕과 토마토의 조합은 사실 쉽게 떠올릴 수 없는 아이디어였기 때문에 고객의 반응이 걱정되었을 것이다. 그랬던 사장님이 결단할 수 있었던 것은 '고정관념에 사로잡히면 변화할 수 없다'라는 조리팀의 진심이 담긴 조언의 힘이 컸다.

그동안 호텔 운영을 하며 식음 메뉴를 기획할 때마다 '우리 고객에게 왜 이 메뉴를 선보여야 할까?'라는 질문이 핵심이라고 생각해왔다. 선정된 식당 사장님과 메뉴에 대해 논의하고 구체적인 컨설팅을 할 호텔 조리팀에는 이 부분을 특별히 강조했다. 리뉴얼 오픈한 이번 식당은 그 부분에서 호텔 직원들이 상당히 많은 고민 끝에 잘 준비해준 것 같아 만족스러웠다.

개인적으로 '맛있는 제주 만들기'라는 지역사회 기여 프로젝트를 하면서 호텔 사업의 비즈니스 모델과 지속 가능성 측면에서 깨달음을 얻었다. 단순히 더 많은 고객을 확보하는 것을 목표로 한다면 재료비 등을 낮춰 상품의 가격을 낮추는 것이 방법일 수 있다. 하지만 이왕 장사를 하려면 값나가는 것으로 해야지 푼돈을 모으면 결국 푼돈밖에 되지 않는다.

'맛있는 제주 만들기' 프로젝트에서는 어떤 메뉴를 선정하는지가 장사의 성패를 좌우하는 중요한 요소였다. 그래서 이왕이면 단가가 높은 메뉴를 선정했을 때 리뉴얼 효과도 좋았고 성과도 만족스러웠다. 애월의 이 식당도 토마토 짬뽕이라는 혁신에 걸맞은 좋은 재료를 투입하면서 그 가치에 어울리는 가격을 책정해 안정적인 이익을 확보할 수 있었다.

이는 호텔 경영에서도 마찬가지다. 호텔의 성과 지표 중에는 ADR(average daily rate), 즉 평균 일일 숙박료가 있다. 표면적인 객실 판매율도 중요하지만 고객이 우리 호텔에 머물면서 얼마나 비용을 지불했는지가 훨씬 더 중요한 지표다. 이는 단순히 매출의 많고 적음의 문제가 아니라 비즈니스 모델 자체의 지속 가능성과 직결되는 문제이기도 하다.

토마토 짬뽕은 눈길을 사로잡는 비주얼이 금세 입소문을 타면서 관광객들의 큰 사랑을 받았다. 그 덕분에 하루 평균 15만 원 정도에 불과했던 매출도 10배 이상 뛰었다고 한다. 식당을 접어야 하는지 고민했던 사장님은 여러 언론과의 인터뷰에서

'맛있는 제주 만들기' 프로젝트와의 만남이 인생의 터닝 포인트가 되었다며 감사해했다.

모두가 경악했던 숙성 스시

전에 없던 새로운 메뉴인 토마토 짬뽕이 탄생한 것만큼 특별하고도 기억에 남는 사연이 하나 더 있다.

사실 나는 회에 대한 기억이 좋지 않았다. 어릴 때 아버지를 따라 부산 자갈치 시장에서 회를 먹었던 경험이 좋지 않았기 때문이다. 아나고, 바닷장어라고도 하는 붕장어 회를 먹었는데 뼈가 씹히는 감촉이 썩 좋지 않았다. 이 경험 때문에 그 후로는 성인이 될 때까지 회나 스시를 굳이 찾아 먹지 않게 되었다. 그 후로 긴 시간이 지나 호텔에서 일하게 되면서 일본 출장길에 접한 초밥은 무척 매력적으로 다가왔다. 그렇게 몇 번 더 먹다 보니 입맛이 변하면서 회와 스시는 자연스럽게 받아들일 수 있는 음식이 되었다.

그 즈음, 근무하던 호텔에 특명이 떨어졌다. 호텔 식음 일류화라는 미션을 수행하기 위해 운영 중인 일식당을 일류로 만들어보자는 것이었다. 이 주제를 논의하기 위해 회의실에 관계자들이 모였고 여러 의견들이 오갔다. 그러던 중 '숙성 스시'라는 새로운 개념이 제안되었다. 그러자 일식당의 주방장이 강하게 항의하기 시작했다.

"아니, 무슨 말씀입니까. 생선을 잡아서 하루나 이틀 후에 회를 떠서 먹는다니요. 그게 말이 됩니까?"

다른 참석자들도 우리나라에서는 바로 잡은 생선을 회 쳐서 먹어야 한다며 주방장의 의견에 힘을 보탰다. 회의 분위기는 반대하는 쪽으로 급격히 기울고 있었고 숙성 스시라는 주제는 점점 더 설득력을 잃는 듯 보였다. 중과부적. 그날의 회의 분위기를 가장 정확히 묘사할 수 있는 단어였다. 오직 숙성 스시를 제안한 이 외에는 참석자 모두가 생선회라는 것은 숙성해 먹을 수 없다고 결론을 내리고 있었다.

당시 우리나라 호텔에서 운영하는 일식당 메뉴 중 가장 핵심은 스시였다. 일식당에서는 일본식 코스 요리인 가이세키 등 여러 메뉴를 제공하고 있었지만, VIP들이 호텔 일식당을 찾는 이유는 최상의 스시를 맛보기 위함이라고 해도 과언이 아니었다. 당시 근무하던 호텔의 일식당은 경쟁 호텔의 일식당과 자주 비교되고는 했다. 게다가 공교롭게도 고객들의 평가에 자주 오르내리던 메뉴가 바로 스시였다. 이러한 상황에서 일식당의 일류화 방안을 논의하는 자리에서 제안된 것이 숙성 스시였으니 그렇잖아도 민감한 주제에 새로운 개념이라 모두의 반발을 불러온 것이다.

지금이야 일식을 즐기는 사람이라면 숙성 스시는 너무도 친숙할 것이다. 숙성 스시는 2010년대 중반 즈음 일본에서 유학했거나 수련한 셰프들이 한국에서 '오마카세' 유행을 주도하면서 자리를 잡았다고 알려져 있다. 하지만 사실 그보다 훨씬 전에 이렇게 호텔에서 시작된 것이다.

숙성 스시의 기원은 일본의 스시 역사를 통해 살펴볼 수 있다. 지금과 같은 냉장 기술이 없던 시대, 일본 에도만(지금의 도쿄만)에서 잡은 생선을 바로 소비하기 어렵다 보니 식초, 소금, 간장, 다시마 등을 이용해 숙성하는 방법으로 맛을 유지하고 보존성을 높였다. 이 방식이 자리를 잡으면서 자연스럽게 스시를 만들 때에도 숙성한 생선회를 사용하게 된 것이라고 한다.

2000년대 초반이었던 당시 우리나라에는 숙성 스시라는 개념 자체가 없었다. 생선을 바로 잡았을 때보다 며칠 두었을 때 생선살이 더 부드러워진다는 사실을 거의 대부분 모르고 있었기 때문이다. 활어를 잡아 일정 시간 숙성하면 생선의 감칠맛, 즉 글루탐산이 증가해 맛이 좋아지도록 하는 것이 숙성 스시의 핵심이었다. 숙성 스시의 이러한 특징에 대해 잘 알고 있었던 대표이사는 모두의 회의적인 반응에도 불구하고 이것을 계기로 일식당의 일류화와 혁신을 실현할 수 있기를 기대했다.

우리나라 숙성 스시의 시작

회의가 끝난 후 대표이사는 조용히 호텔의 식자재 구매를 담당하는 구매팀의 간부를 찾아 중요한 지시를 내렸다.

"일본에 가서 숙성 스시에 대해 자세한 정보를 수집해주세요. 호텔 일식당의 주방장을 인터뷰해보시고, 숙성 스시를 다룬 전문 자료도 조사해주시고요."

숙성 스시가 호텔에서 제공하는 서비스의 중요한 축인 식음 업장의 일류화라는 목표를 달성하게 도와줄 것이라 믿은 대표이사는 목소리에 힘을 주어 당부했다.

곧장 일본 출장을 떠난 구매팀 간부는 도쿄 긴자 지역의 유명 스시 식당을 찾아다니며 생선의 숙성 개념에 대해 인터뷰를 수집했다. 또한 도쿄에 위치한 수산 시장인 츠키지 시장을 찾아가 최고의 생선을 구매하는 스시 식당을 알아내 오너 셰프를 만나기도 했다. 여기서 멈추지 않고 호텔, 관광과 관련한 대학을 찾아가 생선의 숙성에 대한 논문과 기고문을 찾아내 일본에서

○

혁신을 위해서는
겉으로 드러나는 고객의 요구가 아닌
근본적 욕구가 무엇인지
이해해야만 한다.
또한 공급자 중심 사고에서
고객 중심 사고로
전환하는 것도 중요하다.

토마토 짬뽕과 숙성 스시 사례는
고객이 진정으로 원하는 것을
찾는 데서 출발했다.
'누구에게 무엇을 팔 것인가'라는
마케팅의 본질에 충실할 때
비로소 혁신은 진정한 의미를 갖는다.

스시는 거의 대부분 전통을 따라 또는 자연 발생적으로 숙성이라는 개념을 접목해 스시를 만들어왔고 또 그런 스시를 즐기고 있다는 것을 발견했다. 이런 과정을 통해 숙성 스시에 대한 많은 정보를 알아낼 수 있었다.

구매팀 간부는 일본에서 돌아오자마자 수집한 정보를 대표이사에게 보고했고, 곧장 회의가 소집되었다. 여러 스시 식당에서의 인터뷰, 최고의 생선을 구매하는 식당 셰프와의 만남, 각종 논문과 기고문 등 일본에서 수집한 모든 자료는 하나의 결론을 말하고 있었다. 숙성이라는 개념은 일본에서 이미 검증된 이론이고, 회나 스시를 맛있게 먹으려면 생선을 잡은 후 활어가 아닌 선어 상태에서 각 생선별로 일정 시간을 숙성하는 것이 가장 최상의 맛을 내는 방법이라는 것이다. 숙성 스시의 진가를 알고 있던 대표이사는 자신의 주장을 일방적으로 밀어붙이지 않고 합리적이고 과학적인 조사와 설득을 통해 모두가 받아들일 수밖에 없도록 만들었다.

이 일은 우리나라에도 숙성 스시가 자리를 잡고 유행하게 된 최초의 시도였다. 이후 숙성 스시를 선보인 호텔의 일식당은 손님들의 좋은 평판에 힘입어 경쟁 호텔을 제칠 수 있었다. 지금은 우리나라 모든 일식집에서 스시라고 하면 숙성 스시를 말한다고 할 수 있을 정도로 자리를 잡았다.

재미있는 사실은 당시 숙성 스시를 반대했던 셰프들이 지금은 숙성 스시를 자신이 처음 도입했다고 말한다는 것이다. 사실에 바탕을 두고 반대했지만 수용하고 활용해 발전시켰다고 했다면 그 또한 그들만의 근사한 에피소드가 될 수 있지 않았을까 생각해본다.

혁신의 성공 조건

토마토 짬뽕과 숙성 스시 사례를 통해 성공적인 혁신을 위한 핵심 조건들을 도출할 수 있다.

가장 먼저 고객의 진짜 니즈를 파악하는 능력이다. 겉으로 드러나는 요구가 아닌 근본적 욕구를 이해해야 한다. 스시는 당시에도 여느 일식당을 가도 맛볼 수 있는 음식이었지만 호텔 일식당을 찾는 고객들의 진짜 니즈는 분명했다. 그들의 니즈는 신선한 스시에서 그치지 않았다. 다른 식당에서는 경험하지 못한, 뛰어나게 맛있고 부드러운 스시를 즐길 수만 있다면 얼마든지 돈을 더 지불할 준비가 되어 있었다. 특히 젓가락질이 불편한 고령층에게는 부드러움과 깊은 맛이 더 중요한 가치였다. 그 니즈를 숙성이라는 개념으로 실현해 상품으로 제공했기에 성공할 수 있었다. 이러한 통찰은 단순한 관찰이나 추측으로는 얻을 수 없다. 고객과의 깊은 접촉과 그들의 요구를 직접 체험하는 과정에서만 얻을 수 있다.

공급자 중심 사고에서 고객 중심 사고로 전환하는 것도 중요하다. '맛있는 제주 만들기' 프로젝트를 호텔 직원들과 같이 기획하고 진행하면서 프로그램에 참여하게 된 식당은 왜 어려움을 겪게 되었는지 궁금했다. 한 식당씩 그간의 어려웠던 사연에 대한 속사정을 들어본 결과 공통적인 이유가 있다는 것을 발견했다.

대부분의 사장님은 자신이 평소 좋아하는 음식이나 자녀들이 좋아해서 자주 해줬던 음식을 판매하는 메뉴로 정하고는 했다. 손님이 찾고 좋아할 만한 음식이 아니라 그동안 주변에서 쉽게 접했고 해왔던 음식을 판매하고 있던 것이다. 물론 자신이 가장 잘할 수 있는 메뉴를 선보이는 것은 중요하다. 하지만 이것은 공급자 중심의 사고에서 벗어나지 못한 모습이다.

성공한 혁신은 모두 고객이 진정으로 원하는 것을 찾는 데서 출발했다. 토마토 짬뽕은 맛있는 제주 만들기의 메뉴 컨설팅을 이끌었던 조리장이 개인적으로 해보고 싶었던 메뉴에서 시작했지만, 관광객들의 니즈와 정확히 부합했기에 성공할 수 있었다.

기존 관념에 도전할 용기와 과학적 검증을 통한 설득력도 주효했다. 숙성 스시 도입 과정이 잘 보여주듯 혁신은 항상 기존 질서에 대한 도전이 될 수밖에 없다. 업계의 상식이나 고정관념에 안주하지 않고 과감히 새로운 시도를 하려면 용기가 필요하다. 이는 무모함이 아니라 철저한 분석과 확신에 기반한 용기여야 한다. 대표이사가 구매팀 간부를 일본에 보내 체계적인 조사를 하게 한 것이 좋은 예다. 강력한 반발은 객관적 증거와 현장의 목소리 앞에 힘을 잃었다.

적절한 타이밍과 시장 상황을 읽는 능력도 혁신을 실현할 때 중요한 요소다. 토마토 짬뽕은 2015년 선보인 후 SNS에 공유하고 싶게 만드는 비주얼과 한국인의 취향을 저격하는 맛으로 입소문을 타며 관광객에게 꾸준히 사랑을 받았다. 그러던 중 전 세계를 강타한 코로나 팬데믹은 제주 관광객 급감으로 이어져 위기를 맞기도 했다. 때마침 짬뽕 마니아로 알려진 한 연예인이 공중파 인기 프로그램에 나와 소개하면서 방송 다음 날부터 문전성시를 이루었고 현재까지도 관심이 식지 않고 있다. SNS를 통한 입소문과 실제 고객의 검증이 중요해진 시기적 분위기 속에 그동안 쌓아온 인지도와 입소문이 방송 출연이라는 기회로 연결된 것이다.

이처럼 혁신은 고객의 니즈를 정확하게 파악하고 '누구에게 무엇을 팔 것인가'라는 마케팅의 본질에 충실할 때 비로소 진정한 의미를 갖는다. 숙성 스시든 토마토 짬뽕이든 성공한 혁신의 배경에는 고객에 대한 깊은 이해와 시장의 빈틈을 파고드는 예리한 통찰이 있다. 그리고 그 통찰을 현실로 만드는 디테일한 준비와 체계적인 실행이 뒤따랐다.

혁신은 번뜩이는 아이디어에서 시작하지만, 그것을 현실화하고 지속 가능한 성과로 만드는 것은 철저한 준비와 끈질긴 실행력이다. 고정관념에 사로잡히지 않되 과학적 검증을 통해 확신을 얻고, 공급자가 아닌 고객의 관점에서 생각하며, 실패를 두려워하지 않는 시행착오를 통해 완성도를 높여가는 것이다. 이러한 조건들이 충족될 때 혁신은 단순한 변화를 넘어 시장을 선도하는 진정한 차별화 요소가 될 수 있다.

미슐랭 3스타
획득기

계획적·전략적 팀워크로 최고 수준에 도달하다

디테일의 디테일

한국 첫 미슐랭 3스타

- 시기: 2016년~2017년
- 당시 직책: 서울신라호텔 총지배인

제로에서 시작하다

2016년 초, 서울 호텔 총지배인으로 부임한 첫날부터 내게는 명확한 목표가 하나 있었다. 바로 한식당의 미슐랭 스타 획득이었다. 당시에는 한식의 세계화 바람이 불고 있었고, 2016년 말에 발간될 예정으로 알려진 미슐랭 가이드에 한국의 식당도 포함할 것이라는 소식이 들려왔기 때문이다. 당시 호텔에는 한식당, 중식당, 일식당에 양식당까지 모두 갖추고 있었다. 이 중 한식당을 통해 세계적 수준의 미식을 선보여 호텔을 더 알리겠다는 것이 기본 방침이었다. 하지만 이는 단순히 좋은 요리를 선보이는 것만으로 가능한 일이 아니었다. 체계적이고 전략적인 접근이 필요한 과제였다.

    미슐랭 가이드에 수록할 레스토랑을 선정하는 평가 기준은 구체적으로 알려지지 않았기에 많은 사람들이 각자의 생각으로 추측하고 있었다. 당연히 음식의 맛과 서비스가 기본일 테지만 실제로는 훨씬 더 복합적이고 세밀한 기준이 존재할 터였다. 그 음식의 맛과 서비스를 뒷받침할 높은 수준의 접객 서비스, 레스토랑의 분위기, 고객 응대와 메뉴 품질의 일관성 등 모든 요소가 완벽하게 조화를 이루어야 선정될 수 있다고 보았다. 결과적으로 셰프 한 사람의 뛰어난 역량만으로는 절대 달성할 수 없는 목표였다.

지금까지 24년간 호텔을 운영하고 경영하며 깨달은 것이 있다면 진정한 성과는 개인의 능력보다 조직의 총체적 역량에서 나온다는 사실이다. 아무리 뛰어난 성과를 창출하는 개인이 존재해도 그 혼자서 해낼 수 있는 일에는 분명히 한계가 존재한다. 특히 미슐랭 가이드처럼 글로벌 수준에서 확실하게 인정을 받기 위해서는 더욱 그렇다. 이는 단순한 업무 분담을 넘어서서 진정한 의미의 팀워크가 필요한 영역이다.

미슐랭 스타 획득이라는 도전을 시작하면서 가장 먼저 한 일은 현재 우리 레스토랑의 현실을 정확히 파악하는 것이었다. 우리는 어떤 수준의 서비스를 제공하고 있는지 냉정하게 판단한 후 목표를 달성하기 위해서 어떤 준비를 해야 하는지 치밀하게 설계했다. 감각이나 직감에 의존하는 것이 아닌, 데이터와 사실에 기반한 전략을 수립해야 했다.

베일에 쌓인 미슐랭 가이드 선정 기준

한식당의 미슐랭 스타 획득 도전 프로젝트는 처음부터 조직 차원에서 접근하기 시작했다. 가장 먼저 중요하게 생각한 것은 이른바 '파워 J'가 되는 것이었다. MBTI 성격 유형 검사에서 J는 이렇게 묘사된다. 계획적이고 체계적인 것을 선호하고, 명확한 목적과 방향성 아래 일을 처리하는 경향. 우리는 이렇게 일하고자 했다. 혼자 힘으로는 절대 달성할 수 없는 글로벌 수준의 결과를 만들어내기 위해서는 조리팀, 식음팀, 구매팀, 기획팀, 홍보팀, 마케팅팀 등 레스토랑과 관계된 구성원 모두가 개인적 성향과 무관하게 일에 있어서는 J가 되어 하나의 목표를 향해 움직여야 했다.

일단 미슐랭 가이드의 세밀한 평가 기준들을 파악하는 것부터 시작했다. 식음팀장에게 미슐랭 가이드 선정 시 평가하는 기준에는 구체적으로 어떤 것들이 있는지 물었을 때 처음에는 그도 정확한 기준을 알지 못했다. 다만 여러 경로를 통해 알아본 것들을 하나씩 설명하기 시작했다.

"가장 먼저 'quality of product', 요리를 구성하는 식재료의 질이 중요하다고 합니다. 두 번째는 'mastery of flavor and cooking'이라고 해서 요리법과 풍미의 완벽성으로 음식의 맛과 조리에 통달할 정도로 잘해야 합니다. 세 번째는 'personality of the cuisine', 즉 요리에 담긴 셰프의 개성과 창의성을 본다고 합니다. 네 번째는 'value for money'로 고객이 지불하는 금액과 비교했을 때 합당한 가치를 제공하는가를 평가한다고 합니다. 마지막으로는 'consistency between visits'라는 요소로 요리의 일관성, 즉 언제 방문해도 동일한 맛과 품질을 제공하는가를 평가한다고 들었습니다."

역시 전 세계적으로 권위를 가지고 있는 만큼 각 평가 항목은 결코 만만치 않았다. 사실 음식의 맛이나 서비스의 기준 같은 것들은 이미 갖추고 있었다. 각 레스토랑마다 제공하는 메뉴의 레시피가 잘 정리되어 있었고, 고객 서비스 표준은 직무마다 분명한 기준과 화법이 존재했다. 또한 개성 측면은 모든 요리는 창작에 기반한 것이니 해보면 되겠다 싶었다. 지불하는 금액도 메뉴에 걸맞게 책정되어 있으니 크게 걱정할 것은 아니라고 판단했다.

다만 두 가지 측면에서 고민이 되었다. 음식의 맛과 조리에 통달할 정도라는 것은 다소 주관적이다 보니 어떻게 해야 할지 걱정이었다. 또 하나의 문제는 요리의 일관성이었다. 음식이라는 것이 아무리 레시피를 따라 조리한다고 해도 이 사람이 할 때와 저 사람이 할 때 맛이 다를 수 있다 보니 매번 같은 맛을 낸다는 것은 여간 쉬운 일이 아니었다. 같은 조리사가 같은 음식을 같은 레시피를 따라 조리하더라도 최소한 수십 번은 해봐야 일관된 맛이 난다고 하지 않던가. 그렇더라도 우리는 미슐랭이 추구하는 가치와 기준에 맞춰 반드시 최상의 경험을 설계해야 했다.

지난한 미슐랭 스타의 길

구체적인 준비에 들어서면서 메뉴부터 바꿔야 한다고 판단했다. 일단 메뉴가 너무 많았기 때문이다. 당시 대부분의 호텔 한식당에서는 한국을 방문한 해외 고객을 주 타깃으로 해 그들이 선호할 것으로 예상되는 메뉴를 갖추고 있었다. 불고기 같은 구이류, 각종 찌개류 그리고 다양한 반찬이 곁들여진 반상 메뉴와 단품 메뉴가 그것이었는데 미슐랭 가이드의 기준을 충족하기 위해서는 단순화할 필요가 있었다.

어떻게 메뉴를 개선할지 방향성을 두고도 서로 의견이 너무 달랐고 또 많았다. 누군가는 구이류를 특화하자고 했고, 다른 누군가는 전통 한식이 좋다고 했으며, 다른 쪽에서는 임금님의 수라 스타일로 특화하자는 의견도 나왔다. 갑론을박 끝에 내린 결론은 전문가를 찾아 자문을 받는 것이었다. 우리 모두는 최고의 호텔에서 근무하며 충분한 수준의 전문성을 갖추었다 자부했지만 결국 우리만의 시각으로 바라볼 수밖에 없다는 한계가 있었다. 다양한 경험과 객관적인 시각을 가진 전문가의 조언을 받아 메뉴 개선에 나서는 것이 바람직하다고 생각했다.

할 수 있는 모든 인맥을 동원해 아시아에서 미식가로 소문난 인물을 찾기로 했다. 그렇게 여러 경로로 업계의 전문가를 한 명 섭외할 수 있었다. 그는 우리에게 한식당이지만 서양식 코스 형태로 메뉴를 제공하는 것이 좋겠다는 의견을 전달했다. 또한 '미식을 좋아하는 해외 비즈니스 고객'을 주 타깃으로 해 한국인이 그들을 초대할 만한 레스토랑을 기반으로 메뉴의 콘셉트를 정비하고 포지셔닝할 것을 주문했다.

큰 틀에서 방향성이 정해진 후 전채부터 메인 그리고 디저트까지 각 코스 메뉴 모두 재료의 의미와 메뉴의 스토리를 만들었다. 식재료 하나하나 정성껏 의미를 부여하고 스토리로 담아내려다 보니 준비할 것이 정말 많았다.

단순히 맛있는 음식을 내놓는 것이 아니라 왜 이 재료를 선택했는지, 어떤 조리법을 사용해 음식의 맛을 극대화했는지, 어떤 문화적 배경에서 이 음식이 탄생했는지까지 모든 것을 논리적으로 설명할 수 있어야 했다. 이러한 준비 과정을 통해 미식의 세계에서 인정을 받을 수 있는 세밀한 기준들을 하나씩 깨닫게 되었다. 그렇게 시간이 갈수록 단순히 음식을 만드는 것과 진정한 미식 경험을 창조하는 것에는 어떤 차이가 존재하는지 비로

◯

미슐랭 스타 획득은
단순히 좋은 요리를 선보이는 것만으로
절대 가능한 일이 아니었다.
체계적이고 전략적 접근이 필요했다.

목표를 향해 가는 모든 과정에서
높은 수준의 일관성을 유지하기 위해서는
팀 전체의 의식 수준이 높아야 했다.
각자 최고의 퍼포먼스는 기본이고,
협업 과정에서도
완벽한 조화를 이루어야 했다.
그렇게 단순한 업무 분담을 넘어서
진정한 의미의 팀워크를 발휘해야 했다.

소 느낄 수 있었다.

이 과정에서 얻은 중요한 인사이트는 스토리텔링의 힘이다. 미슐랭 가이드가 선정하는 것은 시간과 돈, 기회를 투자해 즐길 만한 최고의 음식이다. 그러한 음식은 철학과 문화, 역사까지 담길 때 비로소 가능해진다. 이는 마케팅에서도 마찬가지다. 단순히 좋은 제품이나 서비스를 만드는 것을 넘어 그것이 담고 있는 가치와 의미를 명확하게 전달할 수 있어야 진정한 브랜드가 될 수 있다.

한국 첫 번째 미슐랭 3스타 레스토랑

다섯 개로 시작한 내부 평가 항목은 끝없는 시식을 거치면서 더욱 세부적으로 나누어 풍미, 밸런스, 조합, 온도, 테크닉, 식자재, 일관성, 서비스, 창의성까지 모두 아홉 개 항목으로 개선되었다. 시식할 때마다 음식의 평가를 진행했고 항목별로 누적된 내용을 분석해 어떻게 개선하는 것이 좋을지 방향을 잡아갔다.

한번은 전채 요리 시식 과정에서 주방장에게 불만 섞인 피드백을 주기도 했다. 지난번 시식 때의 전채 요리와 이번에 맛본 전채 요리의 맛이 많이 달랐던 데다, 지난번 요리가 훨씬 더 풍미가 있다고 느꼈기 때문이다. 비록 내가 미식가는 아니더라도 일반적인 고객 입장에서 느낄 수 있는 맛의 차이나 음식의 어울림 정도는 알 수 있었다.

　이렇게까지 작은 부분도 신경을 쓰는 것에는 이유가 있다. 예전에 어느 조리사는 외국인 고객에게 전채 요리로 매생이죽에 마늘 장아찌를 낸 적이 있었다. 한식당에서 한국식 메뉴를 선보이는 것이 무슨 문제냐고 할 수도 있겠지만, 어쩌면 당연하게도 그 고객 입장에서는 쉽게 손이 가지 않았을 것이다. 이 사례는 고객이 누구인지 고려하지 않고 늘 하던 대로 메뉴를 구성해 발생한, 좋게 보면 해프닝이자 심각하게 보면 사고였다. 사소한 것까지 미리 점검하고 준비하지 않으면 이러한 문제 상황은 언제든 쉽게 발생할 수 있다.

　호텔 레스토랑에서 제공하는 음식은 고객이 누구인지가 중요하다. 고객이 한국인인지, 아니면 외국인인지에 따라 음식을 맞춰야 하기 때문이다. 또한 외국인이라도 서양인과 동양인이 달라야 하고, 종교에 따라 금하는 식재료도 있기 때문에 종교적 배경도 반드시 고려해야만 했다.

　그 외에도 나이대나 남녀에 따라 선호하는 것과 음식 양의 차이 그리고 익힘의 정도를 달리 해 제공하는 것이 기본이었다.

그렇게 여러 조건들을 감안해 테스트할 메뉴를 좁혀나갔고, 이상적인 메뉴가 정해지면 전문가의 시식을 거쳐 놓친 부분을 보강했다. 그래도 부족한 부분은 하나씩 보완하는 작업이 이어졌다. 이렇게 복잡한 과정을 거치면서 메뉴를 정하기까지 수많은 시식을 해야만 했다. 돌아보니 이 모든 과정을 무려 열두 차례에 걸쳐 반복했다.

좋은 메뉴가 정해진 이후 그때부터 해야 할 것은 음식 맛의 일관성을 유지하는 작업이었다. 미슐랭 가이드는 단 한 번의 완벽한 경험이 아니라 언제 방문해도 동일한 수준의 경험을 제공할 수 있는지를 중요하게 본다. 이는 음식을 조리하는 셰프 개인의 컨디션이나 기분에 좌우되지 않는 시스템과 프로세스가 존재해야만 가능한 일이다. 결국 개인의 역량을 시스템화하고 표준화하는 것이야말로 지속 가능한 성과의 핵심이라는 것은 분명했다.

고객 서비스도 섬세하게 살펴야 했다. 최고의 재료를 선정해 가장 이상적인 조리법으로 풍미를 살려 오감을 사로잡는 훌륭한 요리를 만들더라도 마지막에 고객에게 선보이는 과정을 소홀히 한다면 고객은 음식을 제대로 즐길 수 없을 것이다. 진정한 미식의 경험은 고객이 레스토랑에 들어서는 순간부터 요리를 즐기고 레스토랑을 나가는 순간까지의 모든 경험이 완벽해야 했다.

이렇게 전 과정에서 높은 수준의 일관성을 유지하기 위해서는 무엇보다 팀 전체의 의식 수준이 높아야 했다. 각자가 맡은 역할에서 최고의 퍼포먼스를 보여주는 것은 기본이고, 다른 팀원들과 협업하는 과정에서도 완벽한 조화를 이루어야 하는 것이다. 단순한 업무 분담을 넘어서 진정한 의미의 팀워크를 발휘해야 했다.

이 모든 작업은 불과 1년 만에 진행되었다. 그리고 그해 가을, 우리나라에서 처음으로 미슐랭 가이드에 선정된 레스토랑이 발표되었다. 우리 호텔의 한식당은 목표했던 미슐랭 스타 획득이라는 성과를 달성해 당당하게 미슐랭 가이드에 수록되었다. 공통의 목표를 향해 모든 구성원이 전력을 다해 달성한 성과였다. 지금 돌아보면 시작부터 철저하게 계획하고 전략적으로 준비한 결과였다고 자부한다.

조직의 역량이 만드는 차이

미슐랭 가이드 선정이라는 도전은 선정된 것으로 끝나는 일회성 프로젝트가 아니었다. 지속적인 개선과 발전을 추구하는 문화를 만들어가는 과정이기도 했다. 전문가의 조언을 받아 메뉴를 개선하고 개발하는 과정에서 참여한 모든 구성원이 함께 성장할 수 있었다. 셰프는 더욱 세밀한 기술을 익혔고, 서비스 직원들은 보다 정교한 고객 응대 마인드를 갖췄다. 관리자들은 전체적인 식음 서비스 운영의 완성도를 높여나갔다.

계획적으로 일하는 방법 중 가장 기본적인 것은 바로 시간 계획을 잘 지키는 것이라고 생각한다. 그동안 호텔에서 일하면서 가장 어려웠던 것 중 하나는 약속한 시간을 지키지 않는 것이었다. 오전 10시 회의 소집 공지가 이미 있었는데도 회의 주재자마저 나타나지 않거나 한두 시간이 지나서야 참석해달라고 연락이 오는 등의 일이 발생하고는 했다. 이런 것들이 계획적으로 일하지 않는 대표적인 모습이다.

다양한 직군이 모여 일하고, 언제 어떤 상황이 발생해도 이상하지 않은 곳이 호텔이라는 것을 너무도 잘 알고 있다. 그렇지만 일에 있어서는 파워 J 성향을 추구하는 내 입장에서는 이렇게 계획적이지 않은 모습은 큰 스트레스로 다가왔다. 시간 약속을 지키는 것은 큰 일을 성공시키는 것만큼 중요한 기본적인 덕목이라고 생각한다.

조직이 유연하게 움직이는 것도 필요하지만 훨씬 더 중요하고 근본적으로 갖춰야 하는 것은 철저하게 계획적으로 움직여야 한다는 것이 아닐까 싶다. 그러기 위해서는 전략, 즉 분명한 지도부터 만들어 일을 진행해야 한다. 테슬라의 일론 머스크는 하루 24시간을 280개의 업무와 일정으로 쪼개 분 단위로 일을 한다고 들었다. 계획을 세운다는 것은 전략을 수립한다는 것이고 이는 곧 일의 진행에 대해 방법을 제시한다는 것이니 그만큼 계획적으로 일하는 것이 일의 성패를 좌우하는 중요한 요소가 되는 것이다.

어떻게 해야 미슐랭 가이드에 선정될 수 있는지 정확한 가이드라인도, 구체적인 경험도 없던 상황에서 오직 어렵게 구한 정보에 의존해 프로젝트를 진행할 수밖에 없었다. 미약하게나마 확보한 정보를 바탕으로 전문가의 조언을 철저하게 반영하며 포기하지 않고 계획을 세워 결국 방법을 찾아갔던 것이 주효했다고 본다.

미슐랭 가이드 선정은 어느 한 사람의 뛰어난 개인기 덕분도, 운이 좋아 선정된 것도 아니었다. 공통된 하나의 목표를 공유하고 관련한 모든 조직이 참여해 움직인 결과였다. 이것은 결국은 조직과 시스템으로 일하는 방식을 수립해가는 과정이었다. 이 과정에서 중요했던 것은 함께 만들어가는 문화였다. 누군가 한 사람의 지시에 따라 움직이는 것이 아닌, 모든 구성원이 주인의식을 가지고 적극적으로 참여하는 문화. 각자의 전문성을 존중하면서도 공통의 목표를 향해 나아가는 문화가 바로 미슐랭 가이드 선정이 선물한 또 다른 성과이기도 하다.

시간을
브랜딩한다

옛것의 재해석을 통한 계승과 발전

디테일의 디테일

한옥 철거 논쟁

- 시기: 2002년~2004년
- 당시 직책: 서울신라호텔 마케팅팀 팀장

존치와 철거의 갈림길

2000년대 초, 호텔의 미래 청사진을 그리기 위한 중요한 회의가 열렸다. 당시 호텔 건물 옆에 자리한 한옥 몇 채를 두고 벌어진 논의였다. 역사적 배경을 가진 건물이고 시대에 따라 국빈 숙소 등 여러 용도로 사용되다가 당시에는 호텔의 연회장으로 활용되고 있었다. 1960년대 건립 당시부터 전통 한옥의 기와, 목재 구조, 담장과 정원 요소를 도입해 한국의 미를 잘 보여주던 건물이었다. 내부는 나름 현대적 분위기로 꾸며져 있어 고객들로부터 좋은 평가를 받고 있었다.

논의 초기에는 한옥을 헐고 그 부지에 현대식 건물을 새로 올리자는 의견도 있었다. 낡은 한옥보다 현대적 건물이 효율적 운영이나 수익 증대 측면에서 훨씬 나을 것이라는 기대에서였다. 당시에는 한옥이 여름에는 덥고 겨울에는 추운 데다 목재 건물이라 꾸준히 손을 봐야 해 단점이 많은 건축물이라는 인식이 있던 것도 사실이다.

한옥 형태가 아니어도 호텔은 원래 꾸준히 손을 보고 고쳐야 할 곳이 많다. 거칠게 말하면 눈길이 닿는 곳 모두 개선이 필요한 대상이다. 그렇게 하룻밤만 지나면 개선 필요 리스트가 수십 개씩 쌓이는 곳이 바로 호텔이다. 게다가 IMF 구제금융이라는 거대한 파도에서 갓 벗어난 당시는 옛것보다 새로운 것을 선호하고, 비효율보다는 효율을 중시하는 트렌드가 등장하기 시작했다. 국제화나 효율화라는 화두로 호텔에서는 한식당이 하나둘 사라지고 있었고 전통문화에 대한 관심도 크지 않아 한옥의 쓰임새에 대해 변화를 주문하는 의견이 나오던 터였다. 그렇게 논의가 이어진 끝에 컨설팅사를 통해 앞으로의 추진 방향에 대한 의견을 들어보기로 했다.

사실 한옥을 헐고 새로운 건물을 짓는 것에 모두가 동의하는 것은 아니었다. 오랫동안 일하면서 호텔을 사랑하는 이들은 이 한옥이 호텔의 브랜드를 만들고 있다고 생각했다. 출퇴근을 하면서 매일 보았기에 애착을 가질 수도 있겠지만, 그보다는 호텔의 이미지는 하루아침에 만들어지지 않는다는 믿음을 가장 잘 보여주는 것이 바로 이 한옥이라고 생각했기 때문이다. 그렇게 앞으로만 직진하던 자동차를 멈추듯 잠시 숨을 고르고 우리만의 시각이 아닌 외부의 객관적 시각을 빌려보기로 결정했다.

본격적인 세계화 물결 속에서 산업 분야를 막론하고 국제적 경쟁력을 확보하려 노력하던 시기였기에 많은 기업은 전통을 과감히 버리고 서구적이고 현대적인 것으로 바꿔야 한다고 믿었다. 이런 인식의 이면에는 전통에 대한 깊이 있는 이해의 부족이 있다. 전통을 단순히 옛것이나 낡은 것으로만 바라보는 시각은 그것이 가진 진정한 가치를 보지 못하게 할 수 있다. 특히 호텔과 같은 호스피탈리티 산업에서 전통을 잘 보여주는 요소들은 독특함과 차별화의 가치를 만들어내는 근간이 될 수 있지만 자칫하면 소홀히 다루기 쉬운 것도 사실이었다.

호텔 산업에서 중요한 것은 다른 곳에서 절대 경험할 수 없는 독특하고 특별한 무언가를 고객에게 제공할 수 있느냐는 것이다. 특히 해외에서 온 관광객에게는 우리만의 고유한 문화와 전통을 체험하도록 한다는 것 자체가 큰 매력 포인트가 될 수 있다. 이런 관점에서 보면 전통 한옥은 철거해야 할 대상이 아니라 사실은 잘 활용해야 할 소중한 자산이었다.

전문가의 시각이 뒤집은 패러다임

한옥에 대한 갑론을박이 있었던 회의로부터 몇 달 후, 컨설팅사로부터 의견서가 도착했다. 그 내용은 회의에 참석한 간부들의 예상과는 완전히 달랐다.

"한옥은 귀 호텔의 대표 이미지로서 서울의 명물이 될 수 있고 호텔을 대표하는 시설로 활용할 수 있습니다. 한옥 부지에 새로운 빌딩을 건축하는 것보다 현재의 한옥을 보존하고, 대표 이미지로 활용한다면 해외에서 한국을 방문하는 외국 관광객에게 긍정적으로 어필할 수 있습니다."

컨설팅사의 의견은 시사하는 바가 컸다. 우리가 스스로 버리려 했던 전통의 가치를 다시금 재발견했던 계기가 되었기 때문이다. 우리가 흔히 말하는 '등잔 밑이 어둡다.'라는 속담을 떠올리게 했다.

컨설팅 회사의 분석은 매우 논리적이고 설득력이 있었다. 한옥은 수도이자 가장 큰 도시인 서울에서도 이제는 찾아보기 힘든 한국의 전통 건축물로서 그 자체로 관광 명소가 될 수 있다는 점이었다. 그리고 호텔의 브랜드 정체성을 확립하는 데 있어 이보다 더 강력한 차별화 요소는 찾기 힘들다는 것이 중요했다. 특히 해외 관광객들에게 한국의 문화를 체험할 수 있는 공간이라는 점에서 매우 중요한 매력 포인트가 아닐 수 없었다.

더욱 중요한 것은 한옥이 가진 전통적 요소는 지금도 물리적으로 충분히 활용 가능한, 살아 있는 자산이라는 것이다. 한옥의 아름다운 곡선과 조화로운 비례, 자연과의 조화를 추구하는 건축 철학 등은 현대인들에게도 여전히 큰 감동을 줄 수 있다.

이 분석은 호텔업의 본질을 정확히 꿰뚫고 있었다. 호텔은 단순히 집을 떠난 사람들에게 잠시 쉴 수 있는 여유와 잠자리만을 제공하는 산업이 아니다. 고객에게 특별한 경험과 추억을 선사하는 산업이다. 따라서 다른 곳에서는 경험할 수 없는 독특하고 특별한 무언가를 제공할 수 있다면 그것이 바로 최고의 경쟁력이 된다.

"컨설팅사에서 보내온 의견이 한옥을 보존하는 것이 좋겠다고 합니다. 이 의견을 따라 철거하지 않고 활용하는 쪽으로 하겠습니다. 다만, 나중에라도 시장 환경이 변하거나 회사의 필요가 있을 경우에는 개발 계획을 수립해 추진하도록 하겠습니다."

결국 한옥 재개발 의견은 실행되지 않았고 호텔 옆의 한옥은 명맥을 유지할 수 있었다. 그로부터 20여 년이 지난 지금, 그 한옥은 모두가 잘 알고 있는 것처럼 호텔을 대표하는 이미지이자 서울에서도 손꼽히는 명소로 자리하고 있다.

한옥의 비효율성, 그럼에도 불구하고

한옥 존치 논의가 있었던 호텔을 나와 훗날 한옥 호텔을 짓는 프로젝트에도 참여했고 한옥 호텔도 운영하면서 느꼈지만 사실 한옥은 불편한 점이 많다. 우선 건축물의 주 재료가 목재인 한옥을 지을 때는 반드시 질 좋은 나무를 사용해야 한다. 목재를 건

○

호텔은 단순히 집을 떠난 사람들에게
잠시 쉴 수 있는 여유와 잠자리만을
제공하는 산업이 아니다.
고객에게 특별한 경험과
추억을 선사하는 산업이다.

다른 곳에서는 경험할 수 없는
독특하고 특별한 무언가를
제공할 수 있다면
그것이 바로 최고의 경쟁력이 된다.
한옥과 현대적 호텔의 결합이라는
전통과 현대의 조화는
그 무엇과 비교할 수 없는
강력한 차별화 도구가 되었다.

축에 사용하기 위해서는 포함된 수분을 가능한 범위에서 제거하는 것이 중요하다. 일반적으로 문화재급에 사용하는 목재의 함수율이 20% 내외인데 그 이하 범위에 맞춰 목재를 준비해야 하다 보니 건조에 투입되는 시간이 길어져 비용 부담이 커진다. 그렇다고 물기를 완전히 제거하지 않은 채 건물을 지으면 목재의 물기가 마르면서 뒤틀려 건물 자체에 문제가 많이 발생할 수밖에 없다.

운영 측면에서도 애로사항이 있었다. 목재의 특성상 시간이 지날수록 색이 변하고 목재가 가진 특유의 냄새 때문에 민감한 사람은 그다지 좋지 않은 경험을 할 수도 있다. 또한 목조 건축물에 치명적인 흰개미가 서식하게 되면 경제적 피해는 물론이고 구조물의 안전을 담보할 수 없으므로 미리 철저한 방제 대책을 세워야 한다.

이러한 어려움에도 불구하고 잘 지어놓으면 그 자체로 뛰어난 콘텐츠가 되고 스토리텔링에 활용할 수 있어 호텔의 브랜드 효과에는 무척 유용했다.

예전에 일본의 금융과 경제 중심지인 도쿄 오테마치에 위치한 호시노야 도쿄 호텔을 방문한 적이 있었다. 일본의 유명 건축가인 아즈마 리에가 설계했는데 일본의 전통적 료칸과 현대적

럭셔리를 조화롭게 결합한 독특한 콘셉트로 전통 디자인 요소와 현대적 감각이 조화롭게 결합한 호텔이라는 평가를 받는 호텔이었다. 이 호텔은 지상 17층 규모의 건물임에도 층마다 6개의 객실만 배치해 총 84개의 객실이 운영되고 있다. 방문한 당시 1박 요금이 우리나라 돈으로 100만 원이 넘었던 럭셔리 호텔이었다.

이 호텔의 가장 큰 특징은 전통 가옥 형태의 료칸을 도심에 수직적 빌딩에서 구현한 것이다. 특히 구조적으로 호텔 건물의 세 개 면을 주변의 높은 건물이 둘러싸고 있어 객실 창을 통해 좋은 뷰를 감상할 수 없었는데 이러한 약점을 창문에 전통 문양 디자인을 적용해 보완하는 솜씨를 발휘한 것이 인상적이었다.

한옥, 독보적 자산이 되다

호시노야 도쿄 호텔 사례에서도 볼 수 있듯 자칫하면 사라질 뻔했던 한옥의 존치 결정은 몇 가지 중요한 교훈을 주었다. 가장 먼저 전통과 현대의 조화는 그 무엇과 비교할 수 없는 강력한 차별화 도구가 된다는 점이었다.

한옥이라는 전통 건축물과 현대적 호텔 서비스의 결합은 다른 곳에서는 경험할 수 없는 독특한 매력을 만들어낼 수 있다. 컨설팅사에서도 주목했듯 특히 해외 관광객들에게 미치는 영향은 상상 이상이다. 그들에게 한옥은 단순한 여행을 넘어 한국 문화에 관심을 가지고 더욱 깊이 있게 이해하도록 돕는 계기가 된다. 이는 일회성 방문으로 끝나는 것이 아니라 한국에 대한 지속적인 애정과 재방문으로도 이어질 수 있다.

국내 고객들에게도 새로운 경험을 제공할 수 있다. 일상에서 쉽게 접할 수 없는 전통 공간에서 누리는 특별한 시간은 소중한 추억이 되었고 고객 충성도 향상으로 직결되었다. 특히 결혼식이나 주요 행사 등을 위해 대관할 때 한옥이라는 공간은 다른 호텔이 가지고 있는 자산과는 절대 비교할 수 없는 독보적 위치를 차지했다.

마케팅 측면에서도 한옥은 그 자체로 강력한 콘텐츠였다. 대중매체의 소개나 공간 이용자가 자발적으로 공유한 SNS 게시물을 통해 자연스럽게 화제가 되었다. 덕분에 별도의 마케팅 비용을 들이지 않고도 브랜드 인지도를 높이는 효과를 가져왔다. 특히 최근 들어 전통 문화에 대한 관심이 높아지면서 이 효과는 더욱 극대화되고 있다.

결과적으로 경영적 관점에서 본다면 한옥의 보존과 활용은 매우 현명한 투자가 되었다. 새로운 건물을 짓는 데 필요한 막대한 비용을 절약하면서도 더욱 강력한 브랜드 정체성을 확보했기 때문이다. 이런 차별화 요소는 시간과 자원을 투입한다고 해도 쉽게 모방할 수 없는 것이어서 지속 가능한 경쟁 우위도 확보할 수 있게 되었다.

레전드는 시간이 만드는 것

어떤 역사적 장소나 물건 등에 누군가의 소중한 이야기가 담기면 레전드, 즉 전설이라고 불릴 만큼 뛰어난 것이 된다. 호텔에서 오랜 기간 일을 하면서 옛날 것은 나쁜 것, 새로운 것은 좋은 것이라고 생각하는 사람들을 종종 볼 수 있었다. 하지만 나는 그렇지 않다고 생각한다. 전통이라는 것은 시간이 지남에 따라 켜켜이 쌓여 만들어지는 것이지 의도한다고, 원한다고 해서 만들어낼 수 있는 것이 절대로 아니기 때문이다.

이런 것을 생각해보면 어떨까. 지금도 유럽의 도시들을 지키고 있는 수많은 옛 건물들을 떠올려보자. 많은 사람들이 전 세계에서 비싼 항공권과 숙박비를 들여 그 오래된 건물을 보고 느끼기 위해 여행하는 것을 마다하지 않는다. 전통을 재해석할 수는 있어도 함부로 배척하고 버리지 않는 것이 좋다. 주변에 오래된 건축물이 존재한다면 항상 재해석의 시각으로 접근해보자.

이는 호텔 경영에서 매우 중요한 통찰을 준다. 진정한 브랜드 가치는 하루아침에 만들어지지 않는다. 오랜 시간에 걸쳐 축적된 이야기와 경험, 그리고 그것들이 만들어내는 감동이 쌓여서 비로소 진정한 브랜드가 탄생하는 것이다. 전통을 활용한 마케팅의 힘은 바로 여기에 있다. 전통은 그 자체로 이미 오랜 시간의 검증을 거친 가치 있는 콘텐츠이다. 수백, 수천 년에 걸쳐 축적된 문화적 깊이와 의미가 담겨 있기 때문에 그 어떤 마케팅 기법보다도 강력한 감동을 선사할 수 있다. 결국 진정한 혁신은 전통을 무시하는 것이 아니라, 전통을 바탕으로 새로운 가치를 창조하는 것이다. 이것이 바로 진정한 디테일 경영이다.

성급한 현대화는 돌이킬 수 없는 손실이 될 수 있다. 한번 사라진 전통과 문화는 다시 회복하기 힘들다. 따라서 기업의 단기적 이익보다는 장기적 관점에서 전통의 가치를 평가하고, 이를 어떻게 계승하고 발전시킬 것인지 신중하게 고민해야 한다.

전통의 가치를 보완하는 조상의 지혜 중 '비보'라는 것이 있다. 우리 조상들은 풍수적으로 이상적 입지 환경이나 여건이 부족할 경우 이를 보충해 풍수적 조화를 이루는 방법으로 비보를 활용했다. 이것은 비밀스러운 보화라든지 슬픈 소식을 말하는 것이 아니라 '도울 비'와 '기울 보'를 쓰는 비보(裨補)이다. 한옥도 풍수 이론에 따라 자연과 조화를 이루고 부족한 기운을 채우는 방식으로 설계했다고 한다. 그래서 한옥에서는 마당에 연못을 파거나 담장을 높게 세우고 돌탑이나 작은 폭포 등을 만들어 부족한 기운을 보완하거나 강한 기운을 억제했다고 한다.

　호텔의 한옥도 예외는 아니어서 돌탑, 연못, 폭포 그리고 석탑 등 네 곳에 비보를 만들어 보완했다고 전해진다. 이 비보 덕분에 호텔의 한옥이 지금까지 그 자리를 지키면서 사람들에게 좋은 기운을 전해주는 것은 아닐까 생각해본다. 비보의 용도처럼 전통을 보여주는 것들을 더욱 보완하고 재해석해 발전시켜 나가는 것이 중요하다.

30년은
돈 벌어줄 투자

장치산업인 호텔의 전략적 투자 철학

디테일의 디테일

호텔 사업 자문

- 시기: 2021년
- 당시 직책: 신라호텔 호텔&레저부문 부문장

호텔 전면 개보수

- 시기: 2013년 봄~여름
- 당시 직책: 서울신라호텔 마케팅팀 팀장

호텔은 서비스업이 아니다

호텔 사업을 시작하려 준비하는 한 사업가와의 만남이 있었다. 평소 알고 지내던 지인 중에 호텔을 개발하는 이가 있었는데 그를 통해 오랜 호텔 운영 경험이 있는 나를 소개받았다고 했다. 커피 한 잔을 마주 놓고 시작한 대화는 어느덧 두 시간을 넘어가고 있었다.

"어떤 호텔을 만들기 원하십니까?"

내가 던진 이 질문은 단순히 호텔의 브랜드에 대한 질문이 아니었다. 호텔 사업의 방향과 규모 그리고 무엇보다 이 사업에 임하는 리더의 생각을 확인하고자 함이었다. 조직의 오너 또는 CEO가 호텔을 어떻게 만들고 발전시켜 나가기 원하는지, 이를 실현하고자 하는 의지는 또 얼마나 강하게 가지고 있는지는 리더십을 통해 나타나게 된다.

어느 기업이든 어떤 사람이 리더의 자리에 있는지에 따라 기업의 운명이 결정된다는 것은 고금의 진리다. 우리가 익히 들어 잘 알고 있는 애플의 스티브 잡스나 테슬라의 일론 머스크를 포함해 헤아릴 수 없이 많은 사례가 존재한다. 기업이 앞으로 나아가고 발전하는가, 아니면 후퇴하고 결국 주저앉게 되는가는 CEO의 역량과 능력에 달려 있고, 이것이 회사 발전에 가장 첫 번째 필요한 항목이라고 생각했다.

"대한민국에서 최고의 호텔을 만들고 싶습니다. 호텔 사업을 통해 돈을 벌고 싶은 생각은 없습니다. 일단 최고의 브랜드로 일군 후에 이 브랜드를 가지고 여러 가지 사업과 연계하려고 계획하고 있습니다."

이 사업가의 답변은 명확했다. 그는 평소 호텔 운영과 관련해 그동안 생각해왔던 철학들을 하나씩 풀어놓았다. 계속되는 그의 말을 들으며 내가 평소 가지고 있던 생각과 비슷하다는 느낌이 들었다.

한 번의 투자로 돈을 벌어라

호텔을 운영한다는 것은 연예인의 활동에 비교할 수 있다. 연예인은 대중에게 보여줄 자신의 이미지를 섬세하게 구축한다. 그렇게 구축된 이미지를 노출하고 자신의 전문 분야의 활동을 통해 대중이 소비하도록 해 수익을 창출한다. 이 과정을 통해 강화된 이미지는 연계된 다른 분야로 확산되어 소비되면서 추가로 수익을 창출한다.

호텔도 마찬가지이다. 고객을 향해 보여주려는 호텔의 이미지를 구축하면 신뢰라는 브랜드가치로 축적된다. 이렇게 쌓인 신뢰 자산을 바탕으로 호텔 사업을 통한 이익뿐만 아니라 사업가의 의지에 따라서는 호텔에서 구축한 신뢰 자산을 통해 다양한 연계 분야에서도 더 크고 넓은 비즈니스로 확장할 수 있다.

호텔 분야에서 브랜드를 통한 신뢰 자산을 쌓기 위해 오너 또는 CEO가 해야 하는 것이 있다. 시장에서 정상의 위치에 서는 최고의 호텔을 만들고 싶다면 그에 걸맞은 투자가 이루어져야 한다. 만약 돈을 잘 버는 호텔을 만들고 싶다면 가장 최적의 수익모델을 적용한 비즈니스 호텔을 만들면 된다.

우리나라의 주요 5성급 로컬 호텔 브랜드인 신라, 롯데, 조선을 보면 각자 고객을 향해 소구하는 이미지가 다르고 각자 추구하는 브랜드 이미지가 존재한다. 이러한 노력은 고스란히 신뢰자산으로 고객에게 축적되어 있다. 그리고 메리어트, 힐튼, 아코르 등 글로벌 체인 호텔 브랜드들 또한 자신만의 브랜드 가치를 추구하며 고객에게 어필하고 있다. 결국 이러한 차이가 사업의 방향성과 매출 규모, 이익을 결정하게 되는데 이러한 브랜드 구축은 사업 초기에 설정한 전략에 따라 어느 정도 규모로 투자를 하느냐에 달려 있다.

호텔 초기 투자와 관련해 반드시 염두에 두어야 하는 사항이 있다면 호텔은 대표적인 장치산업이라는 점이다. 서비스업이라고 생각하기 쉽지만 호텔은 부지 선정과 매입부터 건축, 실내 인테리어, 시설 준비 등 오픈을 위해 투입해야 할 초기 비용이 상당히 높은 편이라는 것을 생각하면 쉽게 납득할 수 있다.

이렇게 한번 투자한 후 최소 30년은 꿋꿋하게 운영해야 하는 사업이다. 물론 객실의 경우 내부 도배나 간단한 소프트 터치 같은 것은 문제가 되었거나 시대 변화에 따라 고객 만족을 위해 당연히 계획을 세워 진행하는 것이 옳다. 또한 각종 시설에 설치된 장비의 내구연한이 도래하면 더 나은 서비스를 위해 교체해야 하는 것도 맞다. 그렇더라도 호텔은 이러한 경우를 제외하면 개보수를 최대한 지양하는 것이 맞다는 것이 나의 생각이다.

새로운 호텔 사업을 시작하려는 사업가에게도 호텔은 설립 이후 대대적인 개보수는 하지 않는 것이 좋다는 생각을 전했다. 오랜 경험을 통해 지켜본 많은 호텔 오너나 경영자들은 안타깝게도 이것을 제대로 이해하지 못하고 있었기 때문이다.

대부분 호텔의 총지배인이나 임원들은 호텔 시설이 조금 낡았다고 느꼈을 때, 고객으로부터 시설에 대한 피드백이 접수되었을 때, 시대 변화에 따라 시장에서 새로운 아이템 등이 유행할 때 그런 사항을 추가할 것을 요구하거나 부분적으로라도 개보수가 필요하다는 의견을 내놓는 경우가 많았다.

호텔은 처음 만들 때 잘 만들어야지 일단 만들어놓고 나중에 무언가 덧붙이고 바꿔나가는 것은 브랜드 유지에도 도움이 되지 않고 돈을 버는 데에도 도움이 되지 않는다. 다시 강조하지만, 호텔은 최초 투자한 시설로 최대한 많은 이익을 내야 한다.

30년 만에 단행한 전면 개보수

호텔의 전면 개보수는 일반적으로 지어진 지 30년 이상 지나면 검토하게 되는데 큰 비용이 드는 프로젝트인 만큼 시행 여부를 결정하는 것뿐만 아니라 시행한다면 어느 정도 규모로 하는 것이 좋을지 신중한 검토와 결정이 필요한 사항이다.

2010년대 초, 근무하던 호텔은 처음 지어진 지 30년이 넘어가면서 전면 개보수를 검토해야 하는 시점에 들어섰다. 사실 개보수에 대한 의견은 2000년대 중반부터 조심스럽게 오가고 있었다. 물론 그동안 업장 이동이나 객실의 부분 개보수 등의 프로젝트를 통해 시설을 꾸준히 관리하며 개선하는 작업을 비정기적으로 해왔던 터였다.

영업 관련 업무를 담당하고 있었기 때문에 전면 개보수와 관련한 이야기가 오갈 때마다 마음이 분주해져 확인 차원에서 관리 부서에 좀 더 정확한 사항을 묻고는 했다. 무엇보다 개보수 시기가 정확하게 결정되어야 연회 행사의 수주라든가 객실 예약을 언제까지 받아놓을 수 있을지를 가늠할 수 있었기 때문이다. 그렇게 개보수 이야기가 오가던 어느 날, 공사 기간 약 7개월 동안 호텔 전관의 운영을 중단하고 전면 개보수를 실시하는 것으로 결정되었다.

보통의 호텔 개보수 공사를 할 때에는 전 호텔의 운영을 중단하지 않는다. 장치산업인 호텔의 특성상 운영이 끊임없이 이어져야 안정적인 자금 흐름을 유지해 지속 가능한 운영을 담보할 수 있다. 또한 고객 입장에서 생각하면 충성 고객의 이탈을 우려하지 않을 수 없다. 이러한 현실적인 이유 때문에 큰 규모로 개보수를 진행할 때에도 가능하면 호텔의 구역을 나누어 공사를 진행하고, 공사를 하지 않는 구역은 운영을 계속하는 형태를 선택한다. 그럼에도 당시에는 공사 기간을 최대한 단축하기 위해 전면 운영 중단이라는 과감한 결정을 하게 된 것이다.

전면적으로 운영을 중단하게 되었기에 직원들에게는 기본적으로 평상시 급여의 70%를 지급하는 조건으로 유급 휴가를 부여한다는 방침이 내려왔다. 이 방침에 대부분의 직원들은 좋아했다. 어떤 직원은 이 기회에 해외 연수 계획을 잡기도 했고, 장기 여행 계획을 세우거나, 미뤄두었던 역량 개발을 위해 학업 계획을 세우기도 했다. 그렇다고 모든 직원이 쉼을 누릴 수 있었던 것은 아니었다. 나를 포함해 개보수 종료 후의 영업 또는 운영 계획을 수립해야 하는 직원들은 1~2개월 정도의 휴가 후 별도로 마련된 사무실에서 운영 재개 준비 계획을 수립하기로 했다.

매일 같이 계속된 피 말리는 상황들

드디어 호텔의 문을 닫고 공사 관련 중장비가 들어오는 등 많은 과정이 일사천리로 진행되었다. 운영 재개 준비를 담당한 직원들은 다른 직원들만큼 긴 기간은 아니지만, 어떻게 휴가를 보내면 좋을지 즐거운 고민을 시작했다. 그런데 기존 계획과 달리 전면 개보수 이후 운영 계획을 먼저 수립한 후 휴가를 가는 것으로 변경되었다. 계획 수립에 긴 시간이 걸리지 않을 것이라는 생각에 부지런히 일하면 서너 달은 휴가를 즐길 수 있을 것이라고 기대했다. 회사 생활을 하면서 몇 달간 휴가를 사용한다는 것은 쉽게 잡을 수 없는 기회였다.

안타깝게도 예상했던 것과 달리 계획 수립에는 시간이 훨씬 더 필요했다. 그렇게 계획 수립 업무가 끝나갈 때가 되니 개보수 공사도 종료 시점이 다가오면서 재 오픈과 운영 준비를 시작하게 되었다. 그렇게 기대했던 휴가는 정확히 2주로 줄어들고 말았다.

휴가를 제대로 누리지 못한 아쉬움이 컸지만, 일단 개보수를 끝낸 후의 호텔 운영이 먼저였다. 공사가 막바지에 다다른 상황에서 나와 운영 재개 준비를 했던 직원들은 한가롭게 휴가를 따지고 있을 상황이 아니었다.

가장 큰 문제는 개보수 공사를 시작할 때 재 오픈 일자를 미리 공지해놓았던 것에 있었다. 공사 기간이 짧아질수록 호텔의 영업 기간을 앞당길 수 있으니 가능하다면 공사 기간을 줄이고, 그렇지 못하더라도 계획한 일정에 공사가 정확히 끝나야 운영을 제대로 시작할 수 있는 상황이었다.

8월 1일 재 오픈을 보름 정도 앞두었을 때, 걱정된 마음에 공사 현장을 직접 둘러보았다. 현장의 모습은 생각한 것보다 더 심각하게 느껴졌다. 지금쯤 주요 공정을 마치고 깔끔하게 청소를 하거나, 그렇지 않더라도 마무리 작업이 이루어지고 있을 것이라는 기대와는 다른 모습이었다. 아직도 자재를 자르고 붙이고 용접하는 등 도저히 마무리 단계라고는 생각할 수 없는 모습을 보고 말았다.

"7월 말에 공사가 끝날 수 있을까요?"

"걱정하지 마세요. 며칠만 지나면 드라마틱하게 끝나 있을 거예요!"

공사를 주관하던 관리자에게 걱정스러운 말투로 물었지만, 그는 자신 있게 대답하고는 자리를 떠났다.

사실 공사라는 것은 예기치 않게 발생하는 크고 작은 문제로 계획한 일정에서 자주 어긋나기 마련이다. 공사 초기에는 그다지 큰 문제라고 생각되지 않았던 것도 사실이다. 재 오픈 일정을 미리 정해 공식 채널로 공지를 했고 투숙 가능 일정까지 예약을 오픈한 상황이었다. 게다가 연회 행사나 웨딩 등 주요 행사까지 이미 수주했기 때문에 행사를 진행하지 못하게 된다면 예약금은 물론이고 행사 대금 전체를 물어주어야 할 판이었다.

점차 막바지로 갈수록 밤낮 가리지 않고 장비와 인원을 총동원해 한달음에 공사를 강행하는 이른바 '돌관공사'로 바뀌었고 그만큼 비용도 증가했다. 지금 같았으면 주 52시간 근무 등 여러 이유로 실현하기 어려웠을 방법이었다.

호텔 개보수 공사는 재 오픈을 단 이틀 앞두고 말 그대로 드라마틱하게 끝났다. 하지만 청소 작업에 충분한 시간을 쓸 수 없었다 보니 객실에는 공사 먼지가 남아 있었고, 호텔 곳곳은 제대

○

호텔 운영은 연예인에 비교할 수 있다.
섬세하게 구축한 이미지를 노출하고
대중이 이를 소비하도록 유도해
수익을 창출하는 연예인처럼
고객에게 보여주려는 이미지를 구축하면
신뢰라는 브랜드 가치로 축적된다.

처음 만들 때 잘 만들어야지
나중에 무언가 덧붙이고 바꿔나가는 것은
브랜드 유지에도, 돈을 버는 데에도
도움이 되지 않는다.
호텔은 최초 투자한 시설로
최대의 이익을 내야 한다.

로 정돈되지 않아 고객에게 불편을 끼칠 수밖에 없었다. 오픈은 했지만, 오픈해서는 안 되는 상태였다.

그렇게 마감 일정을 정해놓고 공사를 하는 바람에 공사에 참여한 모든 인부들 그리고 제대로 재충전도 하지 못하고 새로운 운영을 준비할 수밖에 없었던 영업 부서 직원들, 다급한 오픈 준비로 무척 고생한 여타 호텔 직원들과 고객까지 모두 아쉬움이 남은 개보수였다.

표면적으로는 고객과의 약속을 지켰지만, 만족할 수 없었던 전면 개보수의 경험은 호텔 경영에 있어서는 시설 투자의 개념을 바꿔야 지속 가능한 생존을 담보하고 브랜드 생명력을 유지할 수 있다는 인사이트를 주었다. 다른 호텔에서 개보수를 경험할 때도 이런 방향이 옳다는 것을 확인할 수 있었다.

당장의 비용보다 중요한 완성도

제주도의 해안가 절벽 위에 위치한 아름다운 호텔에서 총지배인으로 근무했을 당시 개보수와 관련해 다른 방향으로 인사이트를 얻었던 사례가 있다.

나는 그곳의 바닷바람과 풍광을 볼 때마다 늘 몸과 마음이 치유되는 느낌을 받고는 했다. 어느 날, 해안 절벽 위에 서서 주변을 둘러보다 문득 이런 생각이 들었다. '영화에 등장해 유명해진 벤치를 찾는 사람들이 제법 많은데, 이곳에 랜드마크가 될 수 있는 멋진 카페를 만들면 어떨까?' 100미터 절벽 위에 위치한 카페에서 바라보는 바다 풍경을 상상하니 두근댔다. 이후 카페에 대한 구상을 정리해 시설팀 담당자를 만났다.

"해안 절벽에 단층 건물로, 루프톱 테라스를 갖춘 카페를 만들면 어떨까 합니다. 어떻게 생각하세요?"

"멋진 생각입니다. 그렇지 않아도 그곳에 작은 건물을 하나 지어서 호텔 고객들이 쉴 수 있도록 하면 좋겠다고 생각하던 참이었습니다."

우리 둘의 생각은 일치했고 일은 빠르게 진행되었다. 우리 두 사람은 의기투합해 제주도에 위치한 루프톱 카페는 모두 둘러보았다. 살펴보니 루프톱 카페들은 시설 구성이나 메뉴 같은 상품 기획에서는 차이점을 보였지만 하나같이 전망이 훌륭한 곳에 자리하고 있었다. 바로 뷰 자체가 상품이 되는 것이었다.

여러 사항을 참고한 후 호텔이 가진 장점을 살려 커피 등 소프트 음료와 간단하게 데워 제공할 수 있는 쿠키와 스낵 정도로 상품 구성을 가볍게 운영하기로 결정했다. 건물도 바닷가의 해안 절벽에 위치한다는 것을 감안해 건물 중량이 크게 늘지 않도록 30평 규모로 설계하기로 했다.

이제 남은 문제는 누구에게 건축과 인테리어를 맡기느냐였다. 이 문제로 고민하던 중 호텔의 디자인 담당자로부터 단가는 비교적 비싸지만, 설계와 시공 측면에서 업계 내 명성을 얻고 있다는 업체를 소개받았다. 그의 의견은 단호했다.

"다른 곳보다 공사 단가가 비싸긴 해도 결과물의 퀄리티를 생각한다면 그 업체로 결정하시는 것이 좋다고 봅니다."

시간이 지나 알게 된 것은 건물 공사의 품질은 전적으로 시공사에 달려 있다고 해도 과언이 아니라는 점이다. 건물이 어떤 목적으로 사용될 것인지 정확히 이해하고, 그 목적에 맞는 설계와 시공 경험을 가진 업체가 후회하지 않을 결과물을 만들어낸다. 그리고 비용이 더 들어간 만큼 제값을 한다는 것도 함께 깨달은 사실이다.

그렇게 약 3개월의 공사 끝에 '오션 테라스'라고 명명한 해안 절벽의 카페가 완공되었다. 가을이 시작될 즈음 아이디어를 낸 후 겨우내 설계 작업을 진행했다. 이듬해 봄에 공사를 시작해 드디어 여름이 시작되기 전 빛을 볼 수 있었다. 이 카페에서 해가 질 녘에 바다를 바라보면 그것 자체가 비교할 수 없이 아름다운 그림이었다. 무엇보다 설계와 시공 업체가 공사를 잘 해준 덕분에 특별한 하자는 발견할 수 없었다. 무엇보다 마감 품질이 훌륭해 공사를 마치고 나서 고객이 바로 이용하는 데에도 전혀 불편함이 없었다.

카페 오션 테라스가 오픈한 지 한 달 정도 되었을 때, 기록적인 장맛비가 내려 건물이 위치한 해안 절벽에서 토사 유실이 발생했다. 카페가 위치한 절벽의 암반은 약간 비스듬하게 우측으로 기울어진 형태였다. 카페 건물이 들어서면서 땅속 물길이 기존 방향에서 카페 건물 앞쪽, 즉 해안가 절벽으로 바뀌게 되면서 절벽의 토사를 같이 끌어내린 것이 원인이었다. 누가 땅속 물길까지 들여다볼 수 있었을까 싶지만 이미 일은 벌어졌으므로 어찌할 수 없었다.

철저한 준비와 시공으로 건물과 지반에는 아무 문제가 없었지만, 지역 사회의 우려와 압박으로 결국 철거되는 운명을 맞이하게 되었다. 그 자리에 있는 것만으로도 아름다웠던 카페는 사진으로밖에 남아 있지 않게 되었다. 카페를 이용한 고객도 겨우 100명 남짓 되지 않을까 싶다.

노력과 애정의 결실이 아쉬움 속에 사라졌지만, 이 경험을 통해 나는 중요한 교훈을 얻었다. 건물을 새로 짓거나 개보수를 할 때는 동종 건물을 다뤄본 경험이 많은 업체와 협업하는 것

지금은 기억 속에만 남아 있는 카페 오션 테라스.

이 최선이라는 점이다. 비용적 효율만을 생각해 경험이 부족한 업체를 선정하면 자칫 나중에 배보다 배꼽이 더 커질 수도 있기 때문이다.

훗날 유사한 공사를 진행할 때 비용을 최우선으로 고려해 업체를 선정한 적도 많았다. 그 결과 시설물의 유지 및 관리 비용, 하자 보수 비용이 더 많이 들어가는 경우도 겪으며 체득한 사실이다. 좋은 인재를 찾는 것이 중요하듯 좋은 업체를 찾는 것도 중요하다는 점을 잊지 않아야 한다.

브랜드 구축을 위한 고민

나는 사업가와 대화를 이어가면서 호텔 사업을 안정적이고 성공적으로 시작하기 위해서는 이 분야에서 역량을 인정받은 운영 전문가를 찾아 건물의 설계 단계부터 적극적으로 참여시킬 것을 권유했다.

지금까지 만나본 호텔의 오너나 CEO들은 모두 어떤 호텔을 만들고자 하는지에 대해 자신만의 생각을 가지고 있었다. 하지만 조금만 더 깊이 들어가면 디테일하게 어떤 호텔을 추구하는 것인지 뾰족하게 특정하지 못했다. 단순히 '좋은 호텔', '럭셔리 호텔', '고객이 좋아하는 호텔'처럼 다소 추상적인 방향만 제시했을 뿐 브랜드가 가지는 가치에 대해서는 깊이 고민하고 생각을 정리하지 못했다. 브랜드는 분명한 철학이 있어야 하고 그에 걸맞는 가치를 제공할 수 있어야 한다. 그리고 그것을 실현하는 것은 오너나 CEO의 리더십이다.

나의 경험뿐만 아니라 여러 호텔 사례를 보면 대부분 설립자 본인이 해외 출장이나 여행을 했을 때 호텔에 투숙해본 경험을 바탕으로 한 인사이트를 반영하려는 경향이 강하다. 고객 관점에서 깨달은 인사이트라는 것은 충분히 이해한다. 그렇지만 호텔은 직원과 운영 측면에서도 섬세하게 고려할 것이 많은 사업이라는 점을 간과하면 안 된다. 자칫 설계 단계에서부터 방향이 어긋나면 호텔을 잘 만들어놓고도 제대로 사용하지 못하거나 운영 효율이 낮아 매출과 이익으로 연결되지 못하는 사례가 빈번하게 발생한다.

사업가와의 만남을 정리하면서 '왜 호텔 사업을 하려고 하는지?', '어떤 호텔을 만들고 싶은지?' 이 두 개의 질문이 호텔 브랜드와 브랜드의 가치를 결정하는 핵심 작업이라는 것을 다시금 생각했다.

어떤 호텔을 만들고자 하는지 치열하게 고민하고 구체적인 계획을 세우는 것이 호텔 브랜드가 생존할 수 있는 길이라고 생각한다.

호텔 사업은 브랜드 사업이다. 또한 리더십이 사업의 성패를 결정한다는 것, 그리고 최소 30년을 내다보는 장기적 안목에서의 전략적 투자가 필요하다는 것이 호텔 투자와 호텔 경영의 본질이라 할 것이다.

● 디테일
비하인드

고객이 뭐라 해도
과하다 싶게 포장하라

호텔에서는 항상 명절이 되면 주요 거래처에 선물을 보낸다. 그리고 호텔을 이용하는 고객 중에도 호텔에서 명절 선물 세트를 구입해 지인들에게 선물하는 경우도 많다. 아무래도 호텔의 브랜드를 신뢰할 만하고 선물의 품질이 보장된다는 기대감이 호텔에서 준비한 상품을 선택하는 이유일 것이다.

호텔에서 매년 준비하는 명절 선물 세트는 케이크나 베이커리처럼 호텔에서 자체 생산한 상품도 있지만 대부분은 호텔에 육류나 수산물, 와인 등을 납품하는 업체와 호텔이 협업해 명절용 상품을 기획하는 경우가 대부분이다.

명절 선물의 70% 정도는 고급 한우 같은 육류가 차지하는 것을 보면 역시 우리나라에서는 명절 때 소고기를 선물하는 것이 대세다. 이어서 20% 정도는 수산물이 그리고 10% 정도는 와인 같은 주류가 차지한다.

예전에 근무했던 호텔에는 명절이나 기념일 선물 등을 기획하고 상품화해 판매하는 담당 부서가 있었다. 매출 규모도 꽤 커서 호텔의 수익에 제법 기여하는 부서였다. 그런데 명절 선물을 배송할 때마다 불거지는 문제가 하나 있었다. 신선육이나 수산물 같은 경우 냉장이나 냉동 상태로 배송하다 보니 포장에서 문제가 생기면 물이 새는 등 상품의 품질과 직결되는 심각한 문제가 발생하고는 했다.

"무슨 일이에요?"

심각한 표정을 짓고 있는 명절 선물 담당 부서장을 보고 물었다. 추석 선물 배송을 끝내고 한숨 돌리려는 참에 얼굴에 스트레스가 가득한 판매부서장을 보고는 그냥 지나칠 수 없었기 때문이다.

"이번에도 선물 포장에 문제가 있어서 몇몇 고객이 컴플레인을 했어요."

그는 늘 있는 일이라는 듯 답했다.

그 이후로 명절 선물 포장에 대한 개선 작업이 이루어졌다. 서울 시내의 좋다는 백화점의 선물 포장 사례를 전부 조사했다. 더 나아가 일본 도쿄의 백화점은 어떤 방식으로 포장하는지 조사해

특히 육류나 수산물 포장에 대해 많은 부분을 개선할 수 있었다. 다만 선물 포장이 개선되면서 점점 과대 포장이 된다는 것이 문제였다.

좀 더 단단한 소재를 사용해 포장육마다 구획을 나누고 상온에서 녹아 물이 새지 않도록 보강재를 둘렀다. 거기에 더해 고급스러움을 강조하기 위해 종이가 아닌 나무 등으로 외장재를 바꾸었다. 마지막으로 선물의 겉 포장도 보자기 등 고급 소재를 사용하면서 내용물에 비해 포장이 과해져 점점 더 비대해진 것이다. 여기서 끝이 아니었다. 혹시라도 선물이 집 앞 바닥에 그냥 놓이는 것을 불편하게 느끼지 않도록 바닥에 종이를 깔고 그 위에 선물을 놓는 등 배송 방법도 신경을 썼다.

"고급스러운 포장이 되기는 했는데, 좀 과한 것 같기는 하네요."

선물을 받게 될 고객에게 럭셔리한 이미지를 전달하기 위해서는 포장도 그에 맞춰야 하는 것은 당연하지만, 언론에서 낭비라느니 과대 포장이라느니 등 곱지 않은 시선으로 바라볼 것이 당연하다는 생각도 떨칠 수 없었다.

드디어 다음 명절이 다가와 그동안 애써서 준비한 대로 명절 선물 세트 배송을 시작했다. 늘 그래왔듯 선물을 배송받은 고객을 대상으로 만족도 조사를 실시해 반응을 살폈다.

"배송 결과에 만족하는 고객의 비율이 90%에 육박합니다. 그런데 걱정한 것처럼 과대 포장을 지적하며 개선이 필요하다는 의견이 80~90%일 정도로 많네요."

보자기를 푸니 그 안에 포장지가 있고, 포장지를 벗겼는데 또 개별 포장이 되어 있고, 게다가 구획마다 두꺼운 플라스틱 포장재로 구분해 그야말로 물샐틈없이 포장을 해놓았으니 그럴 만도 했다. 누가 봐도 고급스럽기는 했지만, 환경 보호 인식이 자리를 잡은 요즘 같은 시대에 과대포장이라는 지적은 당연한 의견이었다.

"그런 의견은 크게 신경 쓰지 않아도 됩니다. 만약 자신이 선물을 보내는 입장이었다면 이런 의견을 주지 않으실 거예요. 선물을 받은 고객께서 보내신 의견이잖습니까. 그러니 포장에 대해 이렇게 말씀을 하시는 겁니다."

선물을 보내는 사람은 최대한 고급스럽게 포장하고자 할 것이 당연하다. 반면 받는 사람은 그 마음은 알겠지만 너무 과하니 줄였으면 좋겠다고 생각하는 것도 당연하다. 문제는 포장이 선물의 격을 보여주기도 하는 만큼 간소하게 포장해 보내면 받는 사람 입장에서는 정성을 오해할 수도 있다. 명절 선물의 포장을 바라보며 형식이 내용을 지배할 수도 있다는 말을 새삼 떠올렸다.

이와 관련해 또 다른 사례가 하나 있다. 모든 호텔은 고객 접점

부서에서 근무하는 직원에게 각 브랜드의 특색이 담긴 유니폼을 제작해 입힌다. 그중에서도 셰프의 유니폼은 각별하게 신경을 써야 한다고 생각한다. 요즘은 대부분 오픈 키친 형태이다 보니 고객은 조리하는 모습을 지켜볼 수 있다.

만약 앞치마나 조리복이 더러울 경우 레스토랑이 위생에 신경을 덜 쓰지는 않는지 불안해할 수 있고 심하면 불만을 제기할 수도 있다. 조리복이 더럽다는 것은 정말 열심히 음식을 만들었다는 증거이기도 할 테지만 일단 보이는 모습은 고객에게 위생과 관련해 부정적인 영향을 줄 수밖에 없다. 그래서 특히 뷔페에서 일하는 셰프의 경우 앞치마라도 흰색이 아닌 짙은 갈색이나 검은색으로 바꿔 착용하게 하는 등 최소한의 대응 조치를 시행한 적이 있다. 깨끗하고 정돈된 유니폼을 착용함으로써 자신의 프로페셔널함과 고객 응대의 진정성을 보여주는 것이다. 이것도 형식이 내용을 지배할 수 있다는 사례이다.

좌충우돌하며 내린 결론은 호텔에서 발송하는 선물의 포장은 조금 과한 것이 낫다는 것이다. 물론 ESG 경영이 중요해지는 흐름을 감안해 너무 과해서는 안 되겠지만, 선물 포장도 호텔 홍보와 마케팅의 한 방법이라고 생각하면 될 일이다.

Floor 2

남다른 디테일을 만드는 집요한 사람들

: 인재와 조직문화의 디테일

스타 셰프의 탄생

이제 전문성만으로는 성공할 수 없다

디테일의 디테일

총주방장의 방송 출연

- 시기: 2024년 겨울
- 당시 직책: 앰배서더서울풀만호텔 대표이사

일본 셰프의 토크력

- 시기: 2011년
- 당시 직책: 서울신라호텔 마케팅팀 팀장

우리 호텔의 총주방장을 소개합니다

2024년 말, 호텔 총주방장의 TV 첫 출연 이후 2025년에도 계속해 출연하면서 호텔 식음업장의 매출이 수직 상승했다. 총주방장이 유명해지면서 호텔의 식음업장에 대한 대중의 관심이 커졌기 때문이다. 방송을 본 고객을 중심으로 총주방장을 알아보는 사람들이 많아졌고 호텔 업계에서도 화제가 되었다. 개인의 브랜드 가치가 곧 우리 조직의 브랜드 가치로 연결되면서 시너지를 만들었다. 함께 출연한 다른 셰프들은 물론이고 다른 부서의 직원들도 자부심을 가지게 되는 좋은 계기가 되었다.

총주방장의 방송 출연 프로젝트는 준비 기간이 길었고 호텔 내에서 촬영을 진행하는 것도 쉽지 않아 많은 이들의 참여와 지원이 필요한 작업이었다. 그럼에도 직원을 유명하게 만들어 호텔도 홍보 효과를 거두겠다는 전략이 이번만큼 잘 맞아떨어진 적은 없었기에 모든 노력이 보상을 받은 것 같았다.

이런 접근 방식은 단순히 개인의 유명세를 높이는 것에 그치지 않는다. 이는 곧 매출 상승으로 이어졌다. 직원들의 자부심도 높아졌고, 호텔 전체의 브랜드 이미지도 개선되었다.

이러한 성과는 하루아침에 갑자기 만들어진 것이 아니다. 국내의 경기 침체가 장기화하면서 호텔의 식음 영업도 머지않아 타격을 받게 될 것을 우려하던 중에 새로운 돌파구를 찾고자 시작한 프로젝트였다. 그 핵심에는 셰프로서의 전문성과 경쟁력을 기반으로 해 '토크력'을 장착한 총주방장의 TV 출연이라는 과감한 결단이 있었다.

"총주방장이 한번 TV에 출연하는 것은 어떨까 싶어요."
"제가 무슨 TV 출연을 합니까. 저는 그럴 만큼 말재주가 뛰어나지 않습니다."

처음 제안했을 때 총주방장은 무척 당황스러워했다. 하지만 나는 포기하지 않고 기회가 될 때마다 강하게 권했다.

이전에 근무했던 호텔은 대중에게 잘 알려져 있고 인지도가 높은 곳이어서 개별 직원의 TV 출연이나 개인 강연, 인터뷰 같은 활동은 허용되지 않았다. 하지만 현재 대표로 일하고 있는 호텔은 그렇지 않았다. 그렇다면 이참에 직원을 유명하게 만들고 그 유명세와 연계해 호텔을 홍보하면 어떨까 싶었다. 그래서 이 호텔에 부임하자마자 주요 보직 간부들은 매체 인터뷰에 적극 응하도록 독려했다. 직원을 유명하게 만들어 호텔도 같이 유명해지자는 전략이었다.

"공중파 TV 프로그램 중에 〈사장님 귀는 당나귀 귀〉라는 프로그램이 있어요. 대한민국 각계각층에서 일하는 최정상 리더와 직원들이 그려가는 일터를 관찰하는 것이 이 프로그램의 콘셉트인데요. 갑질하는 상사나 보스를 등장시켜 이들이 자아 성찰을 하도록 해 일할 맛 나는 일터를 만들자는 거예요. 얼핏 들으면 상사나 보스를 악마화하는 것 같지만, 리더의 속마음을 보여주면서 실력과 함께 카리스마를 갖춘 리더를 다루는 프로그램이더라고요. 내가 봤을 때는 총주방장에게 잘 맞을 것 같아요."

주말 오후에 방송되는 이 프로그램은 시청률이나 화제성 측면에서 주목할 만한 프로그램이었다. 최근에는 여러 분야의 셰프가 출연하면서 식음업계도 많이 다루는 중이었다. 총주방장이 과거 근무했던 호텔에서 인연을 맺은 연예인도 몇 있으니 이 기회를 잘 활용하면 호텔을 알리는 데에도 효과가 좋겠다고 판단했다. 유명한 셰프가 있는 호텔이라고 하면 고객들이 다른 곳보다 먼저 떠올리게 되어 방문해보고 싶어 하지 않을까.

"총주방장의 토크력이 어떤지 살펴보고 코칭을 해줄 테니 나를 믿고 일단 한번 나가보도록 해봅시다."

지금 이 시대의 전문가에게는 자신의 분야에서 쌓아온 전문성과 함께 그것을 대중에게 효과적으로 어필할 수 있는 능력도 반드시 갖춰야 한다는 생각이 확고했다. 이런 생각은 약 15년 전쯤 일본에서 보았던 셰프의 모습에서 비롯했다. 당시 스시 식당에서 목격했던 모습은 전문가에 대한 고정관념을 완전히 뒤집기에 충분했다.

일본에서의 잊을 수 없는 경험

2011년 어느 날, 비행기에서 내리자마자 우리 일행은 뒤도 돌아보지 않고 긴자로 향했다. 대표이사의 지시가 떨어지고 일주일 만에 결정된 일본 출장이었다. 동행한 총지배인의 손에는 방문 예정인 스시 식당 사장에게 줄 선물이 하나 가득 들려 있었다. 선물의 내용물이 무엇인지 궁금했지만, 그보다도 대표이사가 직접 쓴 편지까지 들어 있다는 점에 호기심이 일었다.

우리가 방문하려는 스시 식당은 일본 최고의 스시 식당 중 하나로 우리나라에서도 잘 알려진 곳이었다. 대표이사와 그의 가족은 일본을 방문할 때마다 반드시 들른다고 들었다. 그 스시 식당은 도쿄에 위치한 수산 시장인 츠키지 시장에서 늘 최고로 비싼 고급 생선과 수산물을 공급받는 것으로 유명하기도 했다.

무슨 일이기에 이렇게 갑자기 출장 지시가 떨어졌는지, 가서 무엇을 하게 될 것인지 궁금한 것이 많았다. 한 시간 정도 걸릴 것으로 예상되었는데 점심 시간에 맞춰 도착하기 위해서는 급하게 움직여야 했다.

"총지배인님, 그런데 왜 이렇게 갑자기 그 스시 식당을 가보라고 하신 건가요?"

"다른 호텔에서 그 스시 식당 사장에게 접촉해 무언가를 해보려고 시도하는 것 같아요. 그런 상황이다 보니 우리가 발 빠르게 움직여 단도리하는 것이 주 목적이겠죠. 시간이 없어요. 빨리 출발합시다."

당시 서울에서는 스시가 유행하고 있었다. 그러한 분위기를 타고 한국에서도 유명한 이 스시 식당과 협업 등의 기회를 잡으려 눈독을 들이는 호텔이 많았다. 경쟁이 치열한 호텔 업계에서 명망 있는 브랜드와의 제휴는 차별화의 핵심 요소였다.

적극적으로 움직였던 한 호텔은 우리가 찾아갔던 스시 식당 사장과 접촉해 자신들의 호텔에 이 스시 식당을 열고 싶다는 의사를 전하기도 했다. 그런 상황이었다 보니 우리가 출장을 통해 이루어야 할 목표는 분명했다. 사전에 전화와 이메일로 논의를 진행했던 만큼 만남을 위해 출장길에 오른 것으로도 계획한 목표는 어느 정도 달성한 듯싶었다.

스시 식당은 잘 살펴보지 않으면 입구조차 찾기 어려운 아주 작은 규모의 식당이었다. 문을 열고 들어서자 흔히 '다찌 테이블'이라고 부르는, 셰프를 바라보는 방향으로 나란히 앉아 음식을 즐기도록 배치된 긴 편백나무 테이블이 보였다. 여섯 명 정도 앉으면 꽉 찰 정도인 이 테이블 말고는 구석에 네 명이 앉을 수 있을 정도의 사각 테이블이 전부였다. 식당 구석구석에서 일본 특유의 깨끗함이 묻어났다.

총지배인은 오너 셰프이기도 한 사장을 보자마자 반갑게 인사를 건넸고 사장도 특유의 절도 있고 힘이 느껴지는 목소리로 우리를 맞았다. 대표이사의 안부 인사를 전하는 것부터 시작해 지속적인 교류와 스시 식당 사장의 헌신에 대한 감사 표시 그리고 업무상 당부의 말과 함께 준비한 선물 전달까지, 모든 것이 잘 짜인 각본처럼 일사천리로 진행되었다. 주요 대화가 마무리된 후 사장은 스시 테이블에 앉을 것을 권했다. 이는 그가 특별히 준비한 스시 오마카세의 시작을 알리는 신호였다.

사실 이 스시 식당은 점심 영업을 하지 않고 오직 예약한 손님만을 대상으로 저녁 영업을 했다. 가격은 당시 기준으로 한 명당 5만 엔으로 우리 돈으로 하면 약 50만 원 정도였다. 오늘은 한국에서 온 우리만을 위해 예외적으로 점심 시간에도 문을 열어주었다. 당시 회를 그다지 좋아하지 않았던 나는 난생처음 스시의 본고장인 일본에 와서 이런 고급 스시를 처음으로 맛볼 수 있었다.

이 스시 식당은 특이하게도 만든 스시를 별도의 접시에 놓아주지 않았다. 손님 쪽 편백나무 테이블 위에 직접 놓아주면 손으로 집어서 먹는 방식이었다. 우리가 스시를 집으면 사장은 쥐고 있던 깨끗하고 하얀 면 수건으로 매번 테이블을 정성스럽게 닦아주었다.

한국에서 스시를 먹을 때마다 볼 수 있던 간장과 와사비는 찾을 수 없었는데 알고 보니 이곳의 스시에는 간장을 기초로 한 양념이 이미 발라져 있어 필요가 없었다. 그리고 그 흔한 장국도 없었다. 사장은 자신이 주는 대로 그냥 드시라고 매번 당부했다. 그야말로 완벽한 일본 고유의 오마카세 스시였다. 이곳의 스시는 회를 좋아하지 않았던 나의 입맛을 바꿀 만큼 훌륭했다.

그런데 음식만큼 놀라운 경험을 한 가지 더 하게 되었다. 사장은 스시를 만들기 위해 생선을 자르고, 밥을 쥐고, 모양을 잡아 우리 앞에 스시를 내는 그 모든 순간 동안 단 한시도 말을 쉬지 않았다. 대화 주제는 자신의 과거와 현재 이야기부터 지금 손질하고 있는 이 생선의 정보, 맛보게 될 스시의 유래와 역사, 사용하는 식재료가 얼마나 귀한 것인지 등 시간과 공간을 넘나들며 다양한 주제에 대해 막힘없이 풀어냈다.

그렇게 한 시간 반 동안 그의 입에서는 그야말로 쉴 새 없이 이야기가 쏟아져나왔다. 스시 오마카세의 매력이란 셰프와 손님이 편안하게 대화하면서 즐기는 것이 아닐까 싶었다. 이것은 단순한 식사가 아니라 잘 준비된 퍼포먼스이자 문화 체험이었다. 사장은 매일 저녁마다 자신의 식당을 찾는 손님들에게 이런 특별한 경험을 선사하고 있었다.

식재료의 이야기꾼이자 문화의 전달자

우리 일행은 이왕 일본에 온 김에 저녁 식사도 도쿄에서 유명한 스시 식당에서 하기로 했다. 저녁 식사 자리에는 도쿄에서 한국 여행사의 주재원으로 근무하던 지인이 동반했다. 그는 이미 일본에서 10년을 살았기에 일본어가 유창했고 지리와 문화, 풍습에 해박한 지식을 가지고 있었다.

저녁 식사 장소는 서울에서 미리 알아본 곳이 아니었다. 동행한 지인에게 어디가 추천할 만한지, 예약은 가능한지 등을 물어보고 결정한 곳이었다. 이곳의 가격은 2만 엔 정도로 만만치 않았지만, 점심 식사를 한 스시 식당과 비교하면 훨씬 저렴했다.

우렁차게 "이랏샤이마세!"를 외치는 직원의 환대 속에 테이블에 앉았다. 이 식당의 스시 테이블은 열 명 정도 앉을 수 있을 정도로 제법 길었다. 테이블 너머에는 두 명의 셰프가 쉴 새 없이 스시를 만들어 마주한 손님들에게 제공했다. 주변을 보니 다양한 모습의 중년 남성들이 스시를 즐기고 있었다. 점심 식사 때 인상 깊게 보았던 사장처럼 이곳의 셰프도 바쁘게 손을 움직이면서 동시에 손님들과 대화를 하고 있었다. 그들은 뭐가 그리 좋은지 웃음과 함께 유쾌한 분위기에서 즐겁게 대화를 나누었다.

오늘 목격한 두 식당의 셰프들은 이전까지 알던 셰프의 모습과 완전히 달랐다. 주방이라는 독립된 공간에서 말없이 음식만 조리하지 않았다. 손님과 눈을 맞추며 음식에 대해, 식재료에 대해, 더 나아가 요즘의 경제 상황과 심지어 글로벌 이슈까지 다양한 주제를 두고 대화하는 모습은 적잖은 충격을 주었다.

"일본의 셰프들은 하나같이 저렇게 말을 잘해요?"

나만큼 색다른 모습에 놀란 총지배인이 지인에게 물었다. 점심 식사 때에는 업무 목적 방문이었으니 그러려니 했다. 그런데 점심에 이어 저녁에도 셰프들은 하나같이 정갈하게 유니폼을 입고 깔끔한 매너로 훌륭한 토크력을 자랑하고 있었다.

"일본의 스시집 셰프들은 모두 이렇습니다. 손님들은 격의 없이 주인이 어울려 이야기를 나누면서 음식을 먹곤 합니다."

일본에서 긴 시간 생활하는 동안 이렇게 유창하게 대화하는 셰프의 모습을 많이 봐왔던 지인은 질문 자체가 의아하다는 듯한 표정을 하며 말했다.

좋은 분위기에서 스시를 즐기며 직원과 고객의 관계가 아니라 동료, 친구, 선후배처럼 서너 시간이고 대화하며 저녁 식사를 즐기는 모습이 무척 보기 좋고 부럽기도 했다. 한편으로는 호텔의 식음 서비스를 기획할 때 참고할 좋은 사례라고 생각했다.

일본에서 목격한 스시 식당의 셰프들은 당시 우리나라 셰프들과는 완전히 다른 차원의 태도를 가지고 일했다. 그들은 단순히 조리 전문가가 아니었다. 식재료의 이야기꾼이자 문화의 전달자였다. 전문성과 엔터테인먼트를 결합한 새로운 서비스 모델을 구현한 것이다. 오마카세라는 형태부터 셰프의 철학과 기량을 손님에게 좀 더 가까이 전달하는 방식인데 이 과정에서 언어적 소통이 핵심적인 역할을 한 것이다.

이때 깨달은 중요한 사실은 이제 전문성만으로는 더 이상 충분하지 않다는 점이었다. 아무리 뛰어난 전문 기술과 해박한 지식을 가지고 있더라도 그것을 사람들에게 효과적으로 어필하고 전달하지 못하면 인정을 받기 힘든 시대가 되었다고 생각했다. 특히 고객 접점이 크고 중요한 서비스업에서는 소통 능력이야말로 핵심 경쟁력이 될 수 있음을 확신할 수 있었다.

○

스시 오마카세의 매력이란
셰프와 손님이 편안하게 대화하면서
즐기는 것이 아닐까 싶었다.
이것은 단순한 식사가 아니라
잘 준비된 퍼포먼스이자
문화 체험이었다.

이제는 전문성만으로 충분하지 않다.
아무리 뛰어난 전문 기술과
해박한 지식을 가지고 있어도
효과적으로 어필하고 전달하지 못하면
인정을 받기 힘든 시대가 되었다.
고객 접점이 크고 중요한 서비스업에서
소통 능력이야말로
핵심 경쟁력이 될 수 있다.

새로운 보스, 신종철 셰프

방송 출연에 대해 총주방장을 어느 정도 설득한 뒤 홍보 담당자에게는 방송사에 촬영 의사를 전달하도록 했다. 방송사에서는 총주방장을 출연시켰을 때 쓸 만한 그림이 나오고 시청률도 보장할 수 있을지 판단하려면 이력이나 특징 등 여러 자료를 살펴볼 것이었다. 그런 다음 최종 판단을 할 텐데, 내가 아는 총주방장은 누가 보더라도 충분히 매력적인 인물이었기에 출연 성사 가능성은 충분하다고 확신했다.

우리 의사를 전달하고 한 달 정도 지났을까. 홍보 담당자가 방송사로부터 한번 구체적으로 협의를 해보자는 연락을 받았다고 했다. 역시 내 생각이 맞았다. 계획대로 진행되고 있어 기쁜 마음으로 총주방장을 찾았다. 하지만 그는 여전히 걱정 반 기대 반의 표정으로 나를 바라보았다.

"총주방장의 요리 철학은 무엇이고, 자신을 설명할 때 가장 특징적인 것이 뭐라고 생각해요?"

나의 질문에 총주방장은 가장 잘할 수 있는 것이 무엇인지, 본인이 평소에 생각했던 요리 철학이나 가치에 대해 자세히 설명했다. 노력만큼은 누구보다 잘할 자신이 있다는 그는 가슴이 터질 듯 요리에 대한 사랑을 가득 품고 있었다.

총주방장은 이전에 근무했던 호텔의 조리부에서 R&D(메뉴 개발)를 담당했다. 그 덕분에 다양한 요리를 접했고 수많은 메뉴를 만들어본 경험이 있었다. 또한 요리에 있어 최고의 R&D는 좋은 식재료를 발견하는 것이라 믿었던 그는 전국 방방곡곡을 가리지 않고 누비기도 했다. 이 때문에 간혹 그가 대리 운전 기사를 부르면 직업이 어떻게 되시냐는 질문을 받는다고 한다. 혹 사당한 차의 어마어마한 주행 거리 때문이다.

그만의 브랜드이자 그를 수식하는 표현인 '뷔페의 신'이라는 별칭은 이러한 여러 시도와 성과의 훈장과도 같다.

그동안 지켜본 총주방장은 누구보다 치밀하게 계획을 세워 실천했고, 웬만한 시련에는 절대 흔들리지 않는 단단한 사람이었다. 그리고 뛰어난 기술을 가진 장인이면서 고객을 사로잡을 방법을 전략을 고민하는 마케터였다. 또한 구성원을 성장시키는 리더의 모습도 보았다. 오케이, 이거라면 충분하다고 생각했다.

"프로그램 기획 방향에 어울리게 일에 있어서는 절대 타협하지 않는 강렬한 보스로 콘셉트를 잡아봅시다. 그렇지만 총주방장이 평소 그렇듯 일을 마친 후에는 직원들을 가족처럼 보듬고 챙기는 모습도 보여주면 좋겠어요. 그러니 합이 잘 맞는 셰프들을 미리 생각해보세요."

여름에 시작한 방송 출연 프로젝트는 가을에 접어들면서 구체화되었다. 제작 일정이 잡힌 후 5성급 호텔의 셰프라는 직업에 걸맞게 호텔의 주방이나 식음업장 등 촬영이 필요한 장소들을 하나씩 정리했다. 촬영 콘셉트를 논의하고 각 신을 어떻게 연출할지 계획도 세웠다. 그렇게 그동안 시청자들이 쉽게 접할 수 없던 호텔 총주방장의 요리 세계에 대해 좀 더 가까이 들여다볼 수 있도록 세밀하게 준비했다.

첫 번째 촬영이 있었던 12월, 마침 연말이라 송년 디너 등을 주제로 새로운 미식 요리를 선보이는 호텔 레스토랑을 배경으로 총주방장의 지휘 아래 음식을 준비하는 다양한 과정을 카메라에 담았다. 여러 셰프들의 역할, 주방에 흐르는 긴장감, 적재적소에 등장하는 웃음 소재 등 시청자들이 좋아할 만한 내용이 잘 표현되었다. 예상한 것보다 총주방장의 입담이 괜찮았고 화면 속 모습도 시청자로부터 좋은 평가를 받았다.

방송 내용 중 음식 시식 장면에서 나도 카메오로 잠깐 등장했다. 그런데 총주방장이 메뉴에 대해 사전에 이야기를 해주지 않는 바람에 내가 평소 먹지 않는 돼지고기로 만든 동파육 시식 자리에 참석하게 되었다. 나중에 방송을 본 지인들은 돼지고기, 닭고기를 안 먹는 사람에게 동파육을 권했다며 재미있었다는 시청 소감을 전해주기도 했다.

뷔페의 달걀 코너에는 고참을 배치하라

2019년, 미국 뉴욕의 '퍼 세(Per Se)'라는 레스토랑을 방문할 기회가 있었다. 이곳은 세련된 뉴욕 스타일 서비스와 프랑스의 디테일을 결합했다는 평가와 함께 미슐랭 3스타를 받은 최고급 레스토랑이다. 역시 미슐랭 3스타 레스토랑인 '프렌치 런드리' 오너 셰프이자 사업가인 토마스 켈러가 퍼 세의 주인이다. 그는 미국 요리의 프렌치화를 이끈 장인이자 '요리사의 요리사'라고도 불린다.

토마스 켈러는 당시 근무하던 호텔과 컬래버 행사를 여는 등의 교류가 있었고 여러 차례 기술 자문을 받기도 했다. 그는 먼 곳에서 온 우리를 위해 손수 레스토랑 구석구석으로 안내하며 달변가의 면모를 선보였다. 그의 레스토랑에서 일하던 한국인 셰프도 레스토랑의 콘셉트와 요리 철학 그리고 메뉴 구성 등 다양한 주제를 막힘없이 풀어냈다. 그런 그들은 셰프라기보다 마케터이면서 사업가 같았다.

최근 우리나라에도 TV 프로그램이나 유튜브 등에 출연하며 친근한 모습과 화려한 언변으로 유명해진 셰프가 많아졌다. 자신을 표현하는 방법의 핵심으로 토크 역량이 강조되는 시대가 되었다. 오죽하면 방송 관계자들이 오디오가 비면 예능 프로그램을 만들 수 없다고까지 당부했을까. 돌아보면 과거 일본 스시 식당에서 목격한 셰프의 모습이야말로 훗날 우리가 일상적으로 마주하게 된 새로운 전문가의 모습이 아니었을까.

나는 호텔 뷔페의 여러 코너 중에서도 달걀 요리를 담당하는 코너에는 늘 경력이 많은 조리사를 배치하도록 지시한다. 뷔페에서 유일하게 손님과 셰프가 대화하는 곳이 바로 달걀 요리 코너이기 때문이다. 하지만 업장에서는 달걀 요리가 중요하지 않다고 생각해서인지 이상하게도 신참 셰프를 배치하고는 했다. 그렇게 신참 셰프가 배치된 날은 유독 고객 불만이 많이 접수되는 것이다.

달걀 요리 코너에서는 써니사이드업, 턴드 오버, 스크램블 등 고객이 어떤 조리를 원하는지를 놓고 적극적으로 소통해야 한다. 이런저런 요구를 하는 고객과의 대화에 익숙하지 않은 신참 셰프는 고객이 보기에는 영 미덥지 않을 수 있다. 그러다 보니 직원 태도가 이상하다고 오해해 서비스에 만족하지 못하는 것이다. 전문성과 소통 능력의 결합, 이것이 바로 지금의 고객 서비스 비즈니스에서 요구되는 경쟁력의 새로운 공식이다.

총주방장의 방송 출연 권유는 일본 스시 식당과 뉴욕 퍼 세에서 얻은 깨달음을 바탕으로 한 전략적 판단이었다. 아무리 완성도 있는 상품을 개발하고 호텔의 서비스가 좋아도 고객이 알아보고 호텔을 방문해 소비하지 않으면 소용이 없다. 한 명이라도 더 많은 고객에게 알려지게 하는 것, 이게 바로 마케팅이고 홍보다.

호텔업에서는 이러한 복합 역량의 중요성이 더욱 두드러진다. 호텔의 핵심 구성원들이 단순히 업무만 잘하는 것이 아니라 그 전문성을 대외적으로 어필할 수 있는 능력까지 갖춰야 한다. 총주방장의 TV 출연이 성공할 수 있었던 것도 바로 이런 맥락에서였다. 그는 뛰어난 요리 실력을 바탕으로 하되 그것을 일반 대중들이 이해하고 공감할 수 있는 방식으로 잘 전달했기 때문에 성공을 거둘 수 있었다.

이 경험을 통해 현대 비즈니스에서 성공하기 위한 새로운 공식을 확신했다. 전문성은 기본이고, 그 위에 소통력과 표현력이라는 날개를 달아야 비로소 날아오를 수 있다는 것이다.

키우지 마라, 데려와라

퀀텀 점프를 실현하기 위한 용인술

웨딩 삼인방 스카우트

디테일의 디테일

- 시기: 2004년~2005년

- 당시 직책: 서울신라호텔 마케팅팀 팀장

파격적인 지시

"최고의 웨딩 전문가를 찾아 영입을 추진해보세요."

이전에 근무했던 호텔에서 마케팅 부문을 담당했던 2000년대 초중반은 전방위적으로 일류화를 추구하던 때였다. 더 나은 방향으로 개선할 구체적 방안을 찾거나 새로운 아이디어를 실현하고자 할 때 가장 먼저 했던 일은 전문 인력을 영입해 현장에 투입하는 것이었다. 그날도 호텔의 웨딩 사업 부문을 개선하기 위해, 정확히는 일류화라는 목표를 실현하기 위해 제일 먼저 해야 할 구체적인 과제로 인재 영입이 제시된 것이다.

이전까지는 평범한 사람이라도 채용 후 우수 인재로 양성하는 것이 강조되었다. 내부 인력을 육성하고 역량을 강화하기 위한 목적으로 설립한 교육센터도 있었지만 어느 순간부터 흐지부지되면서 사실상 제 기능을 수행하지 못하고 있었다. 사실 내부에서는 인재 영입 지시를 의아하게 생각하는 분위기도 있었지만 거스를 수는 없었다. 그렇게 대내외 환경이 달라지면서 충분한 교육을 받았거나 역량이 검증된 전문가를 외부에서 영입하는 방향으로 경영 방침이 바뀌었다.

당시 호텔 웨딩 부문에서 최고라고 인정받는 곳은 H호텔이었다. 그 호텔은 500평 이상 규모의 그랜드 볼룸을 갖추었고 연회장 입장 전 하객을 맞이할 포이어(foyer) 공간은 200명 이상 동시 수용이 가능했다. 단연 국내 최대 규모의 호텔 웨딩 시설로 담당 인력 또한 국내 최고 수준의 전문가로 채워져 있었다. 그때만 해도 호텔에서 웨딩 행사를 여는 것이 일반적이지 않았던 때였다. 그렇다 보니 호텔들은 웨딩 수주를 많이 하지 못했지만, 그중에서도 H호텔은 단연 앞서나가고 있었다.

"혹시 H호텔의 웨딩 부문에서 근무하는 인물과 접촉이 가능한 분 계실까요?"

식음 담당 임원의 질문에 인사 담당 임원은 최근 식음 부문에 영입된 한 인물이 H호텔 출신이라며 그를 통해 알아볼 수 있을 것이라 귀띔했다. 그렇게 영입을 위한 움직임은 일사불란하게 진행되었다.

웨딩 사업 부문의 일류화를 추진하던 당시 식음 부분도 예외는 아니어서 각 식음업장별로 가장 앞서가는 호텔을 벤치마킹하고 있었다. 그러면서 각 분야의 우수한 인력을 수소문하고 적극적으로 영입하기 위해 한창 애쓰던 시기였다.

지금이야 호텔 간 이직이 잦지만, 당시만 해도 일종의 '순혈주의' 같은 분위기가 존재했다 보니 이직이 그리 흔하지 않았다. 이직에 대한 주변의 시선도 그리 곱지 않았고 어느 호텔이든 알게 모르게 텃세 같은 것이 있어 다른 호텔로 자리를 옮긴다는 것은 쉬운 결정이 아니었다. 그럼에도 경영진은 단기간에 개선해 성과를 내기 위해서는 일반적이지 않은, 도전적인 방안을 과감히 추진하는 쪽으로 전략을 세웠다.

최고 중의 최고 영입 작전

호텔의 다양한 사업 부문 중 웨딩은 복합적인 경험과 노하우로 역량이 완성된다. 고객에게는 일평생 단 한 번일 수도 있는 특별한 날을 책임져야 하는 만큼 뛰어난 기획력과 완벽한 실행력을 기본으로 갖춰야 한다. 그리고 무엇보다 유명 호텔에서 웨딩을 계획하는 고객은 그만큼 사회적, 경제적으로 일정 수준 이상임을 의미한다. 그런 고객을 노련하게 상대하고 만족시키기 위해서는 남다른 노하우도 요구된다. 이러한 복합적 역량은 하루아침에 만들어지지 않는다. 수많은 시행착오를 거쳐 체득한 경험과 노하우, 그리고 시장에서 검증받은 실력이 있어야만 가능한 일이다.

얼마 뒤 우리 호텔은 H호텔의 웨딩 담당자와 연결되어 영입 제안을 할 수 있었다. 인사팀에서는 영입 성사를 위해 다각도로 준비하고 지원했다. 먼저 웨딩 사업 부문을 어떻게 성장시키고자 하는지 구체적인 계획을 마련해 제시했고 영입 후 제공할 대우는 어느 정도 수준이 될 것인지 안내하며 쉽지 않은 이직을 결정하는 데 동기부여가 되도록 했다. 이후 조심스럽게 논의가 진행되었고 인사팀과 H호텔 웨딩 플래너의 만남이 성사되었다.

"그동안 H호텔에서 일하시면서 쌓아온 성과를 인상 깊게 지켜보았습니다. 당사는 호텔 웨딩 부문에서 비록 후발주자이지만 제대로 해보려 계획하고 있습니다. 그러기 위해 도움이 필요합니다. 이번에 저희와 같이 일해보시지 않겠습니까?"

우리 쪽 제안에 그는 가장 먼저 경영진의 의지는 어느 정도인지 확인하고 싶어 했다. 국내 최고의 호텔 웨딩 서비스 제공을 목표로 하고 있다는 점과 경영진 또한 강한 의지를 보여주고 있다는 것을 분명하게 전했다. 그렇게 서로의 진정성을 확인하며 논의를 이어갔다.

그는 우리나라의 내로라하는 부호들을 고객으로 둔 국내 최고의 웨딩 플래너였다. 이런 최고 수준의 전문가일수록 자신이 몸담을 조직이 추구하는 비전과 조직을 이끄는 리더의 의지를 중요하게 생각한다. 이미 안정적 지위를 보장받고 있는 그들은 단순히 더 나은 조건보다 더 크고 새로운 도전의 기회와 성취감을 추구하기 때문이다.

이 웨딩 플래너와의 논의를 시작으로 또 한 명의 웨딩 플래너를 포함해 호텔 웨딩에서 빼놓을 수 없는 꽃장식 연출을 책임질 플로리스트까지 웨딩 관련 핵심 담당자 세 명을 함께 영입하는 데 성공했다.

이 사례에서도 볼 수 있듯 성공적으로 인재를 영입하기 위한 조건은 명확하다. 먼저 리더의 의지와 비전이 구체적이고 실현 가능하다는 것을 충분히 설득해 신뢰하도록 해야 한다. 대표이사가 외부 인사를 영입하라고 지시할 수 있었던 것은 최고가 되겠다는 명확한 목표가 있었기 때문이다.

또한 새로운 조직에서 현재보다 더 큰 가치를 실현할 수 있다는 확신을 줄 수 있어야 한다. 단순히 높은 연봉을 제시하는 것으로 마음을 움직일 수 없다. 보유한 전문성을 충분히 발휘할 수 있는 환경을 제공할 수 있음을 보여주어야 한다.

그리고 투자 대비 효과를 냉정하게 계산해야 한다. 검증된 인재를 영입하는 것은 분명 높은 비용과 노력이 든다. 그럼에도 그들이 가져다줄 성과와 조직 전체에 미칠 긍정적 영향을 고려하면 충분히 투자 가치가 있다. 시장의 경쟁이 치열할수록 이러한 전략적 투자와 결단이 필요하다.

하나 더 짚자면 장기적 관점에서 지속성도 고려해야 한다. 즉각적 성과만을 위한 영입이 아니라 조직에 정착해 지속적으로 가치를 창출하도록 조직 문화에의 융화, 성장 기회의 제공, 장기 비전 공유 등의 노력을 병행해야만 한다.

드라마틱한 조직 혁신의 결과

웨딩 전문가 세 사람 영입 이후의 변화는 놀라웠다. 호텔 웨딩 사업 부문의 역량과 매출이 드라마틱하게 수직 상승한 것이다. 시설 관련 개선도 이루어졌고 웨딩 상품과 프로세스도 한층 더 고도화되면서 이들의 영입 효과는 극대화되었다.

웨딩 사업 부문이 전반적으로 업그레이드되면서 H호텔 수준 이상으로 올라선 이후 지금까지 여타 호텔을 뛰어넘는 최고의 위상을 유지하고 있다. 단지 세 명의 사람이 바뀜에 따라 사업 전반이 달라지는 모습을 보며 다들 '역시 혁신의 정답은 사람인가!'라고 생각했다.

웨딩 플래너 한 명이 만들어내는 부가가치를 생각해보자. 그들은 단순히 예식을 진행하는 것이 아니라 고객의 꿈을 현실로 만드는 일을 한다. 최고급 호텔에서 웨딩을 진행하는 고객들은 대부분 사회적으로 영향력을 갖추고 또 경제적으로도 일정 수준 이상이다. 이들을 만족시킨 사례는 곧 호텔의 브랜드 가치로 직결된다. 한 번의 성공적인 사례는 또 다른 고객을 유치할 수 있는 선순환 구조를 만들어낸다.

다른 측면에서 중요한 것은 전문가가 보유한 우수한 인적 네트워크다. 최고 수준의 웨딩 플래너는 자신의 역량을 뒷받침할 수 있는 각 분야 최고의 전문가들과 연결되어 있기 마련이다. 한 사람의 최고 전문가를 통해 얻을 수 있는 이러한 네트워크는 돈으로 살 수 없는 무형의 자산이다. 한 사람의 이직을 넘어선 커다란 생태계가 이동한 것과 같은 효과라고도 볼 수 있다.

외부의 인력 영입으로 업계 판도를 뒤흔든 웨딩 사업 부문 사례와 유사한 사례는 내가 담당했던 판촉 및 마케팅 부문에서도 있었다.

웨딩 삼인방 영입 즈음 우리 호텔은 객실 영업 실적에서 1위 자리를 두고 C호텔과 매달 치열한 경쟁 중이었다. 영업은 기본적으로 실적에 따라 스트레스를 많이 받을 수밖에 없는 일인데 경쟁 구도까지 매달 이어지면서 내게는 무척 힘든 시기였다.

그렇잖아도 쉽지 않은 상황에 어려움을 더하는 한 가지 큰 문제가 있었다. 과거부터 오랜 시간 같은 호텔에서 일해온 직원들에게서 무언가 치열함을 느낄 수 없었던 것이다. 객실 영업 실적을 개선하기 위해서는 당연히 거래처가 늘어야만 했지만 그들은 지금까지 하던 대로 일하려 했다. 그렇다 보니 새로운 거래처를 발굴하고 확보하지 못하고 있었다. 결국 문제를 해결하고 실적을 개선할 방안으로 다른 호텔에서 영업을 담당하던 인력을 영입하는 것을 선택했다.

그때부터 세일즈 관련 부서의 정원과 관계없이 다른 호텔의 영업 직무 인력들을 계속해서 접촉하기 시작했다. 그중 괜찮다고 판단되는 이들은 과감하게 영입했다. 약 3년 동안 영입한 인원이 33명이었다. 당시 세일즈 관련 부서의 정원이 36명이었으니 무려 92%가 단 3년 사이에 교체된 것이다. 신기한 점은 외부 인력이 계속해서 영입되는데도 부서 전체 정원은 늘지 않았다. 추가되는 만큼 기존 직원이 퇴사했기 때문이다.

당시 분위기는 쉽게 말해 '버티지 못하면 나가야' 했다고 할 수 있다. 물론 이 방법이 최선이라고는 할 수 없다. 그렇지만 일하는 문화와 구성원의 마인드를 바꾸기 위해, 그리고 확실하게 실적을 개선하기 위해서는 내부 구성원을 바꾸는 것만이 답이었다. 기존에는 주어진 업무를 무난하게 문제가 되지 않을 정도로 처리하자는 소극적 분위기가 있었다면 외부 인사들이 합류한 이후에는 어떻게 하면 더 좋은 결과를 만들 수 있을지를 고민하는 적극적 분위기 그리고 건강한 긴장감이 흐르는 분위기로 바뀌었다.

○

당시 분위기는 쉽게 말해
'버티지 못하면 나가야' 했다.
물론 이 방법이 최선이라고는 할 수 없다.
그렇지만 일하는 문화와
구성원의 마인드를 바꾸기 위해,
그리고 확실하게 실적을 개선하기 위해서는
내부 구성원을 바꾸는 것만이 답이었다.

고객의 기대 수준은 계속 높아지고
경쟁이 치열해지면서
신입을 교육할 여유가 없는 것이 사실이다.
단 한 번의 실수가 치명적인 타격을
줄 수 있는 상황에서
즉시 투입 가능한 전문 인력의 가치는
더욱 커지고 있다.

더 중요한 것은 각 개인의 성과를 넘어 조직 전체의 수준을 한 단계 끌어올릴 수 있었다. 기존 직원들은 자신과 다르게 일하는 방식을 보면서 자연스럽게 학습해 호텔의 세일즈 마케팅 역량이 전반적으로 향상되었다. 이것이 바로 검증된 인재 영입의 진정한 효과이자 가치인 것이다.

변화한 시대에 맞춘 인재 운용 방식

호텔의 전방위적 일류화를 실현하기 위해 최고의 전문가를 찾아 영입하라던 대표이사의 결정은 그 당시 분위기를 생각하면 파격적인 지시였다. 기업 대부분이 인재는 길러내야 한다는 전통적인 인식에 머물러 있을 때 그는 검증된 인재를 영입하는 것이 더 효율적이라는 결론에 이미 도달해 있었기 때문이다.

내가 직간접적으로 경험한 웨딩과 세일즈 사례는 경영에서 가장 기본이 되고 또 중요한 자원인 사람에 대한 근본적인 접근에 대해 생각하게 만든다. 내부 인재의 양성과 외부에서의 영입 중 과연 어느 것이 더 효과적인가? 이것은 모든 기업이 마주하는 딜레마이기도 하지만 노동 집약적 특성이 강한 호텔업에서는 훨씬 더 현실적인 고민이다.

사실 '인재 양성'은 1980~1990년대 성장 발전의 시대에 만들어진 캐치프레이즈다. 당시에는 한 회사에 입사하면 퇴직할 때까지 연속해 근무하는 것이 일반적이었다. 회사 또한 신입사원을 선발해 장기간에 걸친 교육으로 역량을 강화해 활용하는 것을 당연하게 여겼다. 부족했던 전문가의 자리를 채우기 위해서는 조직 내에서 양성하는 것이 유일한 방법이었기 때문이다.

하지만 시대가 변했다. 이제는 각자도생의 시대이자 개인화 시대이다. 우리는 모두 프로페셔널한 마인드와 역량을 갖추어야 하는 시대를 살고 있다. 자신만의 전문성을 키워야 하고 그 노력과 전문성을 인정받기 위해 더 나은 조건과 환경을 찾아 이동하는 것이 당연한 시대가 되었다. 게다가 개인의 경력 개발과 기업의 성과 창출 모두 단기화되고 있다. 개인은 더 빠른 성장과 성취를 추구하고, 회사도 더 즉각적인 성과를 요구한다. 따라서 인사의 정책도 시대 흐름의 변화에 맞춰 바뀌어야 한다.

한번은 투숙 고객이 주문한 룸서비스 메뉴의 맛과 모양이 이상하다는 불만이 접수되었다. 무엇이 원인이었는지 조사를 해보니 담당 조리사의 퇴사로 급하게 채용한 대체 조리사가 문제였다. 그는 5성급 호텔 출신이 아닌 3성급 호텔 출신이었다. 그 조리사는 평소 자신이 하던 대로 조리했는데 고객이 보기에는 아무래도 5성급 수준의 음식이 아니라고 생각했던 것이다.

3성급 호텔을 폄훼하려는 의도는 없다. 그렇지만 호텔은 성급과 브랜드에 따라 운영 표준의 차이가 엄연히 존재한다. 서비스에 투입하는 리소스도 다르기에 산출물의 질에도 차이가 있을 수밖에 없다. 5성급 호텔에서 일해본 사람과 3성급 호텔에서 일해본 사람은 각자의 경험에 맞는 수준으로 일을 한다. 각자 지향하는 바가 다르기 때문이다.

이 사례는 잘못된 영입 사례이다. 물이 항상 높은 곳에서 낮은 곳으로 흐르는 것처럼 인재도 더 높은 수준의 일터에서 일을 해본 사람을 찾아와야 한다. 아는 만큼 보이고 본것만큼 실행하기 때문이다. 옛날부터 천재 한 명이 수십만 명을 먹여 살린다고도 하지 않았나. 만약 회사의 성장을 위해 필요한 인력을 영입해야 한다면 가능한 상위 수준을 경험한 인재를 영입하는 것이 좋다고 생각한다.

사람의 전문성과 경험이 절대적으로 중요한 호텔 같은 분야에서는 내부 양성보다 외부 영입이라는 흐름이 더욱 뚜렷해지고 있다. 고객의 기대 수준은 계속 높아지고 있고 경쟁이 치열해지면서 아직 역량이 검증되지 않은 신입 인력을 오랜 시간에 걸쳐 교육할 여유가 줄어든 것이 사실이다. 단 한 번의 실수가 브랜드 이미지에 치명적인 타격을 줄 수 있는 상황에서 즉시 투입 가능한 전문 인력의 가치는 더욱 커지고 있다.

물론 내부 양성을 완전히 포기하라는 것은 아니다. 조직의 문화와 가치를 이해하고 장기적으로 함께할 인재들도 필요하다. 하지만 핵심 분야에서 즉각적인 성과가 필요할 때는 과감하게 검증된 전문가를 영입하는 것이 사업의 퀀텀 점프를 이뤄낼 인력 운영의 새로운 패러다임이다.

경영자에게는 과거의 성공 공식에 매몰되지 말고 현재 상황과 변화에 맞는 최적의 전략을 선택하는 용기가 필요하다. 그리고 그 용기가 조직을 한 단계 더 높은 수준으로 끌어올리는 원동력이 된다.

고객은
잘못하는 경우가 없다

불만의 근본 원인과 매뉴얼을 넘어선 실전 서비스

디테일의 디테일

선배의 VOC

- 시기: 2015년

- 당시 직책: 제주신라호텔 총지배인

VIP 연회의 휴먼 에러

- 시기: 2018년

- 당시 직책: 서울신라호텔 총지배인

선배가 건네준 장문의 의견

"내가 이런 거 좀 적어주면 도움이 되나?"

오랜만에 가족들과 내가 근무하는 호텔을 찾았다가 퇴실하던 선배가 내게 말했다.

그는 이전 회사에서 근무할 당시 바로 옆 부서에 있었던 선배였고 지금은 아주 잘나가는 금융사의 임원이었다. 회사를 옮기고 제주에 가족들과 휴가차 내려갈 일이 있다며 모처럼 연락이 왔다. 반갑고 고마운 마음에 객실을 할인해주고 어메니티도 객실에 비치해주는 등 좋은 투숙 기억을 남기기를 바라며 나름대로 여러 가지 배려를 했다.

"물론이지요. 혹시 지내면서 불편하신 것이 있으셨어요?"

"묵으면서 느낀 것들을 이것저것 적어봤어. 이런 것을 전해주면 도움이 될까 싶어서."

선배는 나의 질문에 진지한 얼굴로 대답했다. 어떤 내용이 담겨 있을까 싶어 내심 걱정이 되었지만, 그래도 호텔을 찾아준 손님이기에 좋은 의미를 담아 감사의 인사를 건넸다. 선배를 호텔 현관 바깥까지 배웅하고 사무실에 돌아와 메모 내용을 살펴보았다.

메모는 A4 용지 세 장으로 되어 있었다. 보통 고객들로부터 접수되는 불만 내용은 길게 적혀 있어도 A4 용지 절반 정도를 넘지 않는다. 그렇지만 선배는 적을 것이 많았던지 무려 세 장에 걸쳐 의견을 남겨준 것이다.

체크인 직원의 응대가 전문적이지 않았다, 조식 서비스 음식의 퀄리티가 미흡했다, 객실이 더웠다가도 추워졌다, 방음이 제대로 되지 않는다 등의 내용으로 채워져 있었다. 대부분 이미 다른 고객들로부터 매일같이 접수되고 있는 불만 내용들이었다.

호텔에서 근무하다 보면 VOC(voice of customer)라는 이름으로 접수되는 고객 불만 사례는 하루에도 수십 건씩 접하게 된다. 나는 매일 그 내용을 살펴보고 각 부서의 간부들과 공유해 즉각 개선이 필요하다고 판단할 경우 곧바로 반영하도록 한다. 혹 교육이 필요한 경우에는 해당 직원을 대상으로 또는 해당 부서를 대상으로 원 포인트 교육을 실시하기도 한다. 간혹 호텔의 개선 과제에 반영해 상품과 서비스 품질 개선 작업에 활용하기도 한다.

생각해보면 호텔만큼 철저한 직원 교육이 필요한 회사가 있을까, 그리고 호텔만큼 고객 누구라도 자신의 의견을 제시할 수 있는 곳이 있을까 싶다. 세상에 존재하는 무수한 직업 중 많은 수가 호텔에 모여 돌아가고 있기 때문에 호텔은 말 그대로 이 세상의 작은 축소판이라고 할 수 있다. 그렇다 보니 호텔은 누구나 서비스 품질에 대해 한 소리를 할 수 있고 이런저런 훈수를 둘 수 있는 공간이기도 하다.

마음을 담은 것은 알겠지만

VOC를 관리하는 것은 호텔 총지배인이나 직원들이 호텔의 수많은 MOT(moment of truth), 즉 고객과의 접점을 일일이 다 확인하고 점검할 수 없기 때문에 하는 것이다. VOC는 고객이 호텔에서 지내면서 느꼈던 불편함이나 개선이 필요한 것들을 종이에 적거나 이메일 또는 구두로 직원이나 호텔에 알려주면 시설이나 서비스를 개선하는 데 참고할 수 있어 유용한 툴이기도 하다.

하지만 호텔 입장에서는 가급적 고객 VOC를 받지 않는 것이 좋다. 사실 VOC는 그 특성상 부정적 내용이 담길 수밖에 없기 때문이다. VOC가 적어질수록 고객이 만족했다는 의미이고 반대로 VOC가 늘어난다는 것은 무언가 고객을 위한 활동이 제대로 이루어지지 않고 있다는 것으로 보아도 된다.

간혹 고객이 상당히 감정적인 내용을 기록한 경우도 있었다.

호텔을 이용하면서 기분 나빴던 내용을 적은 것인데 이런 경우 직원들도 스트레스를 받게 된다. 감정적인 내용이 담긴 VOC를 살펴보면 고객 요구가 수용되지 않은 경우가 많다.

몇 가지 사례를 살펴보면, 체크인을 하면서 레이트 체크아웃을 요청했는데 직원이 호텔 사정을 이유로 들어주지 않았다고 불만을 제기한 경우도 있었다. 다른 사례는 레스토랑에서 식사를 할 때 좋은 자리를 요청했지만, 당시 테이블 부족으로 어쩔 수 없이 구석진 자리로 배정을 받았던 경우도 있었다. 이런 경우 불만을 제기하면서 꼭 짚는 것이 바로 '직원의 태도'였다. 한마디로 정리하자면 자신의 체면을 충분히 세워주지 않았다는 것으로도 이해할 수 있다.

다소 강한 어조로 남긴 불만이 접수되면 직원에게 당시 상황을 확인하면서 이유가 무엇이었는지 정확히 확인하기도 한다. 이런 고객의 VOC로 인해 스트레스를 받는 직원들에게는 VOC의 긍정적인 면을 보아야 한다고 강조하면서 지나치게 위축되거나 근무에 어려움을 겪지 않도록 도왔다.

호텔 직원들은 서비스를 제공하는 사람으로서의 직업 정신이 당연히 필요하다. 그럼에도 상당한 수준의 감정 노동을 하기 때문에 감당하기 어려운 수준의 고객 불만은 심리적 어려움이 될 수 있다고 생각한다.

물론 호텔을 찾는 고객들이 남기는 VOC의 대다수는 친절했던 직원을 칭찬하거나 음식의 맛이 훌륭했다는 내용이 주를 이룬다. 혹은 호텔의 시설이나 서비스 개선에 큰 도움이 될 만한 좋은 의견도 주시고는 한다. 그런 메시지는 호텔 직원들이 근무하는 데 격려가 되고 더 좋은 서비스를 제공할 수 있는 원동력으로 작용한다.

선배의 메모를 서둘러 읽으면서 생각했다. 구체적으로 짚어준 것은 고맙지만, 지적보다는 나가면서 직원들에게 덕담이라도 한마디 해주었다면 훨씬 더 도움이 되었을 거라는 아쉬운 마음이 들었다.

하필 VIP 서비스에 발생한 휴먼 에러라니

호텔에서 벌어지는 여러 고객 응대 상황 중 연회장에서의 서비스는 늘 긴장의 연속이었다. 호텔에서 진행되는 연회 행사에는 워낙 다양한 취향을 가진 고객들이 방문하기 때문이다.

서울 호텔의 총지배인으로 일하던 시절, 호텔의 주요 거래처이던 한 전자회사의 VIP가 참석하는 연회가 있었다. 그날도 여느 때와 마찬가지로 당일 아침에 연회의 주 내용은 무엇인지, 참석하는 VIP들은 누구인지 데일리 브리핑 미팅을 통해 파악한 후 주의해야 할 사항 등을 전달했다. 오후에는 행사 준비가 한창인 연회장으로 가보았다. 호텔 연회 서비스를 주관하는 직원들과 그날 하루 행사 지원을 위해 아르바이트로 온 인력까지 뒤섞여 연회장은 북새통이었다. 제법 규모가 큰 행사여서 준비할 사항도 많았다.

"오늘 행사는 주관하는 회사가 공을 들여온 중국 바이어들을 모시는 중요한 행사입니다. 꼼꼼하게 잘 챙겨주세요."

이곳저곳을 분주히 뛰어다니며 점검에 여념이 없는 연회 매니저를 붙잡고 다시 신신당부했다.

중국인이 많이 참석할 예정인 연회였다 보니 시작 전부터 연회장 곳곳에 백주 냄새가 진동하는 듯했다. 매번 이 전자회사의 중국 관련 행사에는 백주가 많이 동원되었고 다들 하나같이 만취해야 행사가 잘 끝났다고 안심하고는 했다. 그렇다 보니 전자회사의 임원은 특별한 잔을 준비했던 모양이었다.

"주최 측에서 특별히 준비하신 백주 잔도 잘 세팅했습니다. 오늘은 특별히 전자회사 임원분께서 12cc 용량인 기존 백주 잔보다 작은 8cc 잔을 준비하셨습니다. 온 동네 시장을 다 다니면서 어렵게 구하셨다고 들었습니다."

큰 잔으로 빨리 취하는 것보다 조금 더 작은 잔을 사용해 좋은 분위기를 유지하면서도 조금이나마 덜 취해보려는 심산이 아닐까 싶었다. 매니저에게 힘주어 당부의 인사를 건네고 사무실로 돌아왔다. 호텔에서 근무하다 보면 이런 행사는 매년 수백 건도 더 치르곤 하기에 그날도 특별히 문제가 될 것은 없을 것이라 믿고 퇴근을 준비했다.

"문제가 생겼습니다. 행사는 잘 마쳤는데 주최 측 임원분께서 좀 강하게 컴플레인을 하고 계십니다."

연회 매니저의 다급한 목소리에 퇴근을 재촉하던 발걸음을 멈추고 무슨 일인지 묻기 시작했다. 전화기를 들고 연회장으로 이동하면서 파악한 내용은 이랬다. 그 임원은 오른쪽 귀가 안 들리는데도 연회 서비스 직원 모두 오른쪽으로 다가와 접시를 테이블에 내려놓으면서 이게 무슨 음식이라고 설명을 했다는 것이다.

그 임원은 입사 초기부터 과로한 탓에 갑자기 쓰러진 이후 오른쪽 귀가 들리지 않게 된 분이었다. 오른쪽 귀가 불편하니 왼쪽에서 테이블 서비스를 제공해줄 것을 부탁했음에도 그러지 않았다는 것이 요지였다. 자꾸만 들리지 않는 오른쪽에 와서 플레이트 서비스를 하고 음식에 대해 설명했으니 불편하고 불쾌했을 것이다.

사실 호텔 F&B의 서비스 매뉴얼은 고객의 오른쪽으로 다가가 접시를 내려놓으면서 메뉴의 이름과 주요 내용을 설명하는 것이 기본이다. 그래서 서비스 담당 직원도 당연히 매뉴얼을 따른 것이었지만, 고객의 사전 요청 사항을 전달받지 못해 발생한 문제였다. 연회 매니저도 바쁜 나머지 요청 사항을 잊고 전달하지 못했다고 했다. 명백한 휴먼 에러였다.

호텔에서 벌어지는 사건 사고를 분석하면 90% 이상 휴먼 에러가 원인이다. 호텔 서비스는 결국 사람이 면대면으로 하게 되기 때문에 고객이 요청한 사항이 있다면 기록으로 남기고 시스템에서 처리해야 하지만 그렇지 못한 것이다.

"호텔을 찾는 주요 VIP가 무수히 많은 것도 아닌데 각각의 기호와 서비스를 할 때 주의해야 할 사항을 기록으로 정리해 미리 공유하면 좋지 않았을까요? 고객 정보를 기록하지 않고 기억에 의존해 서비스를 제공하면 이렇게 고객 컴플레인이 반복될 겁니다."

고개를 숙이는 연회 매니저를 뒤로 하고 사무실로 돌아왔다. 그리고는 각 식음업장에서 각자 관리하고 있던 VIP 명단, 그들의 기호, 서비스 주의 사항을 모두 파악해 보고하라는 지시를 내렸다. 그렇게 각 업장으로부터 확보한 VIP 정보를 살펴보니 몇 가지 문제가 발견되었다.

당시까지는 각 업장에 따라 나름의 방법으로 VIP들의 주의 사항들을 관리하고는 있었다. 다만 각 업장별마다 관리의 포인트가 달랐고, 기재한 내용도 직원의 편의에 맞춰 들쭉날쭉하게 작성되어 있어 파악이 쉽지 않았다. VIP의 경우 일반적으로 평소 가던 식당을 자주 방문하는 패턴을 가지고 있어 해당 업장에서는 세부 내용을 잘 파악했을 것이다. 하지만 각 업장이 서로 VIP에 대한 정보를 공유하지 않다 보니 평소 방문하던 업장의 바로 옆 업장만 방문해도 맞춤 서비스가 제공될 수 없었다.

모든 관계자가 같은 정보를 공유하지 않고는 문제가 반복될 것이라고 생각해 직접 엑셀로 관리 양식을 만들었다. 양식을 배포하면서 1주일의 시간을 주고 VIP의 사진과 함께 음식에 대한 기호, 주의 사항 등 주요 정보를 기록하도록 지시했다. 그렇게 100여 명에 달하는 VIP의 자료가 완성되었다.

그들의 기호는 그야말로 천차만별이었다. 모든 음식을 마요네즈에 찍어 드시는 언론인, 날것은 아예 멀리하는 정부 고위 인사, 따뜻한 커피에 딱 한 개의 얼음을 넣어 드시는 기업인도 있었다. 그렇지만 공통 양식으로 정리된 자료가 공유된 이후로 VIP에 대한 응대 서비스가 확연히 개선되었다. 이후 모든 업장에서는 이 자료를 활용해 해당 VIP의 기호에 맞춰 서비스가 제공되도록 공지하고 교육했다.

○

개인화 서비스에 대한 니즈가
확산하고 있다는 것을 생각할 때
짜임새 있는 매뉴얼과 함께
고급 응대 역량을 갖춘 직원을 보유하고,
부족하다면 양성하는 것은
갈수록 중요해질 것이다.

고객의 목소리에 귀를 기울이되
이면의 진짜 의도를 파악하고,
유연한 서비스로
고객의 체면을 살려주는 것은
호스피탈리티의 시작이다.

매뉴얼을 넘어서는 실전 서비스의 필요성

이 연회 사건에서 경험한 것처럼 매뉴얼에 따른 고객 응대를 기본으로 하지만 얼마든지 발생할 수 있는 고객의 돌발 요청에는 매뉴얼에 구애받지 말고 현장에서 임기응변으로 개인화된 응대를 할 수 있도록 고급 스킬 교육도 병행했다.

오랜 시간 호텔을 운영하면서 느낀 것은 좋은 호텔일수록 고객의 개인적 요청에 잘 응대한다는 것이다. 반면 그렇지 못한 호텔일수록 고객의 특별한 요청에 융통성을 발휘하지 못한 채 매뉴얼에만 의존해 서비스를 제공하고는 했다.

호텔을 운영하는 사람이라면 누구나 좋은 호텔을 지향하고 럭셔리한 서비스를 표방하지만 그것이 그렇게 쉽게 되는 것은 분명 아니다. 결국 개인화된 서비스를 소화할 수 있는 전문 인력을 양성하는 것이 좋은 호텔, 럭셔리 호텔이 되는 길이다. 그렇게 되기 위해서는 직원 역량이 중요하다는 점은 분명하다.

직원들에게는 손님이 불법적인 것, 절대 불가능한 것을 요구하지 않는다는 것을 전제로 다소 무리한 요구를 하더라도 반드시 즉답을 피하고 쿠션이 될 수 있는 시간을 벌도록 했다. 필요한 경우 상위 직급자와 상의해 고객이 요구한 사항을 최대한 제공할 수 있도록 교육했다. 만약 요구를 따라 제공하기 어려운 경우에도 반드시 대안을 마련해 제시할 수 있도록 지속적으로 강조했다. 고객의 입장에서 보면 비록 요구 사항이 관철되지 않더라도 호텔 직원이 자신을 위해 해결해보려 시간과 노력을 썼다는 것은 충분히 경험할 테니 말이다.

그리고 고객과의 문제 상황이 발생했을 때 반드시 경험이 많은 매니저급 직원이 고객을 응대하도록 프로세스를 보완했다. 고객과 마찰이 생기는 상황은 언제 어디서든 발생할 수 있다. 아직 경험이 많지 않은 직원이라면 이러한 상황을 매끄럽게 해결하기가 쉽지 않다. 그럴 때 고객에게 잠시 기다려줄 것을 요청하고 매니저급 직원에게 상황을 인계해 적절히 응대하는 것이 훨씬 효과적으로 문제를 해결할 수 있다.

사실 이러한 서비스는 교과서적인 내용이다. 하지만 대부분의 호텔은 현실적으로 비용과 인력이 부족하다 보니 저렇게 이상적으로 대응하기 어려운 것도 사실이다. 이러한 어려움을 극복할 대안으로는 직원들이 고객 입장에서 생각해보고 응대할 것을 지속적으로 교육하는 것을 생각해볼 수 있다. 그렇게 해서 호텔의 자산이 되도록 그리고 개인의 역량으로 자리를 잡도록 해 서비스 수준을 끌어올린다면 상당 부분 해소할 수 있을 것이라고 생각한다.

물론 이러한 현장 응용 기술은 절대로 금방 숙련되지 않는다. 그렇지만 곳곳에서 개인화 서비스를 요구하는 니즈가 확산하고 있다는 것을 생각한다면 피할 수 없는 과제이기도 하다. 프리미엄, 럭셔리를 지향하는 호텔이라면 짜임새 있는 매뉴얼과 함께 고급 응대 역량을 갖춘 직원을 충분히 보유해야만 하고, 부족하다면 양성하는 것은 갈수록 중요해질 것이다.

그럼에도 고객은 학생이 아니다

예전에 호텔 선배들과 저녁 식사 모임을 위해 시내 한 호텔의 양식 레스토랑을 방문했을 때 경력이 상당할 것으로 보이는 매니저가 우리를 응대했다. 그날 모임의 호스트는 와인 두 병을 가지고 왔는데 그 매니저는 우리가 식사하는 동안 단 한 번도 콜키지 차지에 대해 언급하지 않았다. 오히려 와인을 잘 즐기시도록 잔을 준비하겠다는 멘트를 건네며 자신들이 판매하는 와인도 이용해달라는 센스를 보여주었다. 그의 서비스 덕분에 우리는 준비했던 두 병에 호텔에서 판매하는 세 병을 더해 총 다섯 병의 와인을 기분 좋게 즐기고 레스토랑을 나왔다.

호텔 선배들과의 모임에서 만났던 그 매니저는 호스트와 고객들이 만족하고 즐거움을 느낄 수 있도록 이끌어준 덕분에 추가 매출을 올릴 수 있었다. 만약 그 매니저가 콜키지 차지부터 언급했다면 과연 우리는 즐거운 마음으로 그만큼의 와인을 즐길 수 있었을까. 비슷한 대부분의 상황에서 갈등은 직원이 고객의 체면을 고려하지 않아 발생한다. 고객 입장에서 공감하고, 고객의 어려움을 적극적으로 해결하려는 마음이 있다면 많은 불만은 사전에 예방할 수 있다.

　인상적이었던 그 매니저를 경험한 후 나는 직원들에게 당시의 인사이트를 교육에 활용했다. 호텔의 콜키지 차지 정책에 대해 홈페이지나 예약 확정 문자 등으로 충분히 안내하되, 고객이 술을 가지고 왔다면 절대 그 자리에서 안 된다고 하거나 비용을 언급하지 말라고 당부했다. 다만 고객이 계산할 때 매니저를 통해 부득이하게 조금의 차지를 했다고 정중하게 안내하는 것이 좋겠다고 요청했다.

　호텔이라는 공간에서 오랜 시간 일하면서 참 많은 VOC를 접했다. 진정으로 호텔의 발전을 위해 메시지를 주신 고객도 있었지만 VOC가 그렇듯 좋지 않은 경험을 한 상황에서 남긴 메시지도 있을 수밖에 없다. 그렇게 불만을 갖게 된 근본 원인을 분석해보면 한 가지 확실한 패턴을 발견할 수 있었다. 바로 직원이 고객을 가르치려고 느꼈다는 점이다.

고객이 어떻게 해달라고 요청했을 때 직원이 곧바로 "그건 규정상 안 됩니다. 왜냐하면…"이라는 말과 함께 설명을 시작하는 순간 고객의 감정은 상하기 시작한다. 고객은 이성적으로 이해할 수 있는 설명을 듣고 싶은 것이 아니다. 자신이 마주한 문제를 직원이 공감하고 해결해주기를 바라는데 규정이나 절차를 언급하면 가르치려 한다고 느낄 수밖에 없다.

이러한 상황에서는 가능하면 쿠션어를 활용해 "양해를 부탁드립니다."라든가 "괜찮으실까요?"처럼 고객이 중심에 있는 표현으로 바꿔 사용하도록 교육했다.

고객의 목소리에 귀를 기울이되 이면에 있는 진짜 의도를 파악하고, 매뉴얼에 갇히지 않는 유연한 서비스로 고객의 체면을 살려주는 것은 호스피탈리티의 시작이 된다.

만약 지인 소개로 식당을 찾는다든지, 호텔에서 지내게 될 때 추가적인 편의를 제공받게 된다면 가급적 좋은 의견만 건네는 편이 좋겠다고 생각한다.

나는 초청을 받아 식당에서 음식을 먹을 경우 호스트가 음식에 대해 의견을 물으면 "다큐로 해줄까요? 아니면 예능으로 해줄까요?"라고 유쾌하게 되묻는다. 이 말의 의미는 이렇다. 개선이 필요한 부분은 없는지 진심으로 궁금해하는 것인지, 예의상 음식이 입에 맞았는지 인사처럼 물은 것인지를 구분해달라는 것이다. 호텔에서 일하는 터라 누구보다 할 말이 많고, 지적하려면 따끔하게 지적할 수도 있지만 가능하면 지적보다는 격려가 더 좋다고 생각한다. 진심을 담았더라도 문제를 지적하는 것보다는 웃으며 '수고했다', '잘 먹었다' 같은 한마디를 하는 것이 호텔리어들에게는 훨씬 더 격려가 된다.

호텔에 어울리는 격이란

체계적인 계획과 실행이 일류를 만든다

웨딩과 식음 일류화 프로젝트

디테일의 디테일

- 시기: 2003년~2006년
- 당시 직책: 서울신라호텔 마케팅팀 팀장

호텔의 격과는 거리가 멀었던 웨딩과 식음

호텔 경영에서 가장 중요한 수익원으로는 웨딩과 식음 부문을 꼽을 수 있다. 특히 이 두 부문은 우리나라의 로컬 호텔이 글로벌 체인 호텔과 차별화할 수 있는 핵심 영역이기도 하다.

그동안 호텔에서 근무하면서 끊임없이 고민하고 개선했던 웨딩과 식음 부문의 일류화는 한두 가지 핵심 요소만 개선해서는 달성할 수 있는 과제가 아니었다. 호텔의 시설과 기자재 등 하드웨어적 요소부터 직원의 역량 향상을 위한 지속적 교육 그리고 어떤 상황에도 일정 수준 이상의 품질을 유지하는 시스템과 프로세스에 이르기까지 종합적이고 체계적인 개선 작업을 함께 기획하고 진행하는 것이 필요했다.

2000년대 초만 해도 호텔 연회장에서 열리는 웨딩과 레스토랑의 식음 서비스 품질은 충분히 훌륭하게 보였다. 요즘은 일반 대중 결혼식장도 인테리어에 각별히 신경을 쓰고 또 차별화된 콘셉트로 다양해진 고객의 취향에 맞추기 위해 애를 쓰지만 당시만 해도 연회장을 장식한 휘황찬란한 샹들리에부터 호텔은 그 수준이 남달랐다. 레스토랑도 마찬가지여서 가격부터 여타 레스토랑에 비해 높은 수준으로 그에 걸맞은 최고 품질의 식재료를 사용해 쉽게 접할 수 없었던 색다른 메뉴를 선보였다.

그렇게 표면적으로는 뛰어나게 고급스러운 서비스를 제공해 일반인이 편하게 다가가고 즐기기에는 부담스러운 것도 사실이었다. 하지만 조금만 깊이 들여다보면 고급스럽다는 세간의 평가와는 거리가 멀게 관습적으로 해오던 것들이 많았다.

호텔에서 하는 근사한 웨딩이라지만 일반 결혼식장이나 동네 잔칫상에서 흔히 볼 수 있던 콜라나 사이다 등 음료, 맥주나 소주 등 주류가 아무렇지 않게 병째 하객 테이블 위에 놓이고는 했다. 또한 뷔페에서는 질보다 많은 양을 중시해 일부 식재료는 대량으로 구매해놓고 사용하는 등 전형적인 시중 식당의 모습과 별반 다르지 않았던 것도 사실이었다.

웨딩 일류화, 격에 맞는 변화부터

대표이사는 연회장의 테이블 위에 병째 올려진 음료와 주류를 보면서 단호하게 지시했다.

"저것부터 치우도록 하세요!"

그는 호텔의 전반적인 개선에 나선 이후 가장 먼저 식음 부문을 일류화하는 작업부터 시작했다. 웨딩 부문은 식음 일류화 프로젝트의 중요한 부분이었다. 그렇게 웨딩 일류화는 가장 기본적인 것에서부터 시작되었다. 지금도 그렇지만 당시에도 호텔에서 결혼식을 하는 고객은 나름 사회적으로, 경제적으로 일정 수준 이상인 사람들이었고 격식이 잘 갖춰진 것을 중요하게 여겼다. 그렇기에 이러한 고객들을 상대하는 호텔의 수준이 고객의 높은 기준을 충족해야만 했다.

결혼식 장소를 결정할 때 가장 중요하게 작용하는 요소는 어느 브랜드 호텔의 연회장을 이용하는가이다. 다음으로 고려하는 요소가 식사 메뉴이고 그와 더불어 꽃 장식 연출의 수준 등 예식의 분위기가 중요하다. 요즘은 결혼식의 주인공인 신랑과 신부가 주도적으로 알아보고 결정하는 분위기지만, 과거에는 양가 부모님의 의견이 제일 중요했다. 결혼이라는 것이 두 사람의 만남이라는 측면보다 두 집안의 만남이라는 성격이 강했기 때문이다. 결혼식에 초대하는 손님의 많은 수가 부모님의 지인이라는 점도 중요하게 작용했다.

이러한 사회적 분위기 속에 당시 웨딩 상품 구성에 있어서 가장 신경을 쓴 요소는 하객에게 제공할 식사 메뉴였다. 지금도 그렇지만 많은 손님을 모신 자리에서 어떤 음식을 얼마나 풍성하게 대접하는지에 따라 준비 정도를 평가받기도 했기에 무척 중요했다. 우리는 고객의 니즈와 취향에 맞춰 양식, 한식, 중식 메뉴를 가격대별로 세분화해 준비했다.

다음으로 개선해야 할 과제로는 플라워 연출의 고급화가 있었다. 연회장의 공간이 예식을 열기에 부족하지 않은 규모를 갖추고 고급스러운 분위기를 연출하는 것은 호텔 웨딩의 기본이다. 웨딩이라는 특별한 이벤트를 더욱 빛내고 생기 있게 만들면서 동시에 품격을 높이기 위해서는 플라워 연출이 중요했다. 플라워 연출의 수준을 높이기 위해 해외에서 실력 있는 플로리스트를 찾아 역량 강화를 위한 자문 계약을 진행했다. 자문 내용을 바탕으로 우리 상황에 맞춰 여러 콘셉트를 만들었고 시연회를 실시하면서 점차 수준을 높여갔다.

플라워 장식은 여러 꽃의 특징에 따라 부여된 의미를 활용해 새로운 출발을 축복하는 장치로서 기능한다. 또한 오감을 자극하는 꽃은 웨딩을 단순한 행사에서 기억에 남는 경험으로 끌어올릴 수도 있다. 아울러 곳곳에 배치된 플라워 연출은 하객에게 웨딩의 콘셉트를 직관적으로 보여주며 품격을 좌우하는 요소가 된다.

플라워 연출을 신경 써서 하더라도 아름다운 연출을 극대화하기 위해서는 조명과 관련한 시스템을 개선해야 했다. 조명 보강의 핵심은 그 누구보다 신부가 아름답게 보일 수 있도록 하는 것이었다. 웨딩을 위한 조명은 단순히 어둡고 밝고의 문제가 아니라 공간의 분위기와 감정을 연출하는 핵심 요소다. 콘셉트에 맞는 분위기를 조성하기 위한 무드 라이팅, 웨딩 순서 중 주요 순간에 하객의 집중을 유도할 포커스 라이팅 그리고 공간의 고급스러움을 완성할 샹들리에 조명 등 모든 조명을 재검토하고 개선했다. 전기 요금이나 조명의 수명 등 효율을 중심으로 한 현실적 고려를 했다면 당연히 LED 조명을 사용했겠지만, 웨딩에 어울리는 따스한 분위기를 연출하기 위해 선택하지 않았다.

완벽한 고객 경험을 위한 프로세스

웨딩 일류화 과정에서 처음부터 주목했던 부분은 아니었지만, 고객 경험과 관련한 개선의 핵심에는 상담 역량의 제고가 있었다. 이 과제는 어느 날 대표이사로부터 걸려온 한 통의 전화에서 시작되었다.

"상담 직원들이 고객과 어떻게 상담을 하고 있는지 직접 살펴보시는 것이 좋겠습니다."

갑작스러운 대표이사의 지시를 받고 자초지종을 알아보았다. 얼마 전, 대표이사의 친척 중 한 분이 호텔에서 예식을 하고자 상담을 왔었다고 한다. 그런데 사전 예고 없이 대표이사도 그 자리에 동석한 것이다. 그런데 상담을 진행하던 직원들이 적절히 대응하지 못하고 말았다. 대표이사는 상담 태도나 고객 응대 품질의 문제를 떠나 웨딩 상담 전 과정의 프로세스에 대해 의구심을 보이며 개선을 요구한 것이었다.

당시에는 자녀의 혼사를 치를 나이가 아니어서 최신 예식 상담이 어떻게 진행되는지 경험해본 적이 없었다. 대표이사의 지시를 따라 상담 과정에 참여하게 되었다. 고객과 어떻게 상담이 이루어지는지 직접 겪어보니 예상한 것과는 많이 달랐다. 역시 현장에서 직접 보고 경험해야 한다는 호텔 경영 고금의 진리를 머릿속으로 되새기면서 상담실을 나왔다.

상담 과정을 직접 경험한 직후부터 웨딩 상담 전 과정을 재점검하고 개선하는 작업을 시작했다. 가장 먼저 상담 과정에서 반드시 준수해야 할 체크리스트와 상담 가이드를 마련하는 것부터 시작했다.

이어서 고객의 이해를 도울 웨딩 콘셉트별 룩북 제작, 플라워 연출 콘셉트 제안, 예식 시 사용할 음악의 시연, 하객 규모와 취향에 따른 식사 메뉴 제안과 시식 안내, 준비된 음료와 다과 자료 제공 등 모든 프로세스를 하나하나 세밀하게 검토하며 보완했다. 또한 각 프로세스는 현재 수준을 체크하고 향후 개선 목표를 세워 실행에 옮겼다.

그리고 또 하나, 웨딩 부문 일류화를 위한 중요한 과제는 바로 홍보였다. 아무리 훌륭한 웨딩 상품을 갖추었더라도 알려지지 않으면 소용이 없었다. 외부에서 전문 인력을 영입한 이후 곧바로 돌입한 것은 셀럽의 웨딩 수주였다. 아무래도 유명 연예인 같은 이들이 호텔에서 결혼식을 하게 되면 여러 매체를 통해 기사화된다. 그 덕분에 누군가에게는 선망의 대상이 되고 호텔이 알려지는 데 도움이 되리라고 기대했다.

셀럽의 웨딩 수주에는 두 가지 문제가 있었다. 하나는 그들의 까다로운 기준에 맞추는 것이었고, 다른 하나는 그들이 결혼식 장소로 우리 호텔을 선택하도록 유도하는 것이었다. 일류화를 추진하면서 여러 부분이 개선되고 있었고 까다로운 요구 사항은 가능한 선에서 최대한 맞추도록 했다.

셀럽들의 결혼 준비 정보는 각종 커뮤니티와 연예 기획사를 접촉해 최대한 확보할 수 있었다. 이러한 과정을 거쳐 웨딩 일류화 추진 초창기에는 셀럽의 웨딩 수주를 최대한 늘리고 홍보 기사를 많이 내 호텔이 알려지도록 노력했다.

웨딩 부문 일류화를 시작한 지 3년 정도 지나면서 그동안의 변화 노력이 어느 정도 가시적인 성과를 내기 시작했다. 그러면서 우리 호텔은 웨딩 명소로 자리를 잡아갔다. 웨딩 일류화는 개선을 위해 손볼 부분이 무척 많았고 목표한 모습까지 달성하는 데까지 시간과 노력이 많이 필요했다. 리더십의 강한 의지와 확실한 방향성이 존재하지 않았다면 좌초할 수도 있던 프로젝트였다. 호텔의 모든 직원도 방향성에 동의했고 자부심을 가지고 참여했기에 가능했다.

지금 돌아보면 호텔 내 오래된 한옥 건물을 웨딩에 활용한 것은 훌륭한 선택이었다. 당시 호텔 웨딩의 일반적인 규모는 양가의 친인척부터 친구의 지인을 모두 동원하는 대규모 결혼식이 일반적이었다. 그렇다 보니 하객 규모가 최소 500~600명 정도는 되어야 호텔 웨딩이라고 할 만했다. 이 정도 인원을 수용하기 힘든 한옥은 당시만 해도 웨딩을 위한 장소로 그다지 환영받지 못했다.

그렇지만 시간이 지나면서 스몰 웨딩 등 결혼식 트렌드와 인식이 변했고 하객 규모도 200~300명 수준으로 크게 줄면서 한옥 건물은 웨딩에 딱 적합한 규모가 되었다. 또한 호텔에서 제시한 전통 예식의 현대적 재해석이라는 콘셉트에도 고객이 긍정적으로 반응하면서 점차 한옥에서의 웨딩이 각광을 받기 시작했다.

○

호텔에서 하는 근사한 웨딩이라지만
일반 결혼식장이나
동네 잔치에서 보던 음료, 주류가
아무렇지 않게 병째 놓이고는 했다.
또한 뷔페는
전형적인 시중 식당의 모습과
별반 다르지 않았던 것도 사실이었다.

돌아보면 웨딩 일류화와 식음 일류화는
그 과정의 끝에 기대한 결과가 있을 것이라
장담하기 힘든 과제였다.
그만큼 섣불리 할 수 없는 일이었다.
하지만 바꾸지 않으면 미래도 없다는 것을
잊지 말아야 한다.

식음 일류화, 뷔페의 업그레이드

로컬 호텔이 유명해지거나 5성급으로서의 위상을 확고하게 만들고자 한다면 가장 먼저 식음 부문이 유명해져야 한다. 글로벌 체인 호텔과 달리 로컬 호텔은 주요 고객이 내국인이다 보니 자연스럽게 투숙 경험보다는 식음 경험을 더 많이 접하게 되기 때문이다. 따라서 내국인 고객, 특히 내국인 VIP에게 인정을 받으려면 식음업장의 고급화를 추구하고 맛과 서비스가 뛰어난 레스토랑을 만들어 운영해야 한다. 웨딩 일류화를 강하게 추진하던 대표이사는 호텔 브랜드 인지도를 높일 방법으로 식음업장 고급화도 함께 계획했다. 그중에서도 첫 번째 과제는 뷔페였다.

최근에는 고객들이 나름의 기준과 경험을 바탕으로 '3대 호텔 뷔페'를 꼽기도 한다. 그리고 특별한 날을 기념할 식사 장소로 호텔 뷔페 레스토랑을 선택할 정도로 고급스러운 식사 장소로 인식되어 있기도 하다. 하지만 2000년대 초반만 해도 일반적인 호텔에서는 파인 다이닝이라는 카테고리로 고급 일식당이나 중식당 등을 운영했고, 캐주얼 다이닝이라는 카테고리로 뷔페와 라운지 등을 두었다. 캐주얼 다이닝으로 분류되던 호텔 뷔페는 지금과 달리 부담스럽지 않은 가격에 여러 가지 음식을 한자리에서 즐길 수 있는 가장 일반적인 레스토랑이었다.

식음업장 고급화 초기의 뷔페에서는 고급 재료를 사용한 요리보다 비싸지 않은 식재료를 가지고 여러 메뉴를 다양하게 내놓고 있었다. 고급스럽지도 않고 비싼 가격을 받는 것도 아니어서 경영자 입장에서는 호텔 내에서 포지셔닝을 어떻게 하면 좋을지 고민이 많았다.

"총지배인님, 뷔페 레스토랑을 지금까지와는 다르게 럭셔리한 콘셉트를 적용해 바꿔보고 싶어요. 어떻게 하면 좋을까요?"

총지배인은 대표이사가 정확히 어떤 생각을 하면서 이 질문을 던진 것인지, 무엇을 하길 바라는 것인지 금세 알아차렸다. 몇 년 동안 지근거리에서 지켜본 대표이사는 대충이라는 것을 허용하지 않는 사람이었다. 특히 음식의 품질과 품격에 있어서는 절대로 타협하지 않았다.

"그렇지 않아도 생각했던 것이 있습니다."

총지배인은 평소 고민했던 것이 있었는지 기본적인 개선 방향을 곧바로 풀어냈다. 호텔에서 운영하는 각 레스토랑이 판매하는 단품, 일품 요리들을 호텔 뷔페에서도 즐길 수 있는 콘셉트를 제시했다.

호텔에는 뷔페 말고도 식음업장이 여럿 있었다. 한식, 일식, 중식 레스토랑에 프렌치 레스토랑까지 그리고 제과와 커피숍 등 호텔이라면 갖추어야 할 식음업장은 이미 다 보유하고 있었다. 그리고 각 레스토랑의 맛과 품질은 일정 수준 이상을 보여주고 있었다. 이 레스토랑의 메뉴들을 한자리에 모은다는 것은 마치 모듬회 같았던 기존 뷔페의 모습을 오마카세 스시 같은 콘셉트로 바꾸겠다는 것이었다. 이를 실현하기 위해서는 뷔페의 모든 요리를 파인 다이닝 레스토랑 수준으로 끌어올리는 작업이 필수적이었다.

이 계획은 일반적인 뷔페 레스토랑에서는 생각하지 못할 파격이었다. 저렴하게 많은 종류의 음식을 먹을 수 있는 곳이 뷔페인데 파인 다이닝으로 바꾼다니. 사실 내부에서도 다들 의아하게 생각했지만 뷔페 레스토랑의 개선 작업은 멈추지 않고 계속되었다.

이제는 뷔페도 파인 다이닝이다

기본 계획이 수립된 후 각 레스토랑의 주방장과 뷔페 주방장이 모두 한자리에 모였다. 이들과 함께 뷔페에서 제공하는 차가운 메뉴, 따뜻한 메뉴, 전채 등 모든 메뉴를 리스트업해 교체 대상 메뉴를 결정했다. 뷔페에서 기본적으로 제공해야 할 메뉴를 중심으로 각 레스토랑의 메뉴들을 참고해 레시피를 교체했다.

이와 함께 뷔페업장의 주방장들을 중식, 일식, 양식 레스토랑으로 보내 크로스 트레이닝을 받도록 지시하고 책임 주방장들은 매 끼니마다 각 파트의 모든 요리를 점검하도록 했다. 여러 번의 시연을 거치면서 파인 다이닝 수준의 뷔페 메뉴를 드디어 완성할 수 있었다.

메뉴만 바꿔서는 뷔페의 고급화를 완성할 수 없었기에 업장의 시설도 파인 다이닝 수준으로 개선하는 작업을 병행했다. 레스토랑의 이름과 인테리어를 현대적 감각과 전통의 재해석이라는 콘셉 아래 한국의 전통적인 옛것을 살리되 현대적으로 재해석한 상품을 고객에게 선보일 수 있도록 추진했다.

개선 작업에는 제법 긴 시간이 걸렸다. 그렇지만 확실히 새로운 상품으로 재탄생한다는 것을 고객에게 각인시키기에는 이보다 좋은 방법이 없었다. 몇 개월 동안의 작업 끝에 뷔페 레스토랑은 새로운 모습으로 오픈할 수 있었다.

이때를 계기로 우리나라 호텔 업계에서 뷔페 레스토랑의 위상과 인지도는 이전과 완전히 달라졌다. 그 후 지금까지도 뷔페는 호텔에서 운영하는 여러 레스토랑 중에서 가장 인기 있는 식음업장으로 자리매김할 수 있었다.

변화에 대한 저항과 타협하지 않는 혁신

호텔의 식음업장은 파인 다이닝과 캐주얼 다이닝으로 나누어 마케팅 전략을 다르게 구사하는 것이 일반적이다. 보통 1층에 캐주얼 다이닝을 배치해 고객들이 비교적 편하게 이용할 수 있도록 한다. 반면 파인 다이닝은 상층부에 배치해 접근이 쉽지 않도록 의도하면서 특별한 대우를 받는 공간에 입장한다는 느낌을 받도록 한다. 식음 일류화를 달성하기 위해서는 시설 수준을 끌어올리는 것만큼 놓칠 수 없는 것이 바로 메뉴의 종류를 정하고 품질을 일정 수준 이상으로 끌어올리는 것이었다.

메뉴는 식음업장의 정체성과 운영 전략을 반영하는 중요한 요소이므로 무엇보다 중요하게 다루어졌다. 호텔 식음 서비스의 개선은 식음을 기획하는 부서가 주도해 서비스를 담당하는 부서와 조리 부서 등과도 긴밀하게 협업했다.

파인 다이닝에서는 꾸준히 판매되는 메뉴, 시즌마다 변화가 필요한 메뉴 그리고 실험적으로 선보여 고객 반응을 테스트할 전략 메뉴까지 세 가지를 7:2:1 정도 비중으로 구성했다.

메뉴를 새롭게 구성하는 작업 외에도 음식의 맛과 품질에 영향을 줄 한 가지 아이템에 대한 에피소드가 있다.

하루는 레스토랑에서 치킨스톡을 얼마나 사용하고 있는지 조사해 보고하라는 지시가 떨어졌다. 조미료의 사용량을 제한하거나 줄여가는 지침이 있었지만 잘 지켜지지 않는 것이 확인되었기 때문이다.

당시 호텔 레스토랑에서 사용하는 조미료는 크게 세 가지로 구분하고 있었다. 다시마, 버섯, 멸치, 새우 따위의 천연 원료를 이용하여 만든 천연 조미료. 자연적 방법이 아닌 아미노산계 MSG를 주성분으로 하는 발효 조미료. 그리고 글루탐산나트륨(MSG)을 주성분으로 하는 복합 조미료가 그것이었다. 이 조미료들은 각 레스토랑에서 조리할 때 사용량의 제한을 두었다. 천연 조미료는 사용에 문제가 없었지만, 미원이나 다시다처럼 MSG가 많이 포함된 조미료는 1차 조미료로 명명해 사용을 금지했다. 치킨스톡이나 굴소스처럼 MSG가 조금 포함된 2차 조미료는 사용량을 제한하되 점차 사용량을 줄여가고 있었다.

레스토랑 중에서도 특히 중식 레스토랑에서 사용하는 굴소스에는 아미노산계나 글루탐산나트륨 같은 MSG가 들어 있지만 아예 사용하지 않을 수는 없었다. 그래서 MSG가 15% 미만으로 함유된 조미료만 사용하도록 했고 그 이상 MSG가 들어 있는 조미료는 구매 단계에서부터 매입을 금지했다. 그리고 각 레스토랑마다 매월 사용량을 관리하도록 하고 가능하다면 천연 조미료로 대체하면서 맛과 품질을 개선하기 위한 노력을 강화해나갔다.

그 외에도 식음의 고급화를 위해 외부의 전문가도 적극적으로 활용했다. 해외의 식음 전문가를 섭외해 자문 계약을 체결했고 이들을 호텔로 초청해 메뉴 시연이나 레스토랑의 메뉴 점검을 의뢰하는 방법을 사용했다. 호텔의 전체 식음 메뉴의 디자인에 대해서도 해외 전문가를 적극적으로 활용함으로써 지속적인 품질의 개선을 도모했다. 당연히 시간과 노력이 필요했고 품질 수준을 유지하는 것은 훨씬 더 어려운 일이었다. 그렇지만 현재 수준을 정확히 진단하고 앞서 있는 해외의 사례에서 배우는 과정은 식음 부문을 담당하는 모든 직원들이 품질 개선에 열정을 갖도록 하는 촉진제 역할이 되었다.

고통스러웠지만 확실했던 일류화의 교훈

대부분의 호텔은 지불 능력과 충성도가 높은 고객들로 고객 구조를 강화하고자 한다. 호텔을 이용하는 고객층을 개선하는 것은 결코 쉽지 않은 일이다. 변화를 추구하다 보면 가격 저항처럼 곳곳에서 고객의 반발을 마주하게 되는데 적절히 대응하지 못할 경우 더 큰 마찰이 발생할 가능성이 높다. 식음 부문의 경우 메뉴부터 개편해야 하는데 기존 고객의 저항이 만만치 않다. 고객 입장에서는 단골로 방문하던 레스토랑에서 평소 좋아했던 메뉴를 갑자기 제외하거나 바꾸면 당장 불만을 제기하기 쉬워 무척 조심스럽고 어려운 작업이다.

뷔페 레스토랑을 개선하는 과정에서 내외부의 엄청난 저항을 경험했다. 특정 메뉴를 다시 제공하라는 것부터 가격 상승에 대한 항의까지 생각할 수 있는 모든 요구가 터져나왔다. 그럼에도 고급화라는 목표를 달성하기 위해 1~2년은 뚝심 있게 버티면서 밀고 나가자 기대한 대로 고객 구조가 바뀌기 시작했다.

돌아보면 웨딩 일류화와 식음 일류화는 긴 시간이 소요되었으면서도 그 과정의 끝에 기대한 결과가 있을 것이라 장담하기 힘든 과제였다. 그렇지만 결국 이뤄낸 일류화는 아름다운 자연경관이 긴 시간이 쌓여 만들어지듯 수많은 직원이 기꺼이 시간과 노력을 투입해 만들어낸 성과이기도 했다.

2000년대 초반부터 시작해 최근에 이르기까지 꼼꼼하게, 하지만 필요한 사안은 과감히 서둘러 진행했고 전문 인력의 영입과 외부 전문가로부터의 자문 등 체계적이고 전략적으로 작업했기에 가능했다.

실무를 제법 잘 챙긴다고 자부하고 있던 나였지만 웨딩 상담에 직접 참여했던 것은 말 그대로 날 것 그대로의 경험이었다. 실무를 안다는 그 자부심도 한낱 허언이었음을 깨닫게 했기 때문이다. 실무자로부터 실적과 결과만 보고를 받다 보니 실제 현장은 보고 내용과 거리가 멀었고 고객이 체감하는 만족도는 기준에 훨씬 더 미치지 못한다는 것을 깨달았다.

아무리 작은 것이라도 현장에서 문제라고 보고하는 것이 있다면 관리자가 현장에 들어가 직접 보고 점검해야 한다. 이렇게 하다 보면 현장에서 좀 더 긴장하는 것은 물론이고 관리자로서는 실무에 대한 감각과 말뿐인 지시가 아닌 현실적인 역량도 갖출 수 있다. 개선과 성과라는 열매도 당연히 얻게 될 것이다.

새로운 방향으로 재해석해 시장에 내놓은 상품이 고객 저항을 넘어 인정을 받고 안착하기까지는 긴 시간이 걸리는 만큼 변화를 추진할 때는 반드시 이를 감안해야만 한다. 그리고 무언가를 최고로 만들겠다면 그에 걸맞는 최고의 투자도 필요하다. 시간, 노력, 돈도 있겠지만 무엇보다 중요한 것은 리더의 의지다. 그만큼 결코 섣불리 할 수 없는 일이다. 하지만 바꾸지 않으면 미래도 없다는 것을 잊지 말아야 한다.

인재는
얼굴을 보면 안다

협업 능력을 가진 인재를 어떻게 찾을 것인가

디테일의 디테일

인재 선별의 비밀

- 시기: 2014년

- 당시 직책: 제주신라호텔 총지배인

하나를 보면 열을 안다

"직원을 새로 채용하려 면접을 볼 때 그 사람이 좋은 인력인지 아닌지를 어떻게 하면 파악할 수 있을까요?"

어느 날, 인사팀장에게 이런 질문을 던졌다. 사실 이것은 채용 면접을 진행할 때마다 늘 고민이 되었던 문제였다. 호텔업은 워낙 노동 집약적인 산업인 데다 구성원의 변화가 잦은 직종이었다. 1년에 100명이 입사하면 30~40명 정도는 1년 내에 그만둘 정도로 인력 턴 오버율이 높다 보니 그에 따른 조직 운영상의 어려움이 많았다.

"일단 서류부터 잘 살펴보는 것이 기본이겠죠. 지원하는 후보자의 경력과 스펙 등을 검토하고 면접 때는 질문에 잘 답변하는지 점검하면 좋은 인력인지 아닌지 알 수 있지 않을까요?".

인사팀장은 차분하게 대답했다. 좋은 인력을 채용한다는 것은 그의 말과 달리 실제로는 정말 어려운 일이었다. 우선 좋은 인력이란 어떤 사람을 뜻하는 것일까. 그 정의부터가 애매했다. 게다가 호텔에 있어서 좋은 인력이라는 것은 구체적으로 어떤 것을 말하는 것일까. 외향적이어야 할까? 아니면 고객 응대를 잘해야 할까? 또는 다른 사람과 협업을 잘하는 것이 핵심일까? 그것도 아니라면 업무 성과가 높은 사람이어야 할까? 그 어떤 것도 몇 장의 서류와 면접만으로는 선별해낼 수 있는 요소가 아니었다.

"실제 현장에서는 사람을 서류로만, 그리고 면접 때 몇십 분 정도 이야기를 나누어본 것 가지고 제대로 판단하기란 너무 어려웠어요."

이전 호텔에서 총지배인으로 근무했을 때는 거의 매월 채용면접을 진행했다. 매월 선발하는 인력이 평균 20~30명 정도였고, 지원자 수는 최소 서너 배는 되었다. 이 많은 지원자 서류에서 이력과 지원 사유 등을 확인해 좀 더 검토하고 싶은 지원자와 면접 일정을 잡는 데만 해도 인사 업무의 많은 부분이 투입되어야 했다. 그렇다고 이런 과정을 통해 좋은 인력을 채용했는가 돌아보면 의문이 들었다. 그 정도로 좋은 사람을 찾는다는 것은 여간 쉬운 일이 아니었다.

당시 채용 면접 방식은 1:1과 집단이 있었는데 나는 집단 면접 방식을 더 선호했다. 인사팀장에게 다섯 명의 지원자를 한자리에 모아 집단 면접을 진행한다고 가정한 후 이야기를 이어갔다. 이들이 나란히 앉은 자리에서 인사팀장 같으면 어떻게 면접을 진행할 것인지 물었다.

"순서대로 자기소개를 하도록 한 뒤에 먼저 우리 호텔에 지원한 이유를 들어보는 것이 좋겠습니다. 그러고 나서 지원자별로 맞춤형 질문을 해보면 어떨까 합니다."

조직의 인사 업무를 담당하는 사람답게 크게 고민하지 않고도 거침없이 답했다. 인사팀장의 이야기를 들으며 문득 이런 생각이 들었다. 아마 지원자의 입장에서 생각해도 충분히 예상할 수 있는 흐름은 아니었을까. 그랬다면 좋은 평가를 받을 수 있는 이상적인 답변을 미리 준비해 숨 쉴 타이밍까지 철저하게 외우고 연습하지는 않았을까 싶었다. 그렇게 모범 답안을 숙지해 답변하는 모습을 보고 대답을 잘한다고 좋은 평가를 주고 선발하면 안 된다고 생각했다. 그렇다면 지원자의 진짜 역량과 생각을 알아보려면 어떻게 하는 것이 좋을까.

"그것도 필요한 과정이지만 지원자도 예상해 준비했을 테니 생략하고 개별 지원자별 맞춤 질문으로 바로 들어가는 게 좋겠어요. 각각 질문하고 답을 듣는 시간이 대략 2~3분 정도 걸린다고 해봅시다. 저라면 1번 지원자가 질문에 답변할 때 그를 보면서 동시에 다른 지원자도 살짝 살펴보겠어요."

왜일까. 자신의 차례가 아니어도 답변하고 있는 다른 지원자의 말에 대기 중인 지원자들이 집중하는지 확인하기 위함이다. 아마도 백이면 백 1번 지원자가 답변할 때는 다른 지원자들 모두 잘 집중할 것이다. 중요한 것은 그 다음부터다.

"3번이나 4번 지원자까지 순서가 돌아가 질문과 답변을 하게 되었다고 해볼게요. 이미 답변을 마친 지원자를 보면 긴장이 풀어져 집중이 흐트러지다 보니 다른 생각을 하고 있을 수 있어요. 또는 자신의 답변을 복기하면서 무언가 아쉬운 점이 떠올라 얼굴에 어두운 그림자가 드리워진 지원자도 있을 겁니다. 아무래도 생각이 많아지면 얼굴에 드러나기 마련이거든요. 입사를 위한 면접 자리에서도 오롯이 그 자리에 집중하지 못하고 생각이 많은 사람이라면 회사 업무에도 잘 집중하지 못할 가능성이 높을 겁니다."

모범 답안 너머의 진정성 검증

인사팀장과 이야기를 나누면서 제주의 호텔에서 총지배인으로 근무할 당시의 기억이 떠올랐다. 제주는 지역 특성상 해외에서 워킹 홀리데이를 하듯 일을 하면서 제주를 여행하려는 생각을 가진 젊은이들이 제법 많았다. 오래 근무할 직장을 구해 안정적인 생활 기반을 마련하겠다는 것보다는 다양한 욕구를 동시에 실현할 수 있는 곳으로 찾는 지역이 제주였다.

당시 면접은 늘 다섯 명을 한 조로 구성해 집단 면접 방식으로 진행했다. 일반적인 집단 면접처럼 면접 위원들의 맞은편에 입사 지원자들이 나란히 앉았다. 입사 면접에 참석한 지원자의 용모와 복장은 거의 비슷했다. 호텔 업계 면접에 참여할 때의 이상적인 매뉴얼처럼 검은색 정장과 검은색 구두를 갖춰 입었다. 여성의 경우 묶은 머리, 이른바 포니 테일 스타일을 선택했다. 다들 비슷한 외모를 하고 있었지만, 그 속에서도 나름 자신의 차별점을 드러내기 위해 노력한 흔적을 엿볼 수 있었다.

역시 예상했던 대로 지원자들은 자신이 어떤 대답을 해야 할지 너무도 잘 알고 있었기에 미리 준비한 모범적인 답변을 능숙하게 풀어놓았다. 먼저 1번 지원자에게 왜 호텔이라는 직장을 선택했는지 묻자 그는 이렇게 답했다.

"어렸을 때 부모님과 함께 해외여행을 간 적이 있었는데 그때 호텔에서 일하는 직원의 모습이 매력적이라고 느꼈습니다. 그때 이후로 호텔에서 일해보는 것이 꿈이 되었습니다."

'고객으로 방문한 호텔과 일하는 공간의 호텔은 분명 다를 텐데.' 하는 생각을 하면서 슬쩍 5번 지원자의 모습을 살폈다. 그는 귀를 쫑긋 세우고 1번 지원자의 이야기를 경청하고 있는 듯 보였다. 그런 그의 모습을 보며 '일단 기본은 되었군.' 하고 생각했다.

나는 4번 지원자에게도 1번 지원자와 동일한 질문을 던졌다.

질문에 답하는 4번 후보자를 보면서 답변을 마친 1번 후보자의 모습도 조용히 살폈다. 그 순간 무언가 집중하지 않고 다른 생각에 잠겨 있는 1번 후보자의 표정이 눈에 들어왔다. 자신의 일자리와 미래를 좌우할 수 있는 엄중한 면접 자리에서조차 집중하지 못하고 딴청을 부리는 지원자는 분명히 업무에 투입되어서도 제 몫을 다하지 못할 가능성이 높았다. 사람은 누구나 순간의 표정을 숨기기 쉽지 않기 때문이다. 사람은 순간의 표정과 행동으로 내면이 드러나기 마련이다.

나는 1번 지원자에 대한 예감이 맞는지 확인하기 위해, 그리고 마지막으로 기회를 주는 마음으로 1번 지원자를 바라보면서 마지막 질문을 던졌다.

"나중에 무엇이 되고 싶다거나 어떤 일을 하고 싶으신가요?"

이 질문은 채용 인터뷰에서 빼놓지 않고 하는 질문이다. 꿈에 대한 구체적인 생각을 확인함과 동시에 이 사람이 어떤 목표를 가지고 살아가고 있는지 확인하는 것이다. 조리사의 경우 대부분 10년 정도 호텔에서 일한 뒤 자기 이름을 내건 식당을 차리고 싶다는 사람이 많았다. 혹은 호텔에서 총주방장 자리에까지 오르고 싶다는 포부를 밝히는 지원자도 제법 있었다.

이렇게 꿈을 자신 있게 말하는 지원자는 늘 우선해 채용 후보로 분류했다. 자신의 목표가 분명하면 목표를 달성하기 위한

○

호텔업은 워낙 노동 집약적인 산업인 데다
구성원의 변화가 잦은 직종이다.
인력의 턴 오버율이 높은 호텔에서 일하면서
충성도가 높고 유능하면서도
다른 구성원과 화합해 일을 잘해낼 인력을
뽑아야 한다는 숙제를 늘 안고 살았다.

개인플레이가 화려한 사람보다
팀플레이에 능한 사람이 필요했고
그런 사람을 잘 알아보는 것이
면접의 핵심이었다.
아무리 훌륭한 스펙을 가지고 있어도
함께 일할 수 없는 사람이라면
조직에 오히려 독이 될 수 있다.

실천 방법으로 호텔 일도 잘해줄 것이라고 기대했기 때문이다. 주어진 일에 집중할 줄 알고 우수한 자질을 보유한 사람일수록 자신의 비전이나 꿈에 대해 그 누구보다 구체적으로 답변했다. 미래 비전과 방향성에 대해 집중하지 못하는 지원자라면 선발하지 않는 것이 회사를 위해 필요한 결정이라고 생각한다.

지원자가 어떤 사람인지 판단하기 위해 입사 지원서의 내용을 꼼꼼히 살피고 면접 때 날카로운 질문을 던진다고 해도 정확히 파악한다는 것은 사실 거의 불가능한 일이다. 인터넷을 조금만 찾아보면 입사 성공자들의 지원서나 자소서 사례도 많이 볼 수 있어 지원서는 얼마든지 완성도 있게 준비할 수 있다. 면접도 단 몇십 분 동안만 대화를 할 수 있을 뿐이기에 좋은 인재를 확실하게 구분하기에는 부족하다. 개인 성향을 판단하는 프로그램도 많이 있었지만 우리 회사에 필요한 인재를 정확하게 골라내는 데에는 분명 한계가 있었다.

면접 경험이 쌓일수록 이렇게 답변 중인 지원자를 보면서 주변 지원자들의 모습을 함께 살피는 것이 습관이 되었다. 호텔이라는 조직의 시스템은 24시간 365일 끊임없이 운영되어야 한다. 이것이 가능하기 위해서는 무엇보다 직원들 사이의 화합이 무척 중요했고, 홀로 무언가 독창적인 일을 하기보다 다 같이 합심해 해내는 것이 필요했다. 그래서 개인플레이가 화려한 사람보다 팀플레이에 능한 사람이 필요했고 그런 사람을 잘 알아보는 것이 면접의 핵심이었다. 다른 지원자의 발표를 경청하는 태도, 자신의 차례가 아닐 때의 집중도, 그리고 예상치 못한 질문에 대한 반응 등은 그 사람의 기본적인 인성과 조직에서의 협업 능력을 보여주는 중요한 지표가 된다. 아무리 훌륭한 스펙을 가지고 있어도 함께 일할 수 없는 사람이라면 조직에 오히려 독이 될 수 있다.

호텔은 화합할 줄 아는 인재를 원한다

인력의 턴 오버율이 높은 호텔에서 일하면서 충성도가 높고 유능하면서도 다른 구성원과 화합해 일을 잘해낼 인력을 뽑아야 한다는 숙제를 늘 안고 살았다. 스펙이 좋아 선발해도 때로는 아쉬운 결말을 맞게 된 경우가 많았다. 스펙이 너무 좋은 사람은 입사하자마자 그만두는 경우를 많이 보았다. 마찬가지로 경험이 많고 유능한 인력은 충성도가 약해 자신의 미래를 위해 이직하고자 퇴사하는 경우가 잦았다.

총지배인으로 일하던 시절, 채용과 관련해 교훈을 얻었던 경험이 있다. 당시 그룹 공채 인력을 선발했을 때 한 지원자가 스펙도 좋고 말도 잘하는 데다 인상도 무척 호감이 갔다. 적극적인 태도로 열심히 이 호텔에서 일하고 싶다며 의욕을 보였다. 면접이 끝나갈 무렵 스펙이 무척 좋은데, 입사하게 된다면 오래 일할 각오나 의향이 있는지 물었다. 그의 답변은 어쩌면 당연했겠지만 "네!"였다. 그의 채용을 결정한 후 나는 인사팀에 정착 과정에 대해 관찰하도록 한 후 반기마다 관련 사항의 보고를 요청했다. 입사 후 1년 정도 지났을 무렵, 인사팀의 보고로는 그가 회사를 그만두었다고 했다. 본인이 밝힌 퇴직 사유는 대학원 진학이었지만 거짓이었고 타 회사로 이직했음을 알게 되었다.

이 사례를 경험하면서 훌륭한 스펙만으로는, 인상적인 면접 답변만으로는 결국 그 사람을 완벽하게 파악할 수 없다고 생각했다. 호텔이라는 곳에 필요한 인재는 화합하고 공감할 줄 아는 사람이라는 생각이 더욱 강해졌다.

호텔뿐만 아니라 어느 회사에서든 출세할 수 있는 팁이 하나 있다. 화합에도 여러 모습이 있겠지만 상사나 선배와의 화합도 중요하다고 생각한다.

사원들의 일반적인 퇴사 사유에는 여러 가지가 있겠지만 윗사람과의 갈등은 중요한 이유 중 하나이다. 선배나 상사와 갈등이 있으면 회사 생활은 정말 힘들어진다. 반대로 윗사람과의 케미가 좋다면 어떨까. 당연히 회사 생활이 수월해지고 활기차게 일하는 것은 물론이고 인정을 받을 수도 있다. 자신에 대한 평가는 보통 윗사람이 하기 때문이다. 회사에서 승진하고 싶다거나 남들보다 빠르게 출세하고 싶다면 윗사람과 코드를 잘 맞춰야, 즉 그들과 화합을 잘해야 한다.

조직에 속해 일하는 이상 그 누구도 혼자만 잘해서는 아무도 인정하지 않는다. 열심히 한다는 것, 잘한다는 것을 상사나 선배가 알아줘야 하지 않을까. 그리고 보통 상사나 선배가 잘 되어서 더 좋은 부서로 영전하거나 직급을 높여 이직하게 된다면 성과를 창출하기 위해 웬만하면 합이 잘 맞았던 후배를 영입하고 싶어 하지 않을까. 당연히 지금보다 더 좋은 조건을 약속하면서 말이다.

고장난명이라고, 손바닥도 마주쳐야 소리가 난다. 상사가 손을 내민다면 나도 과감하게 손을 내밀어 마주쳐 소리가 나게 해보자. 화합은 동료와만 하는 것이 아니다.

● 디테일 비하인드

모든 리더는 성격이 급하다

2001년 12월 어느 날, 중요한 인물이 방문한다는 소식에 건물 맨 꼭대기 층의 회의실이 시끌시끌해졌다. 한 달 전쯤부터 모여 호텔 운영에 대해 이런저런 논의를 해온 우리는 다른 계열사에서 근무하다 전환 발령을 받은 이들이었다. 호텔 경영을 개선하라는 상부의 지시를 따라 임원 여섯 명, 간부 일곱 명까지 총 열세 명이 새해부터 호텔에서 일하게 되었다. 그동안 해왔던 업무와는 전혀 다른 일이지만 당시 그룹의 문화를 생각하면 무엇이 되었든 해냈던 시절이었기에 자신감 넘치게 일을 시작했다.

분주하게 움직이며 회의를 준비하는 사람들의 목소리에는 긴장감이 묻어 있었다. 서류 더미며 온갖 쓰레기로 어지러웠던 회의실 테이블은 어느새 깔끔히 치워졌고 처음 이 자리에 왔을 때처럼 정돈되었다. 그때만 해도 나는 누가 방문할 예정인지 몰랐지만, 다른 사람들은 이미 알고 있는 듯했다. 잠시 후 회의실 문이 열리면서 누군가가 등장했다. 후에 대표이사가 될, 호텔 경영을 책임질 그였다. 그는 자리로 안내한 사람의 질문에 아무 대답도 하지 않았는데 나중에야 알게 된 것은 이 침묵이 그만의 무기라는 사실이다. 잠시의 침묵이 지나고 그가 나지막하게 말했다.

"다른 호텔의 현황 조사가 끝나셨죠? 자료를 보여주시겠어요?"

이날의 회의는 호텔의 운영을 위해 조직 구성을 어떻게 하면 좋을지 결정하기 위한 목적으로 소집되었다. 그래서 그는 우리와 구체적인 논의를 하고자 회의에 참석한 것이었다.

"다른 호텔의 현황에 대해 조사는 마쳤는데 자료를 사무실에 두고 왔습니다."

어색한 답변에 침묵이 이어졌다. 얼마나 시간이 흘렀을까. 이 침묵은 만족스럽지 않은 대응에 불만 섞인 항의의 표시였다. 회의에 참석한 다른 이들은 지금 당장은 자료를 볼 수 없다는 것을 기정사실로 생각하면서 체념하고 있었다.

이 일이 있었던 때는 지금으로부터 거의 25년쯤 전이니 지금처럼 정보의 공유가 쉽지 않았던 시기였다. 사람을 보내 직접 주고받는 것이 일상이었다. 그나마 사무실에서도 귀하던 팩스를 사용하는 것이 가장 최신의 방법이었지만 그나마 팩스도 사용하는 것이 쉽지 않던 때였다.

긴 침묵이 지나고 나지막하게 지시가 떨어졌다.

"팩스로 받으시면 되잖습니까."

다들 그 방법은 미처 생각하지 못했다는 듯 곳곳에서 가벼운 탄식이 터져나왔다. 물리적 이동과 정보 교환이 자유롭지 못했던 시절이니 나중에 준비되면 보고하려 생각했기 때문이다.

사실 어려운 자리에서는 아무래도 긴장하게 되어 사고 작용도 조금 경직되기 마련이다. 그러한 상황에서는 평소 익숙하던 것도 잘 떠오르지 않아 당황하기도 한다. 팩스를 사용하면 자료를 받을 수 있다는 것쯤은 알고 있었을 테지만 긴장된 상황 속에서 다들 평소답지 않게 대응한 것이다. 그렇게 다시 시작된 분주한 움직임. 회의실에 모였던 사람들은 자리에서 일어나 전화를 걸고, 팩스를 찾으며 갑자기 바빠졌다.

그때 분명히 깨달았다. 모든 리더는 성격이 급하다는 것, 그리고 호텔의 대대적인 혁신을 이끌게 될 그에게 대충과 타협은 없다는 것. 그날 경험한 일은 바라고 기대했던 호텔리어로서 일하며 앞으로 계속해 마주하게 될 도전이 되리라는 것을 말이다.

열의를 가지고 호텔로 전환 발령을 받아 여러 시도를 했지만, 어쩌면 호텔 전문가들이 보기에는 선무당이 사람 잡는 일도 많이 했었을 것이다. 그럼에도 불구하고 계속 배우면서 끊임없이 개선하고자 노력한 것만은 분명하다. 이후로 고객들에게 좋은 평가를 받으며 업계에서 인정 받는 지위에 올랐으니 분명한 성과도 만들어냈다고 생각한다.

누군가 내게 직장 생활 37년을 관통하는 딱 하나의 키워드가 무엇이냐고 묻는다면 망설임 없이 '스피드'를 꼽을 것이다. 뭐든지 "빨리, 빨리!"를 외치는 우리나라에서, 그리고 이윤과 성과 창출을 최우선으로 하는 회사에서 여유를 부리면서 느긋하게 일하는 사람이 치열한 경쟁을 뚫고 출세할 수 있을까. 아마도 리더의 눈 밖에 나서 좋은 평가를 받지 못할 것이고, 승진도 기대하기 어려울 것이다. 그만큼 지난 세월 동안의 내게 주어진 업무를 빠른 속도로 처리하는 것은 중요한 덕목이었다. 지금도 그때를 생각하면 그가 떠오른다.

물론 스피드도 중요하지만 정확함도 중요하다. 누군가가 "혁신 없는 성장은 불가능하고, 성장 없는 혁신은 무의미하다."라고 했는데 같은 의미라고 생각한다. 그럼에도 우선순위를 둔다면 스피드를 선택하겠다. 빨리 무언가를 해볼 수 있다면 실패하더라도 다시 시도해볼 수 있지 않은가.

Floor 3

바람 잘 날 없는 호텔의 365일

: 위기 관리와 해결의 디테일

2018년
4월 27일

그 어떤 것도 대체할 수 없는 경험과 직관의 힘

제1차 남북정상회담 만찬

- 시기: 2018년 봄
- 당시 직책: 서울신라호텔 총지배인

디테일의 디테일

훗날 역사에 기록될 만찬

2018년 4월 27일. 판문점 평화의 집에서 역사적인 남북정상회담이 열렸다. 이 역사적 순간을 기념하는 환영 만찬은 내가 총지배인으로 근무하던 호텔이 담당했다. 출장 연회라는 특수성과 남북 두 정상이 참석한다는 중대함이 겹쳐 그 어떤 사례도 참고하기 힘든 특별한 이벤트가 되었다.

이 만찬은 단순한 환영과 식사 친교의 자리가 아니었다. 1948년 남과 북이 각각 정부를 수립하면서 공식적으로 분단된 이후 70년 만에 이루어지는 역사적 만남이었고 전 세계가 주목하는 순간이었다. 따라서 만찬에 제공되는 음식과 서비스 하나하나가 대한민국의 품격을 대변한다고 생각했다.

행사가 행사인 만큼 준비할 것이 산더미처럼 많았다. 청와대와의 긴밀한 협의, 준비 과정과 만찬 진행 시 각별히 신경을 써야 할 보안 문제, 그리고 무수히 쏟아지는 요청 사항까지. 매 순간 국가적 위상에 걸맞은 서비스란 무엇인지, 진정한 완벽함이란 어떤 것인지를 고민했고 또 하나씩 해결하며 매 순간 실전과 같이 준비해갔다. 이런 시간은 호텔리어로서 평생 잊을 수 없는 경험과 자산이 되었다.

만찬 며칠 전, 직접 현장으로 답사를 다녀왔다. 판문점이라는 특수한 공간에서 열리는 만큼 만찬의 모든 사항에 대해 작은 것 하나하나까지 꼼꼼히 점검했다. 우선 만찬장은 호텔에서부터 거리가 너무 멀었다. 만찬에 사용할 모든 식자재와 기물들의 이동 동선이 길어서 다른 곳에서 열렸던 출장 연회 만찬보다 서너 배 많은 시간과 노력을 들여야만 했다. 그리고 장소 특성상 휴대폰 사용이 불가능해 현장에서 외부와 연락해 부족한 것을 추가 조달할 수 없어 예측 가능한 모든 상황에 대비해 필요한 것을 챙겨야만 했다.

따져볼수록 걱정만 쌓여갔지만 무엇과도 비교할 수 없이 중요한 행사에 기여할 수 있다는 것만으로도 영광이라는 생각에 나와 직원들 모두 사명감과 자부심으로 행사를 준비했다.

만찬 메뉴의 콘셉트는 평화, 배려, 환영으로 정해졌다. 또한 남북 화합을 위해 노력한 인물들의 발자취를 상징하는 식재료를 사용해 스토리를 더했다. 노무현 전 대통령이 퇴임 후 살았던 봉하마을에서 오리 농법으로 생산한 쌀, 정주영 현대그룹 창업주가 북한에 몰고 갔던 소 떼를 키웠던 현대서산농장의 한우, 김대중 전 대통령의 고향인 신안 가거도의 민어와 해삼초, 윤이상 작곡가의 연고지인 통영에서 잡은 문어, 문재인 당시 대통령이 유년 시절을 보낸 부산의 달고기, 김정은 위원장이 유년 시절을 보낸 스위스의 전통 요리 뢰스티의 재료인 감자(북한에서는 혁명음식으로 불린다), 마지막으로 디저트는 백두에서 한라까지 아우르는 이야기를 담아 구성하는 등 메뉴와 식재료 하나하나에까지 의미를 담았다.

서비스 계획은 분 단위로 계획했고 지정 테이블 서비스를 위해 호텔에 근무하는 거의 모든 베테랑 서비스 직원들이 참여해 시간대별 그리고 담당 테이블별로 각자 임무를 부여했다.

연회장의 플라워 장식에도 각별히 신경을 써 만찬의 콘셉트에 어울리게 평화를 상징하는 꽃인 데이지와 작약을 중심으로 연출해 만찬장의 분위기를 끌어올렸다.

국가적 행사에서 요구되는 서비스의 수준은 VIP를 대하는 서비스와 비교해 또 다른 차원의 완벽함이 필요하다. 고급스럽고 세련된 것을 넘어서 품격과 격조를 느끼도록 해야 한다. 테이블 세팅부터 서빙 방식, 모든 직원들의 표정과 몸짓까지도 모두 계산하고 연출되어야 했다. 그렇기에 그 어느 때보다 훨씬 더 엄격한 기준을 적용했다. 하지만 동시에 자연스러워야 했다. 아무리 완벽한 서비스를 제공하더라도 부자연스러우면 오히려 역효과가 날 수도 있다. 완벽함과 자연스러움을 동시에 구현하는 것, 그것이 바로 훗날 역사에 기록될 만찬에 필요한 서비스의 수준이었다.

설마 독도가 빠진 건 아니겠지

남북정상회담을 앞두고 만찬의 마지막 코스인 퍼포먼스 메뉴를 기획하던 어느 날, 총주방장 앞에 초콜릿으로 만들어진 디저트가 놓여 있었다. 축구공 정도 되는 크기의 둥근 모양을 하고 있어 호기심이 일었다.

"총주방장님, 이건 뭔가요?"

"이걸로 한번 깨보세요."

나의 질문에 총주방장은 작은 크기의 나무망치를 건넸다. 이걸로 깨질까 싶었지만 조금 힘을 주고 내리치니 둥근 초콜릿이 양옆으로 쪼개지면서 안에 숨어 있던 작은 케이크가 나타났다. 케이크 위에는 남북 단일 스포츠팀을 구성할 때 사용하곤 했던 푸른색 한반도가 그려져 있었다.

"만찬에 참석한 VIP들이 식사 마지막에 디저트를 깨면 안에서 이렇게 남과 북이 하나 된다는 의미의 퍼포먼스가 완성될 겁니다."

총조리장의 아이디어는 무척 좋았다. '백두에서 한라까지'를 표현한다면 그것이 바로 한반도가 아니던가. 마지막 디저트까지 남북 화해 분위기와 평화를 담은 메뉴를 선보이려는 섬세한 기획이었다.

그렇게 만찬 준비를 마치고 정상회담이 열리기 직전, 언론에서 평창동계올림픽 입장 시 남과 북의 선수단이 들었던 한반도기에 독도가 빠져 있었다는 사실을 다룬 기사가 문득 떠올랐다. 당시 국제올림픽위원회는 공식 행사에서 독도를 제외한 한반도기 사용을 요구했었다. 그렇지만 독도는 우리 국민 정서상 무척 민감한 부분이라 논란이 되기도 했다. 그 순간 만찬에 사용할 디저트의 케이크 위에 한반도가 그려져 있다는 것이 떠올라 부리나케 총주방장을 찾았다. 퍼포먼스 케이크는 이미 전달한 뒤였는데 혹시라도 케이크 위 한반도에 독도가 빠져 있다면 모든 비난이 만찬을 준비한 우리 호텔을 향할 수도 있었기 때문이다.

"얼마 전에 보여주셨던 만찬 디저트 케이크요. 한반도에 독도가 표현되어 있었나요?"

역사적인 남북정상회담을 기념하는 만찬이 마무리되는 순간을 망칠 수도 있다는 걱정을 하던 나와 달리 총주방장은 자신 있게 말했다.

"우리 독도는 당연히 그려져 있습니다."

천만다행이었다. 사전 시연을 할 당시만 해도 퍼포먼스 아이디어에만 집중했다 보니 미처 케이크 위의 지도까지는 세심히 주의를 기울이지 못했다. 다행히도 세밀한 부분까지 꼼꼼하게 챙긴 총주방장의 센스와 판단 덕분에 디저트 퍼포먼스는 무사히 넘어갈 수 있었다.

언제든 발생할 수 있는 위기 상황을 예측하고 대처하는 것은 충분한 경험이 쌓여야 가능하다. 총주방장이 그동안 수많은 VIP 행사와 국빈 만찬을 진행한 경험을 갖추고 있었기에 극한의 긴장 상황에서도 무엇을 놓치지 않고 준비해야 하는지 직관적으로 파악한 것이다. 직관은 그냥 얻어지지 않는다. 경험으로 축적된 지혜가 순간적으로 발현되는 것이다.

이러한 작은 디테일이 하나하나 모여 완벽한 만찬을 만들어냈다. 누구도 보지 않는 곳에서도 철저히 준비하고 예상할 수 있는 모든 시나리오에 대비했으며 무엇보다 역사적 순간에 대한 책임감이 진정한 서비스를 완성했다고 자부한다.

AI 시대에도 유효할 인간의 능력

중요한 국제 행사에서는 자칫 사소한 실수 하나가 행사 전체의 진행을 흔들거나 큰 피해를 줄 수 있다. 예전에 대통령도 참석한 국제 행사에서 발생한 사고 사례를 본 적이 있다.

당시 행사를 시작할 때 대통령을 포함한 참가자들이 다같이 줄을 당기면 가림막이 벗겨지며 우리나라 전통 큰북이 소개되

○

언제든 발생할 수 있는
위기 상황을 예측하고 대처하는 것은
충분한 경험이 쌓여야 가능하다.
총주방장은 극한의 긴장 상황에서도
무엇을 놓치지 않고 준비해야 하는지
직관적으로 파악한 것이다.

전문가들은 이후 펼쳐질 AI 시대에도
AI가 넘보지 못할 분야가 있다고 이야기한다.
그것이 바로 직관이다.
직관은 그냥 얻어지지 않는다.
경험으로 축적된 지혜가
순간적으로 발현되는 것이다.

는 퍼포먼스가 준비되어 있었다. 드디어 참석자들이 가림막의 줄을 잡아당기는 순간 단상 위에 놓여 있던 큰북이 가림막과 함께 떨어지는 사고가 발생했다. 행사를 준비한 기획사 관계자는 당연히 하얗게 질렸었다는 후일담도 들었다.

한 호텔에서 열렸던 다른 행사에서는 주최 측이 준비한 국가의 음원이 재생되지 않아 낭패를 본 사례도 있었다. 사실 이런 사건과 사고는 비일비재하게 일어난다. 그렇기에 중요 행사에서는 모든 가능성을 시나리오로 준비해 대응하는 것이 필요함에도 자칫 바쁘게 지나가다 보면 놓치는 경우도 생긴다.

2018년의 남북정상회담 만찬은 역사적으로 중요한 행사였기에 준비하는 과정 또한 다른 행사와 비교했을 때 체감상 열 배 이상 힘들었던 것으로 기억된다. 남북정상회담 만찬 당일에는 현장에 가지 않고 호텔에 남아 다음 날 새벽까지 복귀할 직원들을 기다렸다. 현장에서 직원들과 함께 있는 것도 중요했지만 끊임없이 고객을 맞아야 하는 호텔에서도 책임지고 결정해야 할 일이 있었기 때문이다. 성공적으로 만찬을 마무리하고 새벽에 돌아온 직원들에게 고생이 많았다는 인사를 건네면서 그동안의 모든 수고가 보상을 받은 듯했다.

이 만찬의 전 과정을 돌아보며 자칫 큰 이슈가 될 뻔했던 지점에서 훌륭한 직관을 보여준 총주방장을 생각하면서 직관의 중요성을 재발견했다.

최근 몇 년 사이 AI는 우리 일상에 깊이 파고들고 있다. 그렇지만 전문가들은 이후 펼쳐질 본격적인 AI 시대에도 AI가 넘보지 못할 분야가 하나 있다고 이야기한다. 그것이 바로 직관이다. 일정한 패턴을 발견하는 일, 축적된 데이터가 충분히 많은 일은 당연히 인간보다 AI가 훨씬 더 유능하게 처리할 수 있다. 하지만 갑작스러운 위기 상황을 마주했을 때 직관적으로 의사결정을 하는 능력은 인간이 훨씬 더 잘한다는 것이다.

코로나 혹은 메르스처럼 예기치 않은 감염병 사태가 벌어졌을 때 또는 전혀 예측하지 못한 화재라든가 사고가 발생했을 때 인간의 능력이 빛을 발한다. 그 문제를 잘 처리하고 피해를 최소화한다든지 이후 더 나은 방안을 설계하는 등의 과정에서 직관이 필요한 의사결정을 할 때는 AI보다 인간이 낫다는 것이다. 이러한 직관은 많은 경험을 통해서만 쌓을 수 있다.

만일 우리 호텔에서 독도가 빠진 한반도가 그려진 케이크를 만들었다면, 그렇게 만들어진 케이크를 검수할 때에도 알아차리지 못했다면, 그래서 결국 남북정상회담 만찬에 독도가 빠진 케이크가 올랐다면 무슨 소리를 들었을지 생각만 해도 아찔하다.

고객 불만의
연금술

사고와 불만도 기회로 바꾸는 위기 대응

디테일의 디테일

웨딩 사고

- 시기: 2010년대 후반

- 당시 직책: 서울신라호텔 총지배인

피트니스 클럽 사고

- 시기: 2010년대 후반

- 당시 직책: 서울신라호텔 총지배인

순간의 대응이 불러오는 엄청난 차이

24시간 365일 불이 꺼지지 않는 호텔에서는 예상치 못한 사건과 사고가 언제든 발생할 수 있다. 호텔은 마치 작은 도시와도 같아서 다양한 시설이 유기적으로 연계되어 복합적으로 운영되고, 수많은 사람들이 오가며 이용하기 때문이다. 특히 웨딩에는 주인공인 신랑과 신부를 비롯해 수십 명에 달하는 양가의 가족, 하객 수백 명이 초대된다. 피트니스 클럽에서도 매 시간 적게는 수십 명에서 많게는 수백 명의 회원이 한자리에 모여 땀을 흘리며 운동을 한다. 이런 상황에서는 아무리 세심하게 준비해도 예상하지 못한 일들이 생기기 마련이다.

중요한 것은 고객이 불만족한 상황이나 사고가 발생했을 때 어떻게 대응하느냐다. 같은 상황이라도 대응 방식에 따라 평생의 적이 될 수도 있고, 오히려 더 충성도 높은 고객으로 만들 수도 있다. 나는 호텔에서 근무하면서 이런 경험을 여러 차례 해왔고, 그 과정에서 고객 불만 처리에 대한 나름의 철학을 정리할 수 있었다.

특히 기억에 남는 두 사례가 있다. 하나는 웨딩 관련 사고였고, 다른 하나는 피트니스 클럽에서 발생한 사고였다. 두 사건의 처리 과정과 결과는 완전히 달랐다.

섣부른 판단

어느 여름, 연회 담당 직원으로부터 보고가 올라왔다. 웨딩을 마친 신부가 힘겹게 흥분을 가라앉히며 "일단 신혼여행을 다녀와서 다시 이야기합시다."라는 말을 남기고 떠났다고 했다. 혼례를 마친 신부는 보통 좋은 기분으로 호텔을 나서는 것이 정상인데 왜 저렇게 화가 난 채로 나갔을까.

사건의 경위는 이러했다. 신부는 웨딩 전에 연회팀에 세 가지 사항을 요청했다고 한다. 첫 번째 요청은 예식 마지막 신랑과 신부가 행진할 때 축하의 꽃잎을 뿌려줄 친구들의 좌석을 버진로드 끝에 마련해달라는 것이었다. 두 번째는 하객들을 위해 집에서 특별히 혼례 떡을 준비했는데 여름철인 만큼 위생에 신경을 써달라는 것이었다. 마지막으로는 신부의 아버지께서 해외에 거주 중인데 웨딩 전날 귀국해 호텔에 투숙 예정이니 잘 모셔달라는 부탁이었다. 결과적으로 이 세 가지 요청 모두 신부의 기대를 충족하지 못했고 결국 화가 난 채 호텔을 떠나게 된 것이다.

어디서부터 어떻게 문제가 시작되었는지 자초지종을 확인해보기로 했다. 친구들의 좌석 배치 요청은 직원의 착오로 버진로드 바로 옆이 아닌 한 줄 옆으로 배치했던 것으로 확인했다. 그렇다 보니 친구들이 계획한 대로 근사하게 꽃잎을 뿌려주기 곤

란한 상황이 된 것이다.

혼례 떡의 경우 관례를 따랐던 일 처리가 문제였다. 일반적으로 예식 한 시간 반 전에 혼례 떡을 테이블에 깔아놓고는 하는데 더운 날씨 탓이었는지 떡에서 냄새가 난다며 하객들이 항의하면서 문제가 된 것이다.

아버지를 잘 모셔달라는 마지막 요청은 알아보니 접수한 연회팀에서 객실팀으로 요청 사항이 전달되지 않았다. 그 결과 신부의 아버님께서 체크인하실 때 예약 내용에 착오가 발생하면서 기다리게 되자 항의하는 과정에서 경찰까지 출동해 문제가 커져버리고 말았다.

연회 담당 직원을 불러 어떻게 처리하면 좋겠는지 의견을 물었다. 그는 자신이 상황을 잘 안다는 듯 이렇게 의견을 말했다.

"떡이 조금 상한 것은 사실이니 떡값을 보상하면 되겠습니다. 하지만 나머지 두 사항은 사실 호텔의 잘못이 크지 않다고 봐서 굳이 보상하지 않아도 될 것 같습니다."

"그 정도면 충분하겠어요? 고객의 태도를 보면 쉽지 않을 것 같은데요."

자신 있게 답하는 그의 말을 반신반의하면서 물었지만, 직원은 보통 이런 경우 문제가 되는 부분만 보상했다며 비슷한 사례가 있었으니 걱정하지 않아도 된다고 했다. 신부가 신혼여행에서 돌아오는 대로 만나 해결하겠다는 직원의 말에 고개를 끄덕이며 잘 해결할 거라는 마음으로 그와의 미팅을 정리했다.

걷잡을 수 없이 커지는 문제

신혼여행을 마치고 돌아온 신부가 호텔에 보상을 요구했다는 소식이 전해졌다. 그 고객은 담당 직원에게 고작 떡값을 받기 위해 전화한 줄 아느냐며 구체적으로 보상을 요구했는데 우리가 준비한 수준과는 차이가 컸다. 고객의 요구는 예식비 10%에 해당하는 위로금이었다.

"고객 입장은 떡만 문제가 되었던 것이 아니라 자신이 요청한 세 가지 모두 반영되지 않아 문제가 된 거라고, 다른 것도 아닌 결혼식을 망쳤는데 떡값은 당연하고 위로금도 요구하고 계십니다."

요구 사항을 구체적으로 받았으니 어떻게 할 것인지 묻자 예식 담당 직원은 절대로 들어줄 수 있는 사안이 아니라고 강하게 주장했다. 떡 자체는 문제가 없었지만 조금 일찍 테이블에 올려놓으면서 날씨로 인해 약간 이상한 냄새만 났다는 것이다. 문제를 제기한 하객도 일부 테이블에만 한정되었고 다른 하객들은 별 이야기가 없었다고도 했다.

억울하다는 듯 항변하는 연회 담당 직원을 보면서 난감해졌다. 어떻게 하는 것이 좋을까, 고객이 과한 요구를 하는 것은 아닐까. 회의 끝에 고객에게는 내가 직접 호텔의 정책을 설명하면서 떡에 대해서만 보상하는 쪽으로 마무리하기로 결정했다.

고객과 어렵게 연락이 닿아 호텔에서의 만남이 성사되었다. 정중하게 인사한 후 유감을 표하며 호텔의 사정을 설명하기 시작했지만, 고객은 예식을 망친 호텔의 대처에 크게 분노하며 예상했던 것보다 훨씬 더 강경한 태도를 보였다.

다른 것보다도 아버지에 대한 호텔의 대응이 가장 큰 문제라고 생각하고 있었다. 신신당부했음에도 불구하고 딸의 결혼식 참석을 위해 해외에서 오신 아버지를 부랑자 취급하듯 경찰까지 불러 망신을 주었다고 항의했다. 떡이나 자리 배치 문제도 처음 불만을 제기했을 때 호텔 직원들이 퉁명스러운 태도로 문제 해결보다 면피하려는 모습을 보며 마치 자신이 일부러 진상 짓을 하는 듯 대했다고도 했다. 문제가 발생했을 때 호텔에서 먼저 잘못을 인정하고 빨리 대처했다면 이렇게까지 하지 않았을 것이라는 말도 덧붙였다.

고객은 평생 한 번인 결혼식을 좋지 않은 기분으로 치르게 되어 너무 속상했다며 도저히 그냥 넘어갈 수 없으니 합당한 보상을 해달라는 말을 남기며 어렵게 성사된 만남이 종료되었다. 면담으로 해결되기는 커녕 고객의 화를 더욱 키우면서 더 깊은 늪으로 빠져드는 것 같았다. 담당 직원의 의견만 듣고 판단해 보상 이야기부터 꺼냈던 것을 후회했다.

면담 과정에서 고객과 담당자의 말이 엇갈렸던 부분을 다시 확인했지만, 담당자는 직원 입장에서만 이야기를 반복했다. 고객에게 연락을 취해 정중히 사과하고 요청한 대로 예식비의 10%를 보상하도록 이야기할 것을 지시했다.

지시 후 며칠이 지나 상황을 다시 확인하니 문제는 더 커져 있었다. 호텔의 추가 대응에도 불만을 느낀 고객은 예식비의 20% 보상을 요구하고 있었다. 알고 보니 고객의 가족 중 한 분이 유명 병원을 운영하시면서 사회적으로도 명망이 높은 분이었다. 이 사실을 알게 된 순간 얼마 전 홍보 담당 임원이 했던 말이 떠올랐다.

"사고가 발생했을 때 고객 보상의 범위는 사고의 규모와 사회적 파장, 그리고 피해 고객의 사회적 지위도 함께 감안해야 합니다."

고객의 남편과도 만나 중재를 요청했지만, 결과적으로 소득 없이 끝나고 말았다. 사면초가의 상황에서 고객과 연이 닿는 사람을 통해 설득할 수 있을지 알아보기로 하고 옛 동료에게 도움을 청했다. 그는 남편 쪽 병원과 관련 있는 회사에서 일하다 보니 신랑 쪽을 잘 알고 있었다. 안타깝게도 고객은 여전히 완강했고 오히려 호텔의 늦은 대응 때문에 타협할 기미가 전혀 보이지 않는다는 소식만을 들었다. 그렇게 해결을 위해 동분서주하던 중 고객은 대표이사에게 직접 메일을 보냈고 이후 보상 과정은 일사천리로 진행되었다.

　대표이사는 평소에도 고객이 서비스에 만족하지 못했다면 호텔이 책임을 져야 한다는 확고한 신념을 보였다. 결국 최종적으로 고객이 요구한 수준으로 보상하며 어렵게 마무리할 수 있었다. 그동안 경험한 사건과 사고와 비교했을 때 초기 대응에 실패했던 것을 감안하더라도 큰 규모의 보상 사례였고 고객 사고 처리의 실패 사례로 남게 되었다.

고객이 진정 원하는 것은 무엇인가

호텔은 언제나 사건이나 사고가 많이 발생하지만 그 당시에는 유난히 여러 일들이 동시다발적으로 발생해 힘든 시기였다. 그날도 무언가 알 수 없는 불안과 함께 회사로 출근했다. 마음 한

○

사고는 언제 어디서나 발생할 수 있다.
중요한 것은 어떠한 태도로 접근하는지,
고객을 어떻게 대하는지에 따라
결과는 완전히 달라질 수 있다.

고객은 사고 처리 과정에서
호텔의 진정성을 경험하게 된다.
위기 상황에서 체험한 호텔 대응은
고객에게 강렬한 기억을 남긴다.
사고 대응이 고객과의 관계를 강화하거나
또는 가로막고 멀어지게 하는
분수령이 되는 이유다.

구석에 스며드는 불안을 억누르고 고객에게 밝은 얼굴을 보여 주어야 한다는 사명감을 되새겼다. 그렇지만 불길한 생각은 항상 들어맞는 법. 책상에 앉자마자 피트니스 클럽 담당 매니저로부터 전화가 걸려왔다.

피트니스 클럽 담당 매니저는 호텔 피트니스에서만 20년 이상 근무한 베테랑이어서 그만큼 클럽 회원들을 잘 알고 있었고 웬만한 일은 능숙하게 처리할 수 있는 직원이었다. 그런 그가 흥분한 목소리로 보고를 했다.

"사고가 있었습니다. 회원 중 보행이 조금 불편하신 분이 계셨는데 호텔 사우나에서 넘어지시면서 뜨거운 물에 화상을 입으셨습니다. 현재는 119를 통해 병원으로 이송되셨습니다."

고객의 부상 정도가 심각하지 않기만을 바라며 고객의 상태부터 물었다. 매니저는 자신이 잘 아는 회원이라 크게 걱정하지 않아도 된다며 나를 안심시켰다.

사고는 습식 사우나의 배관 파열이 원인이었다. 망가진 배관에서 뜨거운 물이 출입문 방향으로 나오고 있는 것을 직원이 먼저 발견했다. 여기에서 마무리되었다면 다행이지만 출입 금지 표지판을 설치하려 직원이 자리를 비운 사이 보행에 어려움이 있던 고객이 사우나에 들어가는 순간 뜨거운 물을 피하다 넘어지면서 양쪽 발등에 화상을 입고 말았다.

사고 수습과 보상을 논의하는 대책 회의가 소집되자 일단 고객의 건강 상태부터 점검했다. 고객은 화상 치료를 위해 당분간 입원이 필요한 상황이었다. 피트니스 담당 매니저가 문병을 갔을 때 치료 잘 받겠다는 것 외에는 고객으로부터 특별한 이야기를 듣지 못했다고 보고를 받았다. 다행이었다. 치료비는 전부 호텔에서 보험으로 처리하면 되겠지만, 호텔 과실로 인해 발생한 사고인 만큼 치료비 외 추가 보상이 필요하다는 생각이 들었다. 고객이 치료를 받는 동안 피트니스 클럽을 이용하지 못한 것과 정신적인 피해도 감안하는 것이 옳다는 판단에서였다.

피트니스 클럽 담당 매니저는 얼마 전 비슷한 사고가 있었던 인근 호텔의 대응 사례를 언급하며 보상과 관련해 자신의 의견을 말했다.

"이 고객은 오랜 시간 우리 클럽을 이용하신 분입니다. 경제적으로 여유가 있는 분이시니 금전적 보상보다는 호텔에서 충분히 책임지는 모습을 보여드리고 예우를 해드리는 방향으로 보상을 계획하는 것이 좋겠습니다. 예를 들면 몇 년 동안 피트니스 클럽을 무료로 이용할 수 있도록 하는 것이라든지 호텔 이용 시 최고의 대우를 제공하는 것 등을 제안할 수 있겠습니다."

하지만 호텔의 여러 임원 및 간부들이 모인 사고 대책 회의의 결론은 치료비 등을 금전적으로 보상하는 쪽으로 모였다. 사과와 보상안에 대해서는 피트니스 클럽 매니저와 총지배인인 내가 고객을 찾아뵙고 설명하기로 했다.

불만 고객에서 충성 고객으로

사고로부터 몇 주의 시간이 흐른 뒤 고객이 퇴원해 집에서 건강을 회복하고 있다는 소식을 접하자마자 고객을 찾아뵙기로 했다. 고객과의 만남 당일, 피트니스 클럽 매니저는 고객의 집으로 향하는 엘리베이터 안에서 이렇게 제안했다.

"그동안 지켜보았던 이 고객님의 성향과 배경을 생각하면 아무래도 금전적인 보상보다 명예로운 보상을 제시하는 것이 더 나을 것 같습니다."

그는 대책 회의에서와 같은 의견을 다시 밝혔다. 나도 그의 말에 내심 동의했지만 이미 회사의 방침이 정해진 만큼 일단 그대로 실행하기로 했다. 하지만 매니저의 우려가 옳았다는 것을 확인하기까지는 그리 오래 걸리지 않았다. 고객은 호텔이 준비한 금전적 보상안을 받아들이지 않았고 사고 해결은 더욱 어렵게 되고 말았다. 고객 입장을 전혀 고려하지 않은 채 호텔 입장에서만 해결책을 제시했기 때문이다.

결국 나보다 상위 직급의 임원이 고객을 다시 찾아가 진심 어린 사과를 전했다. 이와 함께 피트니스 클럽 매니저가 대책 회의에서 제안했던 것처럼 오랜 고객임을 감안해 이후로는 특별히 예우할 것을 약속했다. 고객이 이 대응에 만족하고 수용하면서 비로소 사고 수습은 마무리될 수 있었다.

호텔 과실로 사고가 발생한 데다 수습 과정에서 고객을 고려하지 않은 대응으로 갈등도 빚었지만 결국 원만한 합의로 끝난 좋은 사례가 되었다. 이 고객은 사고 이후에도 호텔을 계속 찾아주면서 아낌없는 지지를 보내주는 감사한 고객이 되었다.

사고 처리와 관련한 타 호텔의 사례도 있다. 그 호텔의 레스토랑에서 한 아이가 사용하던 유리잔 입구가 조금 깨지는 사고가 발생했다. 부모는 아이가 혹시 깨진 조각을 삼켰을까 걱정했고 호텔에서는 병원 진료 등 필요한 조치를 제공했다. 진료 결과 다행히 이상 소견은 없었지만, 부모는 향후 아이의 건강에 문제가 생길 경우 호텔이 책임을 지겠다는 각서를 요구했다. 하지만 호텔은 이 요구에 응하지 않았고 사태는 더 크게 확대되고 말았다. 결국 호텔이 고객에게 적절한 보상을 제공하고서야 마무리될 수 있었다고 한다.

고객 입장에서는 호텔이 자신의 요구를 수용하면 충분히 책임 지는 모습을 보였다고 인정했을 것이다. 각서를 거부하니 호텔이 책임을 지지 않으려 한다고 느꼈을 것이고 사고 해결은 더 어려워지고 말았다. 애초에 호텔이 각서를 써주었더라면 일이 이렇게까지 확대되지 않았을 것이라는 아쉬움이 남는 사례다.

호텔에서는 이와 비슷한 사례를 많이 볼 수 있다. 식사를 하다 보면 음식에서 이물질, 특히 머리카락이 간혹 발견된다. 조리하는 과정에서 유입되기도 하지만 식사하는 고객의 머리카락이 들어가기도 하고 옆을 지나던 다른 고객의 옷에서 이물질이 떨어지는 경우도 많다. 일단 불만이 접수되면 사과와 함께 음식을 새로 내거나 비용을 받지 않으면 될 일인데도 "그럴 리가 없습니다." 같은 말로 응대하는 경우가 종종 발생한다. 이러한 태도는 고객이 고의로 머리카락을 넣었다는 얘기밖에 되지 않는다. 그러면 고객의 다음 반응은 자신을 무시한 직원 태도에 불만을 제기하는 것뿐이다.

고객이 불만을 제기하면 사과부터 하는 것은 기본 중의 기본이다. 무엇이 잘못되었는지 정확히 파악해 재발 방지를 약속하고 적절한 보상을 제시하는 것. 서비스와 관련한 모든 책에 나와 있지 않은가.

무조건 고객의 입장에서 생각하라

사고는 언제 어디서나 발생할 수 있다. 중요한 것은 어떠한 태도로 접근하는지, 고객을 어떻게 대하는지에 따라 결과는 완전히 달라질 수 있다는 점이다. 앞에서 소개한 두 건의 사고는 호텔의 대응에 따라 고객이 더욱 강력한 지지자가 될지, 아니면 호텔에서 완전히 등을 돌리게 될지 결정된다는 것을 잘 보여주는 사례다. 이를 통해 우리가 고객을 어떻게 대응하느냐가 사고 해결의 결과가 달라진다는 교훈을 얻을 수 있다.

웨딩 사고는 고객이 어떤 경험을 했는지 고려하지 않고 그동안 관행적으로 해왔던 판단에 의존하다 문제를 키운 사례다. 평생 한 번뿐인 결혼식의 주인공이었던 고객 입장을 충분히 헤아렸더라면 과하게 보이는 대응도 필요했을 것이다. 고객과의 갈등 상황을 수없이 겪으면서 느낀 것은 초기에 과하다 싶을 정도로 사과하고 보상하는 것이 항상 일이 커지지 않게 막았다는 점이다. 그럼에도 사과에 인색하고 변명부터 하다 보니 호미로 막을 일을 가래로도 막지 못하는 상황을 비일비재하게 마주하고 만다.

또한 사고 발생 초기에 팩트 체크만 철저하게 했더라면 이렇게까지 사고 수습이 힘들어질 사안은 아니었다. 호텔에서의 팩트 체크는 많은 경우 담당자 등 어느 한 사람의 경험과 의견을 중심으로 정리하는 경우가 많다. 돌아보면 사고의 다른 면을 고려해 경우의 수를 가능한 많이 확인해 판단했더라면 좀 더 빨리, 그리고 합리적으로 해결하는 데 도움이 되었을 것이라는 아쉬움이 남는다.

피트니스 클럽 사고 협의 과정에서 고객이 다소 격한 반응을 보였을 때는 호텔업에 대한 회의와 이 직업을 선택한 것에 대한 후회의 감정이 들기도 했다. 그렇지만 이럴 때일수록 한 발 뒤로 물러나 상황을 되짚고 고객 입장이 되어 해결책을 고민하자 실마리를 찾을 수 있었다.

여러 사고를 수습하면서 느낀 것이 있다면 우리나라 사람은 다른 나라 사람과 비교했을 때 문제 해결의 순서를 중요하게 여기는 것 같다. 피해자 입장에서 공감하는 것이 가장 먼저 이루어져야 하고 그다음에 체면을 지켜주는 태도를 보여야 한다는 것이다. 금전적 또는 다른 형태의 보상은 앞의 과정 이후에 뒤따라야 절차적 정당성을 얻을 수 있고 고객의 마음을 열 수 있다.

흔히 말하기를 사람은 위기 때 사람의 인격과 진정성이 드러난다고 한다. 고객은 사고 처리 과정에서 호텔의 진정성을 경험하게 된다. 위기 상황에서 체험한 호텔 대응은 고객에게 강렬한 기억을 남긴다. 사고 대응이 고객과의 관계를 강화하거나 또는 가로막고 멀어지게 하는 분수령이 되는 이유다. 위기 상황을 오히려 기회로 바꾸는 지혜로운 대응이야말로 진정한 고객 불만 해결의 연금술이고 호스피탈리티의 완성이다.

호텔에는
단차를 두지 마라

근본 원인을 찾아 해결하는 것이 진정한 대응이다

주말 웨딩 주차난　　　　　　　　　　디테일의 디테일

- 시기: 2016년

- 당시 직책: 서울신라호텔 총지배인

호텔 사업 자문

- 시기: 2021년

- 당시 직책: 신라호텔 호텔&레저부문 부문장

모처럼의 휴가를 멈추게 한 전화 한 통

모처럼 일본으로 떠난 가족여행 중 휴대전화가 시끄럽게 울렸다. 카톡이나 SNS 메시지로 소통하는 시대인데 휴가 중인 내게 누가 굳이 전화를 했을까 싶어 확인하니 호텔로부터 걸려온 전화였다. 순간적으로 호텔에 무슨 일이 생겼다는 것을 느꼈다.

"지금 호텔에 난리가 났는데 알려드려야 할 것 같아 전화드렸습니다."

토요일이었던 그날, 낮에 호텔에서 열린 결혼식에 참석하려던 한 VIP 고객이 호텔 입구에서부터 차가 막히는 바람에 로비까지 불과 몇백 미터도 안 되는 거리를 30분이나 걸렸다고 강한 불만을 제기한 것이다. 이것 때문에 호텔의 모든 임원이 급하게 회의에 소집되었고 해결 방안을 만들어야 한다는 것이 통화의 요지였다.

전화를 끊고 나서부터 가족들과 함께 보내려 계획한 모든 일정을 취소할 수밖에 없었다. 그렇게 바다 건너에서 내내 전화를 붙잡고 다른 임원들로부터 상황을 공유받으며 어떻게 해결하면 좋을지 논의했다. 큰맘 먹고 떠나온 휴가지에서까지 업무를 보는 상황이 되면서 일을 할 때보다 오히려 스트레스가 더 쌓이는 형편이었다.

그렇게 토요일에 벌어진 북새통은 호텔의 주차를 담당하는 객실팀을 중심으로 해 어찌저찌 해결한 모양이었다.

휴가에서 돌아와 호텔 관내의 차량 통행과 주차에 어떤 문제가 있는지 근본적인 것부터 짚어보았다. 당시 호텔에는 지하 주차장이 없고 야외 주차장이 마련되어 있었다. 이 주차장이 건물과 조금 떨어진 곳에 위치하다 보니 대부분의 고객은 편의를 위해 주차 대행 서비스를 선호했다. 예전에는 고객이 주차장에 직접 주차한 후 걸어서 호텔까지 이동했지만, 고객 서비스 강화 방침에 따라 제휴 신용카드를 이용하는 고객의 차량에 발레파킹 서비스를 제공한 것이 문제의 가장 큰 원인이었다. 더욱이 제휴 신용카드 고객 중 일정 등급 이상 고객에게는 무료 발레파킹 서비스까지 제공하는 혜택이 추가되면서 발레파킹을 이용하는 차량이 대폭 증가한 상황이었다.

그렇지 않아도 넓지 않은 호텔 현관 앞 공간이 발레파킹 차량으로 극심하게 혼잡해지기 일쑤였다는 것이 큰 문제였다. 사달이 났던 지난번처럼 결혼식이라도 있는 날에는 특정 시간대에 차량이 몰리면서 정체가 발생했고, 그 여파로 호텔 입구까지 내부 도로가 꽉 막히는 상황이 반복되었다.

차량이 몰릴 것으로 예상되는 시간대에는 아르바이트 인력까지 동원해 발레파킹 서비스를 제공했지만, 내부 사정을 알 리 없는 고객들은 오도 가도 못 하게 된 상황이 되자 저마다 불만을 쏟아냈다.

사실 호텔에서는 일찍부터 이 문제를 인지하고 있었다. 그렇지만 문제를 근본적으로 해결하기 위해서는 주차장 위치를 변경하거나 새로 만들어야 해 전면 개보수 규모의 공사를 할 때에나 검토할 수 있는 사안이었다. 발레파킹 서비스 확대 정책을 재검토하는 것도 하나의 방법일 수 있었지만 제공하는 서비스를 줄이는 것이라 결코 쉬운 결정은 아니었다. 이러한 상황이다 보니 주차 문제는 그 누구도 쉽게 건드리지 못하고 있었다.

결국 주차 관리 인력을 늘리는 수밖에 없겠다고 생각했지만, 이마저도 근본적인 해결책은 될 수 없었다. 문제가 반복되고 상황이 심각하기에 수를 내는 것이지만 비용 증가와 직결되는 인력 증원을 무작정 시행할 수는 없었기 때문이다.

"발레파킹 서비스를 제공하지 않으면 해결될 문제이기는 합니다. 다만 고객이 불편을 느껴 시작한 서비스이니 중단할 수도 없습니다. 결국 발레파킹 서비스 인력을 늘려서 차량 흐름을 원활하게 만드는 수밖에 없겠습니다."

객실팀장은 당장 고객이 느끼는 불만이 너무 컸기에 어쩔 수 없다며 인력 확보를 방안으로 제시했다. 결국 차량이 가장 많이 몰리는 토요일 낮과 저녁을 기준으로 차량이 얼마나 집중되는지 살펴본 후 그 결과에 필요 인력과 예상 비용을 산출해 최종 결정하기로 했다.

급하게 방안을 마련하기는 했어도 결코 뒷맛이 개운치 않았다. 이 문제는 결국 완전히 해결하지 못해 여전히 주말 혼잡 시간대에는 호텔 현관 앞은 차량으로 가득했고 고객의 불만도 계속되었다.

호텔은 내가 아니라 고객이 이용할 곳이다

가족과 떠난 여행을 희생하면서까지 애썼어도 주차 문제가 결국 해결되지 않은 채로 남게 된 원인은 근본적인 해결책을 적용하지 못했기 때문이다.

어떤 사고든 분명한 원인이 존재한다. 그리고 정확한 원인을 찾아야 올바른 진단을 할 수 있고, 진단이 바로 되어야 문제를 근본적으로 해결하고 사고가 반복되지 않을 대책이 마련될 수 있다. 하나의 현상에 대해 '왜'라는 질문을 끈질기게 3~4번씩 하다 보면 원인을 찾고 대책도 마련할 수 있다. 그래야만 문제가 해결된다.

실속 없는 일에 힘을 써 결국 별 소득 없이 돈을 낭비한 것을 비하하는 의미로 "떡 사먹었다."라는 표현을 쓰고는 한다. 그렇게 떡 사먹은 사례가 호텔에서도 종종 있었다.

레스토랑의 주방 시설에는 배기가 중요하다. 어느 날, 주방에서 배기가 제대로 되지 않아 고객이 식사하는 홀까지 연기가 들어차는 현상이 발생하고 말았다. 원인을 조사한 실무자는 배기 팬의 모터 용량이 부족했기 때문이라고 결론을 내렸다. 사고가 반복되지 않으려면 배기 팬의 모터를 좀 더 용량이 큰 것으로 교체하면 된다고 생각해 공사를 진행했지만, 그럼에도 문제를 해결하지 못했다.

나중에 알게 된 진짜 원인은 배기 팬 모터가 아니었다. 내부 공기를 의도한 방향으로 유도하는 댐퍼가 조절 기능의 고장으로 제 기능을 하지 못하고 있었던 것이다. 다행히 배기 팬 모터의 교체에 큰돈이 쓰인 것은 아니었지만 엉뚱한 진단 때문에 잘못된 처방을 하면서 시간과 돈을 낭비한 사례로 남게 되었다.

시간이 좀 더 걸리더라도 무엇이 잘못되었는지, 왜 문제가 발생했는지를 최대한 깊이 고민해 대책을 만들어야 한다. 다만 고민은 많이, 신중하게 하되 일단 대책이 정해지면 실행은 최대한 빨리 하는 것도 중요하다.

호텔 건설을 계획하던 사업가가 조언을 구해와 만났던 자리

○

어떤 사고든 분명한 원인이 존재한다.
그리고 정확한 원인을 찾아야
올바른 진단을 할 수 있고,
진단이 바로 되어야 사고가 반복되지 않을
대책이 마련될 수 있다.
사실 대부분의 문제는
기획 및 설계 단계에서 철저하게 예측하고
반영하지 못해 발생하는 결함이다.

호텔은 장치산업이라는 것을 잊으면 안 된다.
호텔의 규모가 어떠하든
처음에 잘 만드는 것이
돈을 잘 버는 지름길이다.

에서 이 주차 문제 사례를 되새기게 되었다. 좋은 위치에 호텔을 건축하려고 계획하던 그 사업가는 다년간의 해외 출장에서 얻은 자신만의 견해와 '호텔은 이러해야 한다'라는 나름의 아이디어가 분명했다. 그는 호텔 건설이야말로 이러한 구상을 실현하기에 더없이 좋은 기회라고 생각하고 있었다. 그동안 구상했던 생각을 진지하게 풀어내던 그에게 이렇게 권했다.

"호텔 경영을 해본 사람으로서 훌륭한 의견을 가지고 계시다고 생각합니다만, 건축과 관련해서는 반드시 전문가에게 자문을 구해보시는 것이 어떨까 합니다."

호텔은 짓고 나면 하자가 많이 발생한다. 설계에 충실하게 짓고 감리를 철저히 한다고 해도 건물이라는 것은 완공되기도 전부터 그리고 완공 후에도 한참 동안 각종 하자에 시달려야 한다는 점을 각오해야 한다. 누수는 어느 건물이든 기본으로 발생하는 문제이고 수압과 급배기는 늘 말썽이었다.

"그리고 웬만하면 건물 내 어디에든 단차는 절대 두지 않는 것이 좋습니다."

미팅 자리에 동석했던 설계 담당 간부에게는 당부하듯 이렇게 이야기했다.

"왜 그렇게 생각하십니까? 계단이나 단차를 잘 활용하면 건물의 우아함이나 고급스러움을 돋보이게 할 수 있을 텐데요."

의아하다는 듯 묻는 그 간부에게 덧붙여 설명했다.

"물론 그럴 수 있습니다만 제가 '웬만하면'이라는 단서를 단 것은 이유가 있습니다. 단차를 만들면 고객이 지나다니다 넘어지는 사고가 많이 발생할 수밖에 없습니다. 결국 그런 사고의 처리는 모두 직원의 몫이 됩니다."

이상하리만치 건축 설계하는 사람이나 인테리어 설계하는 사람은 하나같이 건물 내부에 단차를 두는 것을 좋아했다. 미학적으로는 충분히 이해된다. 하지만 현실적으로 생각해 호텔을 운영해야 하는 입장에서는 정말 고역이었다.

한 시내 호텔은 고급스러운 인테리어를 위해 객실 내에 단차를 만들어 침대를 그 위에 배치했다. 그 결과 어떤 일이 벌어졌을까. 의도와 달리 한밤중에 화장실 가던 고객들이 많이 넘어져 다치는 바람에 불만을 제기하는 고객들을 상대해야 했던 직원들의 원성이 대단했다고 한다. 어느 호텔에서든 단차가 존재하는 곳에서는 직원이 고객을 향해 '바닥을 잘 살펴야 한다.', '계단을 이용할 때 조심해달라.' 같은 안내를 끊임없이 하며 일하고는 했다.

사고나 사건을 해결할 때는 무엇 때문에 이런 일이 일어났는지 그 이유를 끝없이 파고드는 것이 무엇보다 중요하다. 나는 이것을 '원류 관리'라고 부른다. 문제의 근본적인 이유, 원인을 명확하게 파악해야 재발하지 않도록 근원적으로 문제를 해결할 수 있기 때문이다.

호텔을 건축할 때 기억할 디테일

미처 생각하지 못했던 부분이었는지 그들은 호텔 건축을 할 때 도움이 될 만한 다른 조언이 더 있을지 궁금해했다. 나는 훗날 운영 측면에서 발생한 애로사항 중심으로 그동안 경험했던 사례들을 떠오르는 대로 들려주었다.

일단 호텔의 냉난방은 무척 중요한 항목이다. 요즘은 대부분 자동 제어 방식을 사용하니 이전에 비해 큰 문제는 없다. 흔히 냉난방기라고 하는 FCU 덕트 주변을 살펴서 필터가 제대로 되어 있는지 체크하는 것도 꼭 챙겨야 할 사항이다. 인테리어 공사를 날림으로 하게 되면 아무리 중앙 공조실에서 냉난방을 제대로 보내도 막상 객실의 FCU가 제대로 작동되지 못한다면 돈만 낭비하는 꼴이 되기 때문이다.

또 하나, 많은 고객이 이용하는 레스토랑은 주방의 배기가 늘 문제였다. 어느 종류의 식당 주방이든 음식을 조리할 때 당연히 냄새가 발생하기에 이것이 잘 배출되도록 설계해야 홀이나 다른 공간으로 유출되지 않기 때문이다. 대부분은 음압 양압 등을 적절히 적용해 공사하지만, 간혹 배기 용량 계산의 오류로 현장 상황이 제대로 반영되지 못하거나 배기구를 높은 곳에 하지 않고 건물 근처 낮은 곳에 하게 되면 기압의 영향을 받아 냄새가 역류해 문제가 발생하는 경우도 많다.

그 외에 객실의 수압과 관련해 접수되는 불만은 늘 약해서 문제이니 적정 수압을 낼 수 있도록 공사해야 한다. 객실의 욕실 배수구에서 발생하는 냄새도 항상 문제가 되니 배수구 트랩이나 봉수 등은 꼭 신경을 써서 설계할 필요가 있다. 설계를 잘했어도 그대로 공사를 하는지 꼼꼼한 체크도 필요하다. 이처럼 하나씩 짚어 설명하자면 며칠이 걸릴 만큼 챙겨야 할 것이 많은 곳이 호텔이다.

호텔에는 고객만큼 직원도 많이 있다

고객의 불편을 줄이기 위한 것만큼 운영과 서비스에 사람이 손길이 많이 필요한 호텔이기에 직원 입장에서 고려할 것도 많다. 건물을 멋지게 짓거나 인테리어를 화려하게 하는 것은 대부분

건축주의 취향이나 의도를 반영하여 잘 구현된다. 반면 현장에서 일하는 직원을 고려한 배치나 배려 그리고 고객에게 최선일 동선을 신경 써 기획하지 않는 것이 늘 아쉬웠다.

너무 많은 시설이나 가구들을 한정된 공간에 넣고자 하면 반드시 어디선가 사달이 나기 마련이다. 호텔의 BOH(back of the house, 직원 공간)와 FOH(front of the house, 고객 공간)의 비중은 브랜드에 따라 그리고 운영 시설을 얼마나 넣느냐에 따라 비율이 달라진다. 하지만 가능하면 직원 공간은 충분히 할애하는 것이 좋다.

예를 들면 레스토랑 공간 구획에서 창고는 반드시 필요한 요소이다. 많은 경우 창고로 사용할 공간을 반영하지 않아 영업 개시 후에 룸 하나 정도를 직원들이 창고로 만들어 사용하는 경우를 많이 볼 수 있다. 산을 보면 큰길이 있음에도 오솔길이 생기는 것과 같은 모양새다.

직원과 고객의 동선을 고려하는 것도 중요하다. 시내 한 호텔에서는 직원의 이동 동선을 고려하지 않은 채 연회장을 조성해 주방을 두 곳으로 나눌 수밖에 없었던 사례도 있었다. 그 결과 주방 카트를 다루는 직원의 동선이 고객의 동선과 겹치면서 고객은 고객대로 불편하고, 직원은 고객을 피해 이동해야 하는 비효율이 만들어지기도 했다. 또 다른 호텔에서는 직원 공간에 화장실 설치를 고려하지 않은 채 배치하는 바람에 나중에야 문제가 되기도 했다.

그 외에도 지방에 있는 리조트임에도 불구하고 직원 기숙사를 고려하지 않아 나중에 인근 빌라나 아파트를 전세로 얻는 등 설계 단계부터 운영 전문가의 의견을 참고하지 않고 건축부터 했다가 낭패를 본 사례는 무수히 많다.

이후로도 사업가와의 미팅은 꽤 오래 이어졌다. 미팅의 결론은 결국 호텔 건축과 인테리어 설계부터 전문가를 활용하라는 것 그리고 공사에서는 감리가 무엇보다 중요하다는 것이었다.

잊지 말라, 호텔은 장치산업이다

호텔 건물에는 수많은 기능이 집약된다. 잠을 자는 공간부터 식사하는 곳 그리고 의무실에 이르기까지 세상에 존재하는 거의 모든 기능이 한자리에 모인 사회의 축소판이라고 해도 과언이 아니다. 그만큼 다양한 기능이 유기적으로 연결될 때 시너지가 나타나고 생산성이 올라가 직원이 일하기 수월한 환경이 되어 비로소 고객은 만족을 느끼게 된다.

하지만 안타깝게도 어딜 가나 대부분의 호텔에서는 결함이 발견된다. 이것은 시공 오류 또는 운영의 잘못으로 인한 것일 수도 있겠지만, 대부분 기획 및 설계 단계에서 철저하게 예측하고 반영하지 못해 발생하는 결함이다. 호텔을 짓겠다는 건축주의 니즈와 요구 사항 위주로 건물을 설계하다 보니 정작 중요한 다른 부분이 반영되지 않거나 상대적으로 힘이 실리지 않기 때문이다.

호텔은 설립 목적에 따라 어떻게 짓는 것이 이상적인지 분명한 기준이 있다. 그 목적에 맞게 기획 단계부터 운영 전문가와 함께 건물을 지어야 한다. 운영 전문가는 많은 기간 동안 고객을 상대로 실제 호텔 운영을 해본 사람이기 때문에 공간 구성이 어떻고 동선을 어떻게 구성해야 더 효율적으로 일하면서 매출도 늘릴 수 있는지 누구보다 잘 알기 때문이다.

호텔은 장치산업이라는 것을 잊으면 안 된다. 큰 호텔이든 작은 호텔이든 처음에 잘 만들어놓는 것이 돈을 잘 버는 지름길이다. 시작부터 제대로 하는 것이 좋고 필요하다면 전문가를 적극적으로 활용해야 한다. 충분함을 넘어 완벽으로 가는 방법이 바로 외부 전문가를 활용하는 것이다.

셧다운,
그 후

필사즉생 필생즉사, 메르스 팬데믹의 교훈

디테일의 디테일

메르스 팬데믹

- 시기: 2015년 여름

- 당시 직책: 제주신라호텔 총지배인

고통과 맞바꾼 깨달음

2015년 5월 첫 환자가 확인되면서 전국을 공포에 몰아넣었던 메르스 팬데믹이 어느 정도 진정되고 나서 한 달 정도 지났을 때, 가까운 지인과 식사 자리를 가졌다. 그는 얼마 전까지 같은 호텔에서 근무하다 다른 호텔로 이직해 총지배인으로 일하고 있었다. 같은 처지에서 같은 비상 상황을 겪으며 비슷한 생각을 했던 터라 메르스 팬데믹이 정리되면서 함께 나눌 이야기가 많았다.

"많이 핼쑥해졌네."

"호텔을 셧다운한 기간 동안 먹은 게 별로 없어서 살도 많이 빠졌지."

당시 나는 불과 몇 주 사이에 체중이 6킬로그램이나 줄었다. 지인의 호텔은 내가 총지배인으로 근무했던 제주의 호텔과 달리 전관 폐쇄 등의 피해는 없었지만, 전국적인 감염병 유행으로 모든 호텔은 영업에 어려움을 겪고 있었다. 어떤 어려움을 겪었을지 누구보다 잘 이해할 그는 우리 모두 어려운 시기를 잘 견뎠다고 말하며 웃어 보였다.

개인적으로는 이번 사태를 지내며 겪은 것들이 앞으로 큰 도움이 될 것이라 생각했다. 명의가 왜 명의인가. 결국 임상 경험이 많고 그 경험을 토대로 올바른 진단을 하고 올바른 처치를 하는 의사가 명의가 아니던가. 같은 논리로 결국 수없이 많은 실패와 성공의 경험을 쌓으면서 현재 상황에 맞는 정확한 진단을 하고 그 상황을 해결할 조치를 적절하게 할 수 있는 역량을 보여주는 경영자가 우수한 경영자가 아닐까 생각한다.

다시는 겪고 싶지 않은 힘든 경험이었지만, 결과적으로 메르스 팬데믹은 어떤 경험을 통해서도 얻지 못한 깨달음을 선물로 주었다.

전례 없는 위기의 시작

"방금 보건소로부터 연락을 받았는데 메르스 확진 환자 한 명이 잠복기 기간 중 우리 호텔에 3박 4일 일정으로 투숙했었다는 역학 조사 결과가 나왔다고 합니다. 우리 호텔에 묵고 나서 감기 증세로 병원 진료를 받았는데 메르스로 확진이 된 겁니다."

늦은 밤, 휴대전화 너머로 들려온 호텔 당직 지배인의 말은 그야말로 청천벽력 같은 소식이었다. 당시는 첫 번째 메르스 확진 후 열흘쯤 지나 결국 사망자까지 발생하면서 온 나라가 비상인 상황이었다. 당시에는 메르스에 걸린 사람이 옆으로 지나가

기만 해도 접촉자로 분류되어 강제 격리를 하던 때였다. 그런데 메르스 환자가 우리 호텔에 투숙했었다니.

'누가, 언제 다녀간 거지? 그때 호텔에 다른 고객은 얼마나 있었을까? 직원들은 괜찮은가? 혹여 누군가 잘못되기라도 하면 어쩌지?'

마치 뒤통수를 망치로 얻어맞은 듯했고 순간적으로 별의별 생각이 떠오르며 마음이 급해졌다. 하지만 가는 날이 장날이라고 그날 나는 업무차 서울에 올라와 있었다. 당장이라도 제주도로 내려가고 싶었지만, 워낙 늦은 시간이라 항공편이 없었다. 다음 날 제주행 첫 비행기를 타고 내려가는 단 한 시간 동안 꺼놓았던 휴대전화에는 그 새벽부터 부재중 전화가 수십 통 와 있었다. 부리나케 공항을 나와 차를 타고 호텔로 이동하는 동안에도 쉴 새 없이 통화를 하며 상황을 파악하느라 정신이 없었다.

무거운 발걸음으로 호텔에 도착해보니 모두 불안에 떨면서도 바쁘게 움직이며 대응하고 있었다. 서울에서 내려온 호텔 임원들이 전부 회의실에 모여 상황을 파악하고 수립한 대책을 실행하느라 무척 어수선했다. 어느새 내려온 대표이사도 회의실에 자리했다.

"보건소 요청으로 확진 고객이 투숙한 4일 동안 해당 고객의 동선, 접촉한 직원이 누구인지, 그 고객과 접촉한 다른 고객은 없었는지 등을 파악하기 위해 호텔 CCTV를 확인했습니다. 그렇게 밀접 접촉자를 전부 확인해 분류해놓은 상황입니다."

우선 직원들부터 보호해야 했다. 밀접 접촉자로 분류된 직원 중 미혼자는 기숙사에, 기혼자는 집에 머물도록 하고 격리에 필요한 지원을 하기로 결정했다. 과거에도 사스나 신종플루 같은 전염병 사태를 겪어보았다. 하지만 이번 메르스 사태의 경우에는 호텔이 직접 당사자가 된 경우이다 보니 모든 상황은 처음 경험하는 것뿐이었고 해야 할 모든 일들 또한 처음 해보는 일들이었다.

"확진된 고객이 체크인했을 때, 체크아웃했을 때 응대한 직원이 누구인지 파악되었나요?"

"객실팀 두 명 그리고 당시 당직 지배인이 가장 밀접하게, 해당 고객과 1미터 이내에서 다들 수십 초씩 대화한 것으로 파악되었습니다."

"지금 바로 해당 직원에게 알려서 기숙사에 있다면 방에서 나오지 말고 머물라고 해주세요. 그리고 집에 있는 직원도 방에 머물면서 다른 사람과 접촉하지 않도록 안내하세요. 그러면 확진 고객과 밀접 접촉한 직원 중 근무하고 있는 직원은 없지요?"

"근무 중인 직원은 없습니다. 말씀하신 직원에게는 모두 통보했고 각자 기숙사와 집에서 격리 중입니다."

다급한 목소리로 상황실 직원과 현재 상황을 파악하면서 이 위기가 얼마나 길어질지, 어떻게 전개될지 두려웠다.

메르스 같은 대규모 감염병에 대응하는 방역에는 두 가지 방법이 있다. 하나는 isolation으로 우리말로는 '격리'라고 표현하는데, 오염된 사람이나 지역, 장소를 외부와 차단해 감염병의 전파를 막는 방법이다. 다른 하나는 evacuation으로 우리말로는 '대피'라고 표현하는데, 오염된 지역이나 장소에서 신속하게 사람들을 안전한 곳으로 이동시키는 것이다. 간부회의에서는 이 두 가지 방법을 모두 사용하는 것으로 결정했다.

논의 초기에는 영업을 계속하되 환자가 다녀간 층만 폐쇄하는 방법도 검토했지만, 당시 분위기를 감안할 때 이 방안은 실행하지 못할 것이라고 판단했다. 논의 끝에 결국 모든 직원을 안전한 곳에 대피시키기로 했다. 또한 호텔은 제주도 메르스 관리대책본부가 요청한 영업 자제보다 더 강한 조치인 무기한 셧다운, 즉 폐쇄하는 것으로 결정되었다. 워낙 사안이 중대하기도 했고 확진자가 머물렀던 호텔이 영업을 지속한다는 것을 수용하기 어려웠던 당시 사회 분위기도 이러한 결정을 내리는 데 큰 영향을 주었다.

호텔을 폐쇄한다는 것이 보통 일인가. 기존 투숙객에게는 전

액 환불 후 호텔 퇴실을 요청해야만 한다. 만일 투숙 기간이 남아 사용을 원하는 고객에게는 나중에 사용할 수 있는 숙박권까지도 제공해야 한다. 예약 고객에게도 위약금 없이 취소해야 하며 만일 대체 숙소로 옮길 것을 희망한다면 우리 호텔과 품질이 비슷한 숙소의 예약까지도 책임져야 한다. 게다가 항공 예약도 마찬가지여서 예약 변경을 원하는 고객을 대상으로 일일이 변경하는 것도 호텔의 일이었다. 이런 조치들이 전부 완료되기까지는 이틀이나 소요되었다.

호텔을 통째로 격리한다는 원칙 아래 고객을 대상으로 한 조치 외에도 직원을 대상으로 한 구체적 조치도 바로 시행했다. 기숙사를 구분해 최고층에는 밀접 접촉으로 구분된 직원이 각자 독방에서 생활하도록 했고 음식은 방 앞으로 전달했다. 나머지 직원은 기숙사에서만 지내는 것을 원칙으로 하면서 병원 진료 외 외출은 모두 금지했다.

치열했던 14일간의 격리

호텔을 폐쇄한 후에도 임원들은 매일 회의실에 모여 상황을 파악하고 대책을 논의했다. 하루는 폐쇄된 호텔에서 방역을 위해 함께 고생하던 외부 인력과 식사를 하러 갔던 직원이 소식을 전했다.

"호텔 근처 식당에 식사하러 갔는데 호텔 직원인 것을 알고는 식당에서 나가줄 것을 요청했다고 합니다."

사연은 이랬다. 호텔이 폐쇄되면서 내부에서는 식사를 할 수 없게 되어 평소 자주 가던 호텔 근처 식당에 갔다고 한다. 식당 주인과 서로 안면이 있다 보니 호텔 직원인 것을 알아보고는 감염 우려 때문에 식당을 이용하지 못하게 했다는 것이다. 식당 입장에서는 호텔에서 온 사람이니 혹시라도 감염자는 아닐까 하고 걱정할 수 있겠다고 생각하면서도 한편으로는 너무 매정한 것 같아 속상했다.

며칠 후에는 호텔 직원의 자녀들을 학교에 등교시키지 말라는 일부 학부모의 항의가 교육 당국에 접수되었다는 소식도 들어왔다. 우리 직원에 대한 것이야 그럴 수 있다고 하지만, 자녀들에 대한 문제는 다른 이슈다. 직원 중 밀접 접촉자는 지자체와 함께 면밀하게 관찰하며 잘 대응하고 있었고 접촉하지 않은 직원과 그 가족들은 정상적인 생활을 할 수 있어야 했다. 예상하지 못한 이 소식은 어쩌면 반향을 일으킬 수도 있는 문제였다.

"이 문제는 어떻게 풀면 좋을까요?"

대표이사는 이 상황을 어떻게 풀면 좋을지 내게 물었다. 그는 늘 직접적으로 지시하는 법이 없었다. 그의 모습을 보며 예전에 보았던 〈사도〉라는 영화의 한 장면이 떠올랐다. 이 영화에서 영조는 자신을 대신해 대리청정을 하던 사도세자가 신하에게 이것저것 직접 지시하는 것을 보고는 이렇게 말했다. "야 이놈아, 임금은 결정하는 자리가 아니고 신하들의 결정을 윤허하고 그 책임을 묻는 자리니라."

"어떻게 생각하세요?"라든가 "어떤 의견을 가지고 계세요?"라고 물으며 한번 시도해보도록 기회를 주는 것이 가장 이상적인 조직 분위기가 아닐까 생각한다. 물론 이런 관계가 성립하기 위해서 실무자는 항상 담당한 업무에 대해 다각도로 파악하고 있어야 하는 것은 물론이고 언제 의견을 물어도 답할 수 있도록 늘 준비해야 한다. 또한 의견을 제시할 때는 구체적으로 어떻게 실행할 것인지 효과적으로 전달하는 것도 중요하다.

직원 자녀들을 놓고 벌어진 갈등은 대표이사가 도청과 교육청을 방문해 직접 논의한 후 잘 해결되어 아이들은 다시 학교에 등교할 수 있었다.

남아 있는 직원의 감염 방지를 위해 충분한 살균력을 가진 손 소독제를 선정하는 일부터 고객 안내문 작성과 대관 대응까지, 매일 아침 진행한 임원 회의에서 논의하며 결정했다. 이 외에도 해결해야 할 과제가 끊이지 않고 계속되었다.

　호텔 폐쇄 이후 내부에서 운영하던 식당은 직원 식당을 포함해 모두 철수한 상태여서 호텔 내에서는 식사를 해결할 수 있는 장소가 없었다. 이런 상황이라 호텔 외부에서 조달한 도시락으로 끼니를 때울 수밖에 없었다. 그렇지만 이마저도 상황이 워낙 긴박하게 돌아가다 보니 제대로 식사를 할 수 있는 날은 그리 많지 않았다.

　하루는 호텔에서 조금 떨어진 기숙사에 머무는 직원들의 격리 상황을 확인하고 불편함은 없는지 확인하고자 호텔을 나섰다. 아침부터 아무것도 먹지 못한 채 이동하던 중 우연히 본 중국집을 그냥 지나칠 수 없었다. 점심 식사 시간이 훨씬 지난 오후 3시, 결국 중국집에 들어가 짜장면 한 그릇을 먹으며 감염병과의 사투를 이겨낸 것만 같은 기쁨을 누렸다. 세상으로부터 고립된 생활을 하다 비로소 다시 세상으로 나온 기분이었다.

　호텔을 폐쇄한 지 1주일 정도 지났을까. 호텔 로비 한구석 벽 틈 사이에서 풀이 자라고 있었다. 그 모습을 보면서 사람이 다니지 않다 보면, 사람의 손길이 미치지 않다 보면 금방 다른 생명이 자리를 잡고 인간이 살기 어려운 곳으로 바뀔 수 있겠다는 생각을 해보았다. 어쩌면 조그마한 풀 한 포기는 사람의 발길 때문에 그동안 싹을 틔우지 못한 것은 아닐까 싶기도 했다. 호텔이 운영되었을 때는 화려한 로비였지만 고객이 사라지면 금방 낡고 황폐해질 수 있다는 것을, 잘 관리하지 못하면 아무리 좋은 시설이라도 금방 망가질 수 있다는 사실을 새삼 깨달았다.

그렇게 14일이라는 호텔 폐쇄 기간의 경험은 세상을 다시 살게 된 듯, 보이는 모든 것을 다시 생각하게 했다.

메르스의 선물, 체계적 위기 대응 시스템

큰 위기 상황을 극복하면서 대응 방법에 대한 고민을 깊이 할 수 있었다. 호텔뿐 아니라 기업에서 이번 메르스 사태나 화재처럼 외부 요인으로 비상 상황이 발생했을 때 기억하고 실행해야 할 것들을 '위기 대응 7계명'으로 정리해보았다.

무엇보다 우선해야 할 것은 컨트롤 타워 구성이다. 비상 상황을 통제할 누군가를 지정하는 것인데, 반드시 비상 상황이 발생한 부서나 회사의 상위 부서 또는 상위 회사의 최고 책임자가 이 자리를 맡아야 한다. 비상 상황에서는 주변 여러 부서 또는 회사로부터 지원이나 협조를 받아야 한다. 신속하고 정확하

○

메르스라는 전례 없는 위기 속에서
호텔 임직원 모두는 계획한 대로
차분하게 대응했다.
눈앞에 놓인 이익이나 손실보다
더 멀리 보고 전략적으로 판단해
결국 시장에서 승리할 수 있었다.

다시는 겪고 싶지 않은 경험이었지만,
결과적으로 메르스 팬데믹은
어떤 경험을 통해서도 얻지 못한
깨달음을 선물로 주었다.

게 지원이나 협조를 끌어내기 위해서는 가능한 최상위 직책자가 움직여야 하기 때문이다.

두 번째로는 빠르게 상황실을 설치해야 한다. 비상 상황에서는 사고 현황이나 피해 내역을 취합하는 것이 시급하다. 해당 업무를 담당하는 부서장뿐 아니라 대관 또는 대언론 업무 등을 수행할 수 있도록 가능한 모든 부서의 장이 참여하는 조직을 구성한다. 또한 물리적으로 모일 수 있는 상황실을 설치해야 콘트롤 타워가 제대로 기능한다. 호텔의 경우 관내 전체를 동시에 살필 수 있는 방제실이나 객실팀의 회의실을 사용하는 것이 좋다. 그렇게 들어오고 나가는 모든 정보를 한 곳에서 통제하는 데 집중해야 한다.

세 번째로는 숫자로 표기한 현황판을 만드는 것이다. 어떤 위기 상황이든 정확한 숫자가 항상 신뢰를 주고 혼란을 막을 수 있다. 개인적으로는 이것이 무척 중요하다고 생각한다. 지난 2014년 세월호 사고 때도 전원 구조 같은 오보가 나가게 된 이유가 이 때문이었다. 그 당시 누군가가 책임을 지고 상황을 통제할 콘트롤 타워를 운영해야 했지만 그러지 못해 초기 대응이 엉망이었고, 그 대가로 피해를 더 키워 지금까지도 우리나라 많은 국민의 기억 속에 깊은 트라우마를 남기고 말았다.

네 번째로는 외부 전문가의 도움을 활용해야 한다. 당시 메

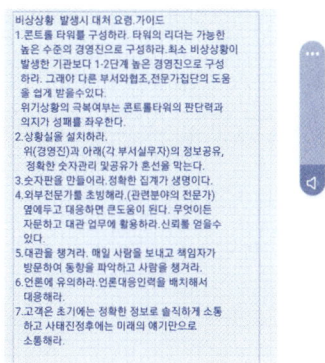

메르스 경험을 계기로 작성했던 위기 대응 7계명.

르스 사태 때도 서울 한 병원의 감염 전문의를 초빙했다. 그에게서 자문받은 내용을 토대로 대관과 대언론 대응 시 활용함으로써 고객으로부터의 신뢰 자산을 쌓는 데 많은 도움이 되었다. 또한 직원들을 안심시키고 방역 활동을 진행하는 것에도 큰 힘이 되었다.

다섯 번째는 대관 대응 관리이다. 비상 사태가 발생하면 경찰서, 소방서, 보건소 등의 공공 서비스 기관과 자치단체에서 개입하게 된다. 그러면서 사고 정리를 주도하거나 해결 방법을 도출하는 과정 등을 공공에서 담당하는 경우가 많다. 관에서 하는 일이라고 그냥 맡기고 두었다가는 자칫 엉뚱한 오해를 낳거나 피해가 발생할 수 있으므로 반드시 위의 주요 기관과의 협업 상황을 체크하고 매일 담당자를 보내 상황을 공유해 우군이 되도록 해야 한다.

여섯 번째는 언론 대응을 각별히 신경 쓰는 것이다. 사실 늘 그렇듯 비상 상황 발생 시 언론은 우호적이지 않다. 어떻게 보면 언론은 그래야만 하는 것도 사실이다. 그렇더라도 우호적이지 않은 언론이 실제 상황과 다르게 보도하는 것을 그냥 둘 경우 불필요한 논란이나 예기치 않은 피해가 생길 수 있다. 그렇게 되면 향후 회사에는 좋지 않은 영향을 끼칠 가능성이 높다. 그러므로 언론의 취재는 상황을 정확히 알고 있는 홍보 담당 간부나 임원급으로 대응 창구를 일원화해야 한다. 그리고 외부에 알려야 하는 메시지도 반드시 한 사람이 전담해 내보내야 한다. 위기 상황에서 여러 사람이 정제되지 않은 이야기를 외부에 내보내면 자칫 엉뚱한 오해를 살수도 있고 오히려 피해 상황을 호도할 수 있는 위험성이 있기 때문이다

마지막으로 실행해야 할 것은 고객과의 소통이다. 초기에 사태를 축소하기 위해 자칫 잘못된 정보 또는 거짓말을 섞어 소통하게 되면 호미로 막을 것을 가래로도 막지 못하는 사태까지 번질 수 있다. 그러므로 비상 사태 초기에는 정확한 정보로 솔직하게 소통하고 사태가 진정되면 재발 방지 대책을 발표하거나 향

후 어떻게 수습하겠다는 등 미래의 이야기로만 소통해야 고객으로 하여금 수긍하게 할 수 있고 더 나아가 고객을 잃지 않을 수 있다.

진짜로 고생 끝에 낙이 왔다

호텔은 고정된 시설을 통해 상품과 서비스를 제공하는 장치산업이고 리턴도 높지 않다. 그렇지만 특별히 극적인 상황 변화만 없다면 손실도 그리 크지 않은 업종이기도 하다. 하지만 메르스 사태로 호텔을 폐쇄하면서 발생한 손실은 그야말로 사업을 접을 수도 있었을 정도의 큰 규모였다. 많은 내부 인력은 격리되어 업무를 보지 못했고, 모든 식당과 영업장이 철수하면서 가지고 있던 모든 식자재를 폐기해야 했다. 손실을 입은 고객들에게는 여러 방법으로 보상해야 했으며, 다시 호텔 운영을 재개하는 것으로 결정한 후에는 식재료나 영업을 위한 물품 등을 다시 구매하는 등 모든 비용을 감수해야만 했다.

전례 없는 위기 상황 속에서 호텔 임직원 모두는 계획한 대로 차분하게 대응했다. 그 결과 확진 고객의 체크아웃 후 공식 잠복기인 14일에서 3일이 더 지난 시점까지도 관리 대상자 중단 한 명도 이상 증세가 나타나지 않았다. 이후 보건소로부터 공식적으로 추가 발병이 없다는 확인을 받고 나서야 다시 문을 열기로 결정했음을 알릴 수 있었다.

호텔을 다시 열기 며칠 전, 확진 고객이 투숙했던 객실에서 하룻밤을 보냈다. 당연히 모든 침구류와 기물을 철저히 소독했지만, 누구도 쉽게 안심할 수 없던 상황이었다. 걱정하는 직원들을 위해서 그리고 호텔의 방역 조치로 안전을 확보했다는 인식을 주어야 했기에 내가 직접 나선 것이었다. 위기 상황에서 항상 그랬듯 겉으로는 태연한 모습을 보였지만 사실 속으로는 그렇지 않았다. 속마음을 애써 감추며 그 객실에서 투숙을 했고 당연하게도 내게는 아무 이상도 발견되지 않았다.

호텔 문을 열기 위한 준비를 시작하던 날 모든 임원은 함께 로비에 서서 출근하는 직원들을 향해 잘 견뎌주어 고맙다는 인사를 했다. 투숙 고객의 확진 사실을 알게 된 후 내내 현장에서 사태 해결을 지휘한 대표이사도 그 자리에 함께 있었다.

다시 고객을 맞이하면서 확진자가 투숙했던 호텔인데 고객들이 다시 찾을까, 호텔은 다시 열었어도 손님이 외면하면 어떻게 해야 할까 등 많은 생각이 머릿속을 채웠다. 이러한 걱정이 무색하게 방역 조치를 철저하게 잘한 호텔이라는 인식이 생기면서 확실한 대응을 보여준 호텔이라는 칭찬을 받았고 호텔은 메르스 사태 이후 창립 이래 최고의 호황을 누릴 수 있었다.

비상 사태는 누구에게나, 어느 회사에서나 발생할 수 있다. 그런 상황을 잘 극복해야 하고 위기를 기회로 반전시켜야 회생할 기회가 주어진다. 메르스 사태는 당장 눈앞에 놓인 이익이나 손실보다 더 멀리 보고 전략적으로 브랜드 이미지를 제고한 판단이 결국 시장에서 승리하게 만든 좋은 사례였다.

공부도 해본 놈이 한다는 말처럼 위기 상황도 겪어본 사람이 잘 극복할 수 있다. 한 번도 경험하지 못한 상황을 마주하면 따를 관례가 충분하지 않거나 참고할 사례가 없어 우왕좌왕하다 피해를 키운 예를 많이 볼 수 있다. 매뉴얼은 아무 문제 없는 평상시에는 중요하게 여겨지지 않지만 정말 필요할 때 결정적인 역할을 한다.

지금도 호텔에서 크든 작든 사고가 발생하면 제일 먼저 나부터 나서서 핵심을 자처해 컨트롤 타워를 꾸린다. 상황을 한 번에 확인할 수 있는 곳에 상황실을 마련해 모든 부서장부터 집합시킨 후 사고의 파급 영향을 예상해 대책을 세워 실행한다. 과거 압축 성장기에나 통했던 말로 치부되기도 하는 "해봤어?"라는 한 경영인의 유명한 질문은 지금도 유용하다고 본다. 경험만큼 중요한 것은 없다.

2주, 2개월, 2년

우리는 코로나19 팬데믹 이전으로 돌아가지 못할 것이다

디테일의 디테일

코로나19 팬데믹

- 시기: 2020년~2021년

- 당시 직책: 신라호텔 호텔사업부장, 호텔&레저부문 부문장

존립의 기로에 서게 만든 위기

2015년에 호텔을 폐쇄하기에 이르렀던 메르스 사태를 겪으면서 '위기 대응 7계명'을 정리했다. 사고 발생 시 컨트롤 타워를 구성하는 것부터 시작해 고객과의 소통에 이르기까지 체계적으로 대응해 위기를 기회로 전환하기 위한 원칙이었다. 전례 없던 위기를 극복하면서 체득한 소중한 교훈이었기에 이를 기억하고 실천한다면 앞으로 어떤 위기가 닥쳐와도 극복할 수 있을 것이라 생각했다. 하지만 2020년 초, 완전히 다른 차원의 위기가 찾아왔다. 바로 코로나19 팬데믹이다.

그해 1월 21일, 국내에 입국하려던 중국인이 코로나로 확진되면서 본격적인 위기가 시작되었다. 공항이나 항만을 통해 감염자가 우리나라에 유입되는 것을 잘 막을 수 있을 것이라는 기대가 깨졌고 그때부터 우리나라에서도 확진자가 급증하기 시작했다. 메르스가 국지적이고 단기적인 위기였다면 코로나는 전 지구적이고 장기적인 위기였다. 이전까지 경험하지 못한 규모의 불확실성이 호텔 업계를 강타했다.

"코로나 감염병 사태가 얼마나 지속될 것 같나요?"

코로나19 팬데믹 초기 열렸던 대책 회의에서 대표이사가 던진 이 질문에서는 지난 메르스 사태 당시의 경험이 묻어 있었다. 회의에 참석한 사람들 모두는 지난 메르스 때도 그렇고 신종 플루나 좀 더 이전을 생각하면 2003년 사스 때의 기억을 되살려 길어야 5개월에서 6개월 정도 지나면 누그러질 것이라 예상했다. 아마 호텔 직원들 대부분 같은 생각을 했을 것이다.

2002년 11월 처음 발생한 사스는 2003년 2월 말에 홍콩의 한 호텔에서 급격히 전파되기 시작해 5월과 6월을 지나며 확산세가 둔화했고 7월 5일에 공식적으로 종식이 선언되지 않았던가. 그렇게 위기가 정리되기까지 5개월 정도 걸렸다. 신종플루는 2009년 4월부터 시작한 이후 가을부터 확산세가 둔화되면서 종료되었고, 메르스는 2015년 5월 20일 중동 지역을 다녀온 첫 확진자로부터 시작한 후 7월 28일 마지막 확진자가 퇴원하였고 마침내 12월에 종식 선언까지 반년 정도 걸렸기 때문이다.

고객과 직원 모두 불안하긴 했어도 과거 감염병 사태를 돌아보며 길어도 몇 개월만 차분하게 잘 대응하면 이 시간도 곧 지나갈 거라는 생각을 하고 있던 터라 크게 동요하지는 않았다.

그렇게 불안과 기대가 교차하는 가운데 호텔 임직원의 가장 큰 걱정은 우리 호텔에서 확진자가 확인되는 것이었다. 만약 메르스 때처럼 우리 호텔에 확진자가 투숙한다거나 사스 사례처럼 감염 확산의 주 경로가 된다면 그 피해와 영향은 말로 설명할 수 없을 정도가 될 것이기 때문이었다. 메르스 때와 마찬가지로 확진되면 자칫 목숨이 위험할 수도 있다는 생각을 하던 때였다. 항상 그렇지만 뭐든지 좋지 않은 일로 첫 번째가 되면 그 오명을 호텔이 전부 감내해야 한다는 걱정도 크게 한몫을 하고 있었다.

호텔 임직원 모두는 조용히 숨죽이며 코로나가 그 위세를 멈추고 자연스럽게 사라져 정부가 코로나 종식을 선언하기만을 기대했다.

하지만 하루 한두 명 수준이던 확진자 증가 추세는 2월 중순부터 전혀 다른 양상을 보이기 시작했다. 이른바 신천지 사태가 터지면서 대유행이 벌어졌고 '사회적 거리두기'가 정부 정책으로 실시되면서 방역이 더욱 강화되었다. 확산이 잡혀가나 싶었지만 기대와 달리 5월 초 연휴 기간에 이태원에서 집단 감염이 발생하면서 상황은 더욱 나빠졌고 연말이 되자 3차 대유행이 시작되면서 좀처럼 코로나는 수그러들지 않았다.

호텔의 식음 예약이나 객실 예약 추세는 이미 확산 초기부터 분명하게 꺾이고 있었다. 초기에는 객실을 일부 층만 운영하고 식음업장도 저녁에만 운영하는 등의 제한적 조치를 하면서 어렵게 버텨갔다. 호텔 영업에 그렇게까지 위협적인 타격을 주리라고 생각하지 않았던 것과 달리 몇 개월 정도 지나자 호텔의 매출은 급감했고 전년까지 괜찮았던 손익 구조는 어느 날 갑자기 대규모 적자가 예상될 정도까지 악화했다. 이제는 생존을 걱정할 정도까지 온 것이다. 전혀 예상하지 못한 전개였다.

팬데믹 속 희비가 엇갈린 호텔 업계

메르스 팬데믹 때는 2주 넘게 호텔을 전부 폐쇄하는 극단적 선택을 하면서까지 위기를 극복했다. 모든 투숙객에게 퇴실을 요청하고 호텔 전체를 오염 지역으로 구분해 철저한 방역 조치를 실행했다. 그 결정은 결코 쉽지 않았다. 영업을 중단하면서 큰 손실을 보았지만 고객의 안전이 최우선이라는 원칙을 지켜냈다. 덕분에 고객들로부터 안전한 브랜드라는 인식을 줄 수 있었고 위기를 기회로 만들어낸 대표적 사례가 되었다.

하지만 코로나는 달랐다. 전 세계 모든 호텔이 동시에 직면한 위기였다. 메르스 때는 다른 호텔이 정상 영업하는 상황에서 우리만 특별한 조치를 취했지만, 코로나는 예외 없이 위기 속에 어려움을 겪고 있었다. 더 중요한 것은 위기의 성격 자체가 달랐다는 점이다. 메르스는 감염 확산 차단이라는 명확한 목표가 있었고 그 목표 달성 여부를 객관적으로 판단할 수 있었다. 하지만 코로나는 의료적 차원을 넘어 사회 전체의 시스템을 바꾸었다. 출장 문화, 회의 방식, 여행 패턴, 외식 습관까지 모든 것이 변했다. 기존의 위기 대응 매뉴얼로는 해결할 수 없는, 근본적으로 다른 성격의 위기였다.

당초 예상과 달리 반년이 넘어가는데도 확산세가 꺾이지 않고 더욱 확대되자 호텔에서는 연일 대책 회의가 열렸다.

"호텔이 운영을 계속하는 상황과 문을 닫는 것 중에서 어떤 것이 더 이익인지 한번 계산해보세요."

대표이사가 걱정스러운 말투로 지시를 내렸다. 호텔은 기본적으로 고정비가 많이 드는 사업이다. 인건비는 거의 고정적으로 지출되었고 전기나 수도 등 기본적으로 호텔을 가동하면 들어가야 할 비용이 크다. 만약 호텔 운영을 중단하게 된다면 수입이 끊기는 상태에 놓이면서도 직원들을 해고할 수는 없으니 유급 휴가와 무급 휴가를 섞어 사용하면서 버티는 수밖에 도리가 없었다. 만약 손님이 거의 없더라도 호텔 운영을 계속한다면 고정비용을 고려해 어느 수준 이상의 객실 가동률이 되어야 영업 중단보다 나을지 확인해야 했다.

분석을 해보니 대략 객실의 가동률이 9% 정도만 되면 호텔 영업을 중단하는 것보다는 손해를 줄일 수 있다는 결론이 나왔다. 그렇게 해서 우리 호텔은 코로나 상황이 계속되고 있었지만 문을 열고 운영을 계속하는 것으로 결정했다.

이전과 달리 호텔에 고객이 거의 없으니 그야말로 고역이었다. 정부의 정책도 거리두기 등 영업에 도움이 되지 않는 정책뿐이라 애가 탔다. 매일 마스크를 쓴 채 대책 회의를 하면서 논의했던 것의 대부분은 어떻게 매출을 확보할 수 있는가와 확진자가 나왔을 때 어떻게 대처하느냐에 대한 것이었다.

일부 작은 규모의 비즈니스 호텔은 코로나 확진자의 격리 호텔 지정으로 나름의 돌파구를 찾고 있었다. 코로나 확진자들이 격리되었던 호텔이라는 인식이 생긴다면 추후 영업을 재개했을 때 고객들이 예약을 주저할 가능성도 있었다. 하지만 많은 호텔들은 문을 닫느냐 마느냐의 기로에 서서 고민 끝에 격리 호텔로 전환했다. 그마저도 안 될 만큼 상황이 어려운 호텔은 더 이상 견디지 못한 채 아예 폐업을 선택하는 경우도 많았다. 관광객이 많이 방문했던 명동에서는 호텔의 30%가 폐업을 했다는 얘기도 들려왔다.

세상에 영원한 것은 없다는 격언대로 위세를 떨치던 코로나도 2022년 초부터 분위기가 전환되면서 호텔 영업도 차츰 정상화되기 시작했다. 외국인도 조금씩 다시 들어오기 시작했고 내국인도 그동안 해외를 나가지 못했던 탓에 호캉스라는 이름으로 국내 호텔을 찾기 시작했다.

이 시점부터는 호텔의 영업이 코로나 이전보다 더 잘되기 시작했다. 코로나 때 시중에 돈이 많이 풀려서인지 호텔을 이용하는 고객이 지출하는 금액이 많이 오른 상태였고, 원-달러 환율도 이전과 다르게 계속 오르면서 호텔 이용 요금도 상승한 결과 호텔의 영업은 더욱 활성화될 수 있었다.

2년 넘게 이어진 위기를 견딘 호텔은 이전보다 더 좋은 매출과 이익을 거둘 수 있었다. 해외를 나갈 수 없던 코로나 시기에는 호황이었던 제주 지역의 리조트는 막상 코로나가 끝나 해외여행이 가능해지면서 고전하기도 했지만, 휴양지를 제외한 비즈니스 호텔은 다시금 호황을 맞게 되었다. 그리고 이제는 호텔 공급이 부족해 다시 호텔에 대한 투자가 활성화되고 있다는 소식도 들리고 있다. 힘든 시간을 버티니 드디어 기회가 온 것이다.

구조적으로 뿌리부터 흔든 변화

사회의 많은 부분이 그렇듯 호텔업도 코로나 이전과 이후로 나뉘었다. 코로나 이후의 호텔은 완전히 다른 의사결정이 요구되는 산업이 되었다. 이는 단순히 일시적 변화가 아닌 구조적이고 영구적인 변화를 가져왔다.

코로나 팬데믹은 가장 먼저 고객의 행동 패턴을 근본적으로 바꾸었다. 출장이 급격히 줄어들면서 온라인 화상 회의가 일상화되었다. 그리고 기업들이 출장비 절감 효과를 체감하면서 대면 회의 필요성에 대한 인식이 바뀐 것이다. 이전에는 중요한 계약일수록 반드시 대면으로 진행했지만 이제는 온라인으로도 충분하다는 인식이 확산되었다. 비즈니스 호텔의 주요 고객층이던 출장 고객의 수요가 구조적으로 감소한 것이다.

팬데믹 기간 동안 해외여행 제한으로 인바운드 관광객은 사라지다시피 했다. 2019년 한국을 찾은 1750만여 명의 외국인 관광객이 2020년에는 252만여 명으로 급감했고 급기야 2021년에는 97만여 명까지 줄어들었다. 더 심각했던 것은 이런 상황이 언제까지 지속될지 당시에는 예측조차 할 수 없었다.

국내 여행 패턴도 완전히 바뀌었다. 대규모 단체 여행이 사라지고 소규모 가족 단위 여행이 주류로 자리를 잡았다. 또한 숙소도 호텔보다는 펜션이나 독채를 선호하는 경향이 강해졌다. 사회적 거리두기를 경험하며 밀집된 공간을 기피하게 된 것이

○

메르스라는 전례 없던 위기를 극복하면서
소중한 교훈을 얻었기에
어떤 위기가 닥쳐와도
극복할 수 있을 것이라 생각했다.
하지만 코로나19 팬데믹은
완전히 다른 차원의 위기였다.
코로나는 일시적 변화가 아닌
구조적이고 영구적인 변화를 가져왔다.

코로나가 호텔 생태 환경을 바꾸었고
AI 시대에 들어서며
새로운 문명 시기를 맞이하고 있지만
결국 미래는 우리가 하기 나름이다.

다. 호텔의 로비나 레스토랑 같은 공용 공간의 매력이 오히려 단점으로 인식되기 시작했다.

대규모 컨벤션이나 웨딩도 피할 수 없었다. 몇백 명이 한자리에 모이는 행사 자체가 불가능해졌고 설령 가능하더라도 고객들이 기피했다. 호텔의 주요 수익원 중 하나였던 연회가 사실상 마비된 것이다. 특히 웨딩의 경우 일생일대의 행사이기 때문에 연기는 할 수 있어도 취소하기는 어려운 특성이 있었는데 이로 인해 수많은 예약 변경과 갈등이 발생했다.

운영 방식도 전면적으로 바뀌어야 했다. 방역과 위생이 최우선 과제가 되면서 기존의 서비스 프로세스를 모두 재검토했다. 체크인 과정에서의 비접촉 서비스, 객실 정비 시 소독, 레스토랑에서의 거리두기 등 모든 것은 새로운 기준에 맞춰 재정립해야만 했다.

더 심각한 것은 매출 구조의 변화였다. 투숙객이 줄어 객실 이용만으로는 수익을 내기 어려운 상황이 되었지만 사회적 거리두기로 인해 레스토랑 등 식음업장 운영도 제약을 받았다. 테이블 간 거리두기로 수용 가능한 좌석 수를 줄여야 했고, 뷔페 같은 업장은 운영이 불가능했다. 호텔업의 모든 수익원이 동시에 타격을 받은 전례 없는 상황이었다.

직원들의 근무 환경도 완전히 달라졌다. 마스크 착용은 기본이고, 정기적인 검사와 격리 조치까지 일상화되었다. 고객 접점에서의 서비스 방식이 바뀌면서 직원들의 업무 스트레스도 증가했다. 감염 위험에 대한 불안감과 매출 감소로 인한 고용 불안이 겹치면서 직원 관리가 더욱 어려워졌다. 이러한 상황 속에 호텔업은 청년 구직자가 기피하는 업종이 되고 말았다. 존립이 위협을 받는 위기 상황 중에 불가피하게 구조조정을 할 수밖에 없던 것이 가장 큰 이유였고 코로나가 종식되었어도 직원이 다시 호텔로 돌아오지 않는 이유가 되었다.

대부분의 호텔은 지금 직원을 구하기가 쉽지 않다며 아우성이다. 청소 등 비 전문 분야에 투입할 수 있는 E-9 비자나 접수 사무 등 전문 분야에 투입할 수 있는 E-7 비자로 외국인 근로자를 활용하는 방안도 논의되고 있지만 근본적으로 사업의 패러다임이 바뀌는 상황이기 때문에 완전히 새로운 방법을 찾아야 한다고 생각한다.

이제 우리는 어떻게 해야 할 것인가

여느 위기 상황과 마찬가지로 코로나 위기도 기회를 품고 있다는 것을 다시금 확인했다. 가장 눈에 띄는 것은 투자 관점에서의 기회였다. "다른 사람들이 탐욕스러울 때 두려워하고, 다른 사람들이 두려워할 때 탐욕스러워져라"는 워런 버핏의 투자 격언처럼 코로나 때 어려움을 겪으면서도 과감하게 투자한 사람들은 이후에 큰 성과를 거둘 수 있었다.

코로나 팬데믹 동안 구조조정과 효율화를 통해 체질을 개선한 호텔은 더 강해졌다. 평소에는 저항으로 시도하기 어려웠던 조직 개편이나 프로세스 혁신을 코로나라는 위기를 계기로 과감하게 추진할 수 있었기 때문이다. 불필요한 비용을 줄이고 핵심 서비스에 집중하면서 경쟁력을 높였다.

특히 디지털 전환이 급속히 진행되었다. 모바일 체크인, 룸 서비스 로봇 등 이전에는 고객이 거부감을 보였던 기술이 코로나를 계기로 빠르게 현실 속으로 들어왔다. 비접촉 서비스에 대한 니즈가 높아지면서 오히려 새로운 서비스 경험을 제공할 수 있는 기회가 열린 것이다.

일부 호텔은 새로운 사업 모델을 개발하기도 했다. 재택근무가 일상화되면서 호텔과 바캉스를 더한 '호캉스' 시장이 크게 성장했다. 기존의 단기 이용 패턴에서 벗어나 장기 투숙 등의 상품을 개발한 호텔이 좋은 반응을 얻기도 했다. 숙박 시설을 넘어

라이프스타일 공간으로 호텔이 재정의되는 계기가 되었다.

무엇보다 중요한 것은 위기 상황에서도 장기적 관점을 잃지 않는 것이다. 단기 손실에만 매몰되어 근시안적 결정을 내리면 위기가 지난 후 더 큰 어려움에 직면할 수 있다는 것을 경험했다. 직원을 함부로 해고하거나 서비스 품질을 급격히 낮추면 브랜드 이미지에 돌이킬 수 없는 타격을 입을 수 있다.

실제로 코로나 기간 동안 절치부심하며 서비스 품질을 유지한 호텔이 회복 국면에서 더 빠른 성장을 보였다. 위기 상황에서 보여준 경영진의 리더십과 가치관이 고객과 직원에게 더 큰 신뢰를 주었기 때문이다. 브랜드 가치를 지키고 핵심 역량을 유지하면서 변화에 적응하는 것이 진정한 위기 관리의 핵심임을 다시 확인할 수 있었다.

호텔업은 대면한 고객에게 만족스러운 경험을 제공하는 것이 핵심이다. 그렇다면 코로나 사태가 바꾸어놓은 호텔 생태 환경과 AI 시대에 들어서며 맞이하고 있는 새로운 문명 시기에 고부가가치의 대면 서비스를 창조하고 제공하는 데 초점을 맞추는 것이 어떨까. 기계가 대신할 수 없는 감정적 영역에서라면 미래에도 생존을 담보할 수 있지 않을까. 결국 미래는 우리가 하기 나름이다.

과거에 정보화 시대가 열리면서 호텔 산업에 다양한 서비스의 브랜드 시대가 열렸다. 이제 AI 시대가 본격적으로 열린다면 과연 어떤 호텔의 어떤 서비스가 새롭게 흥할 것인지 궁금하다.

● 디테일 비하인드

배고픈 것은 참아도
배 아픈 것은 못 참는다

호텔의 마케팅 업무를 담당했던 2000년대 중반, 크리스마스를 맞아 내국인 대상 패키지 상품을 기획한 적이 있었다.

"올해 크리스마스는 화이트 크리스마스가 될 거라고 하던데요. 기대되지 않아요?"

크리스마스는 아직 한 달 넘게 남았지만, 나의 말에 부서 직원들 모두는 행복을 느끼는 듯했다. 그러면서 다가오는 크리스마스를 대비하여 이런저런 기획 이벤트를 분주하게 구상하고 있었다. 그중 얼마 전 마케팅 부서에 합류한 한 직원이 좋은 아이기어가 떠올랐다며 의견을 냈다.

"크리스마스 이브에 그랜드 볼룸에서 부모와 자녀가 함께하는 파티를 열어보는 것은 어떨까요?"

좋은 아이디어였다. 때마침 12월 24일 저녁에는 연회장을 사용하는 연회 행사나 결혼식도 없었다.

"그러면 12월 24일에 그랜드 볼룸에서 50팀 정도를 대상으로 저녁 식사에 마술 같은 간단한 공연 이벤트를 더해서 크리스마스 패키지를 구성해 판매합시다."

그날 파티에 참석하는 부모님에게는 자녀에게 줄 선물을 준비해 올 경우 산타 분장을 한 직원이 대신 전해주면서 함께 사진을 찍는 이벤트도 구성해보기로 했다. 우리는 파티장에 모인 사람들이 즐겁게 식사를 하며 크리스마스 이브 분위기를 즐기는 모습을 상상해보았다. 그날의 크리스마스 패키지 기획 회의는 화기애애한 분위기 속에 잘 끝났다. 마케팅 부서 직원들은 처음으로 내국인을 대상으로 기획한 상품의 성공을 기대하며 각자 맡은 것을 준비하기 시작했다. 그렇게 크리스마스 파티 기획은 일사천리로 진행되었다.

크리스마스 파티 패키지 상품은 호텔 홈페이지에 등록해 알리기 시작했고 홍보팀에서는 일간지에 보도자료를 배포했다. 그러자 예약 부서로 문의와 예약이 밀려 들어오기 시작했다.

"12월 24일 저녁 그랜드 볼룸에서 진행할 크리스마스 파티는 산타와의 선물 시간이 진행될 예정입니다. 부모님께서 자녀에게 줄 선물을 준비해 호텔 직원에게 미리 전달해주시면 산타의 선물 증정과 포토 이벤트에 참여하실 수 있습니다. 패키지 예약 시 산타와의 선물 이벤트 참여를 원하실 경우 미리 말씀해주시기 바랍니다."

홈페이지에는 위와 같은 내용으로 팝업 안내문이 게시되었고 홍보 기사에도 동일한 내용으로 홍보가 이루어졌다.

드디어 12월 24일 파티 진행 당일, 그랜드 볼룸에는 아이 50명과 부모 100명이 모였다. 파티를 진행하기에 딱 적당한 규모였다. 50팀 중 35팀은 선물 이벤트 참여를 희망해 미리 준비한 선물을 전달했고 나머지 15팀은 저녁 식사와 마술 공연만 즐기기로 했다.

저녁 6시부터 시작된 크리스마스 파티는 순조롭게 진행되었다. 최정상급 마술사는 아니었어도 행사에 출연한 마술사가 다양한 마술을 보여주며 참석한 모두를 즐겁게 해주었다.

이제 직원이 분장한 산타 할아버지가 등장해 선물 증정과 포토 이벤트를 진행하는 것만 남았다. 사회자가 산타 할아버지의 등장을 알리고 미리 선물을 준비한 부모와 아이를 무대로 불러 화기애애한 분위기 속에 준비한 이벤트가 마무리되었다.

고객들이 식사를 시작하는 것을 확인한 후 사무실로 돌아와 '올한 해도 이렇게 마무리가 되는구나.'라고 생각하면서 패키지를 기획하고 준비하면서 쌓인 피로를 풀고 있었다. 그런데 그때, 부서 직원 한 명이 다급한 얼굴로 들어왔다. 그 모습을 본 순간 불안감이 엄습했다. 왜, 무엇 때문에? 자리를 비운 그 잠깐 사이 혹시 사고라도 난 것일까 싶었다. 대체 무엇이 어떻게 된 것인지 상황을 들어보았다.

"패키지에 참석한 부모들이 환불해달라고 난리가 났습니다! 선물을 준비하지 않은 고객들이 왜 우리 아이한테는 선물을 안 주냐고, 크리스마스에 우리 애만 바보로 만드냐고 항의하고 있습니다."

선물을 준비하지 않은 고객들은 이벤트 참여 의사가 없다는 것을 호텔에 알렸다. 하지만 막상 산타와의 이벤트가 진행되자 선물을 받는 모습을 보며 그 고객들의 아이들이 울음을 터트리고 만 것이다. 그런 자녀를 본 부모는 무슨 행사를 이렇게 진행하느냐며 항의하게 되었다.

분명 자녀한테 줄 선물을 준비할 경우 호텔 직원에게 행사 전에 전달하면 산타 할아버지가 대신 선물을 주면서 포토 이벤트를 진행한다고 여러 경로를 통해 공지했다. 고객들에게는 이벤트 참여 의사를 다시 확인했고 동의도 받았지만, 막상 아이들이 울면서 서운해하니 호텔에 항의하고 만 것이다. 결국 잘 진행되던 행사는 막판에 항의하는 고객으로 아수라장이 되었고 기대하며 정성스럽게 준비한 크리스마스 패키지는 실패하고 말았다.

다음 날, 마케팅 부서에서는 선물을 준비하지 않았던 열다섯 팀에게 개별적으로 연락해 사과하고 추후 사용할 수 있는 호텔 식음권을 제공하는 것으로 일단락할 수 있었다.

호텔 근무 초창기에 있었던 일이니 아주 오래된 이야기이긴 하지만, 어린이 고객이 관련된 사고여서 무척 안타까운 마케팅 사례로 기억에 또렷이 남아 있다. 서로 다른 상황에 놓이는 고객이 느낄 수 있는 감정까지도 세심하게 대비해 준비해야 했음에도 그렇지 못해 발생한 안타까운 사고였다.

지금까지 경험한 마케팅 활동 중 실패한 사례가 하나 더 있다. 이 사례도 내국인 고객을 대상으로 패키지 상품을 기획하면서 벌어진 고객 불만이다. 한번은 패키지 기획 담당자가 호텔 조식과 외부 화장품 업체로부터 협찬을 받아 묶음 패키지를 기획했다. 몇 개월 전 협찬을 받았던 어린이용 우산이 남아 있어 해당 패키지로 체크인하는 고객에게 나눠주게 되었다. 고객은 기존에 안내된 패키지 구성에 없는 상품을 추가로 받게 되면 좋아할 것이라 기대했다.

하지만 현실은 기대와 완전히 달랐다. 어차피 버릴 것이었는데 준 것 같다는 반응이었다. 우산은 새 상품이어서 버려야 할 만큼 상태가 나쁘지도 않았고 창고에 잘 보관하고 있던 것을 선의로 제공했음에도 나쁜 평가를 받은 것이다. 그 후로는 상품을 기획할 때 철저히 의도한 대로만 판매하고 마케팅해야 한다는 것을 머릿속에 새기게 되었다.

호텔에서 일을 하다 보면 이와 비슷한 사례를 수도 없이 많이 겪게 된다. 체크인을 위해 프론트 데스크 앞에 줄을 서 있는데 직원이 다른 고객을 먼저 체크인을 해주거나, 레스토랑에서 뷰가 좋지 않은 자리를 안내받았는데 뒤늦게 온 고객은 좋은 자리로 안내되는 경우 등이 그렇다. 절차에 문제가 없었고 그렇게 되었던 분명한 이유가 있었더라도 서비스에서 아쉬움을 느낀 고객은 결국 호텔에 대해 좋지 않은 브랜드 경험을 갖게 될 것이다.

전후 사정이 어떠했든 만에 하나 발생할 수 있는 상황을 예상해 미리 대응하지 못한 호텔의 잘못이 크다고 생각한다. 이러한 사례를 반면교사로 삼아 문제가 될 가능성이 있는 이슈는 반드시 사전에 점검해야 한다.

명심하자. 호텔을 찾는 모든 고객은 배고픈 것은 참아도 배 아픈 것은 못 참는다. 아주 사소한 것에서부터 모든 고객을 공평하고 공정하게 대하는 것은 고객 서비스에 있어서 반드시 지켜야 할 불문율이다.

Floor 4

디테일의 끝을 보여드립니다

: 서비스와 제품 차별화의 디테일

프라이빗 시크릿 디너

예약을 어렵게 만들어 브랜드 가치를 높여라

시크릿 디너

- 시기: 2023년 여름
- 당시 직책: 앰배서더서울풀만호텔 대표이사

디테일의 디테일

비상식적 성공 법칙

시크릿 디너인 '셰프 테이블'의 정식 오픈 준비를 마치고 주요 고객 몇 분을 초대해 시식회를 진행했다. 모두 무척 만족해하며 긍정적인 피드백을 주었다. 그동안의 고민과 노력이 인정받는 순간이었다. 이 작은 시크릿 디너가 호텔의 전체적인 브랜드 이미지를 끌어올릴 수 있겠다는 기대를 하게 했다.

  시크릿 디너라는 새로운 상품은 우연히 만들어지지 않았다. 시크릿 디너는 단순히 공간이 비어 있는 것이 아쉬워 어떻게든 활용하고 수익을 높이기 위해 레스토랑으로 꾸민 것이 아니었다. 처음부터 호텔의 브랜드 가치를 높이고 VIP들이 찾는 호텔을 만들어 치열한 경쟁에서 우위를 점하기 위한 고민의 결과로 탄생했다. 그래서 '예약하기 어려운 레스토랑'을 목표로 콘셉트를 잡았다.

  몇 년 전 성수동에 방문했을 때 경험한 어느 퓨전 요리 오마카세 레스토랑처럼 프리미엄이 붙어 원래 가격의 두 배가 된 예약권이 중고 사이트에서 거래되는 레스토랑을 우리 호텔에도 만들고 싶었다.

  많은 사업가들은 할 수만 있다면 더 많은 고객을 받기 위해 노력한다. 공간을 최대한 활용해 테이블과 좌석을 늘리고, 일찍 열고 늦게 닫아 영업시간을 연장하고, 다양한 홍보를 통해 접근성을 높이려 한다. 하지만 이번에 기획한 시크릿 디너는 정반대의 전략을 선택했다. 여섯 석이라는 극소수의 좌석, 저녁 시간에 한 타임만 운영, 단 한 팀만 받는 완전 예약제, 게다가 콜키지 차지가 없는 호텔 레스토랑이라니. 일반적인 비즈니스 관점에서 본다면 창출할 수 있는 여러 매출 기회를 스스로 포기하는 결정이었다. 하지만 이렇게 스스로 선택한 제약이야말로 시크릿 디너만의 독특한 가치를 만들어내는 핵심 요소가 될 것이라고 판단했다.

호텔 1층에 비어 있던 공간을 둘러보며 '이대로 비워두기에는 아까운 공간인데.'라고 생각했을 때부터 이미 방향은 정해져 있었다. 기존 공간을 최대한 활용하되 그 공간이 가진 제약을 오히려 셀링 포인트, 마케팅 포인트로 바꾸고 싶었다.

접근성을 제한하는 마케팅 전략

호텔의 대표이사로 부임할 때 식음 부문을 먼저 고급화해 호텔을 유명하게 만들겠다는 나름의 전략을 세웠다. 이를 통해 현재 조금 애매한 포지셔닝을 가지고 있는 호텔의 약점을 극복해야 했다. 우리 호텔 브랜드의 인지도가 올라가 VIP들이 많이 찾는 호텔이 된다면 앞으로 더욱 치열해질 경쟁에서 우위를 점할 수 있을 것이라고 기대했다.

식음 고급화를 고민하며 호텔을 살펴보던 중 레스토랑의 한 공간이 눈에 들어왔다. 접근성이 좋은 1층에 위치했는데도 한쪽 공간을 특별히 활용하지 않은 채 비워 두고 있었다. 못내 아쉬운 마음이 들어 식음팀장에게 이유를 물었다.

"레스토랑의 이 공간은 왜 비어 있는 건가요?"

"이 자리는 철판구이 요리를 주메뉴로 하는 업장을 계획했던 공간입니다. 그런데 아직 마땅한 셰프를 구하지 못해 영업을 시작하지 못하고 있습니다."

마땅한 셰프를 구하지 못했다는 답변은 이 공간이 특별한 전문성을 갖춰야 하는 곳이라는 의미이기도 했다. 그렇다면 무엇을, 어떻게 해야 할까. 그때부터 이 공간의 활용 방안을 고민하기 시작했다. 특별한 메뉴를 특별한 전문성으로 만들어내 특별한 고객에게 제공할 수 있는 셰프를 찾아야 한다면 그 누구보다 총주방장이 답을 줄 수 있을 것 같았다.

총주방장을 만나 새로운 투자보다는 기존 자원의 창조적 활용, 그리고 그 제약을 오히려 차별화 포인트로 삼는 것을 기본 방향으로 해 1층 공간 활용에 대해 서로의 아이디어를 나누었다. 철판구이를 주메뉴로 구상했던 공간이었던 만큼 이미 어느 정도 꾸며져 있으니 최대한 지금 인테리어를 활용해 새로운 콘셉트의 다이닝 공간, 최고의 VIP만을 위한 오마카세를 만들면 어떨까 한다고 총주방장에게 제안했다.

전부터 호텔을 운영하고 경영하는 자리에 있으면서 추가적인 시설 투자에 대해서는 늘 부정적으로 생각해왔다. 이번에도 반드시 새로운 투자가 동반되는 신규 업장을 만드는 방향보다 기존 공간을 최대한 활용할 수 있기를 희망했다. 총주방장도 이 방향에 동의했다.

"저도 같은 생각입니다. 이 공간이 나뉘어 있고 각각의 공간에 철판구이 테이블도 갖추어져 있으니 이것을 활용해 오마카세를 해보자는 아이디어에 저도 동의합니다."

품질로 완성되는 희소성의 정당화

분명한 제약이 존재하는 상황에서도 경쟁자가 모방할 수 없는 특별한 경험을 고객에게 제공할 수 있어야 했다. 새로운 콘셉트의 다이닝 공간을 기획할 때 이 점에 상당히 공을 들였다.

○

여섯 석이라는 극소수의 좌석,
저녁 시간에 한 타임만 운영,
단 한 팀만 받는 완전 예약제,
게다가 콜키지 차지가 없는
호텔 레스토랑이라니.
일반적인 비즈니스 관점에서 본다면
여러 매출 기회를
스스로 포기하는 결정이었다.

이렇게 스스로 선택한 제약이야말로
시크릿 디너만의
독특한 가치를 만들어내는
핵심 요소가 될 것이라고 판단했다.

스시 오마카세로 방향을 잡은 후 이 공간을 담당할 셰프 선정을 까다롭게 진행했다. 일단 호텔 내부의 셰프 중에서 찾아보기로 했다. 호텔 셰프의 경우 일 좀 한다는 이들은 다들 10년 이상의 경력을 보유하고 있어 무엇이든 맡기기만 하면 해낼 수 있을 것 같았다. 그렇더라도 호텔에서 특정 분야나 파트를 책임지는 인차지 셰프 정도가 되려면 아무리 짧아도 20년 정도의 경력은 가지고 있어야 했다.

고민 끝에 뷔페업장에서 일식을 담당하는 셰프를 찾아가 스시 테스트를 진행했다. 다른 곳도 아닌 뷔페에서 끊임없이 스시를 만드는 그의 실력은 나름 괜찮았다. 그런데 그가 만들어준 스시를 먹어보니 생선 살이 조금 따뜻하다는 느낌이 들었다.

"셰프님, 혹시 손을 잠깐 잡아봐도 될까요?"

허락을 받고 그의 손을 잡아보니 따뜻한 기운이 느껴졌다. 보통 스시는 손을 차갑게 해 잡는다. 그런데 손의 체온이 높다 보니 스시를 만드는 그 짧은 시간 동안 생선 살의 온도가 살짝 오르는 것을 느낄 수 있었다. 셰프의 실력은 믿을 만했지만 스시 오마카세 콘셉트로 운영하기로 한 만큼 고객에게 최상의 퀄리티를 제공하기 위해 결국 담당 셰프는 외부에서 영입하는 것으로 결정했다.

인테리어도 기존 데판야키 테이블을 활용하되 스시 카운터로서의 완성도를 높이는 데 집중했다. 일단 스시 오마카세를 제대로 운영하려면 값비싼 편백나무가 필요했다. 호텔의 각종 기자재를 보관하는 창고에 가보니 과거 사용했던 스시용 편백나무 테이블이 있었다. 대규모 보수 공사를 하지 않고도 테이블을 만들려면 철판구이를 고려해 설치되어 있는 테이블 위에 스시 다이를 놓는 것이 가장 이상적인 방안이었다. 곧바로 사이즈를 측정한 후 기존 시설을 덮자 기대한 것처럼 스시 카운터가 만들어졌다.

테이블은 해결했지만 한 가지 문제가 발행했다. 편백나무를 얹다 보니 테이블의 높이가 다소 높아져 고객이 앉았을 때 영 불편할 것 같았다. 이 문제 또한 기물을 교체하지 않고 해결하기 위해 고민했다. 의자의 높이를 5센티미터 정도 높이자 스시 오마카세를 즐기기에 최적인 환경이 비로소 완성되었다.

문제를 문제로 보지 않는다

다음 과제는 콘셉트를 잡는 일이었다. 이 공간을 철판구이 콘셉트로 활용하려 할 때 만들었던 '셰프 테이블'이라는 명칭은 나름 괜찮아 그대로 사용하기로 했다. 다만 고객에게 이 다이닝 공간을 어떤 콘셉트로 어필할 것인지 구상하기 시작했다.

이 다이닝 공간을 기획하면서 성수동에서 경험했던 퓨전 요리 오마카세 레스토랑을 롤모델로 삼았다. VIP를 타깃으로 하는 이 레스토랑의 오너는 셰프가 아닌 외식 사업가였다. 그는 미국에서 벤처 투자로 큰 성공을 거둔 후 한국으로 돌아와 요식업 프랜차이즈 사업을 계획하고 있다고 했다. 성수동에 레스토랑을 오픈하기 전 한남동에서 먼저 운영했을 때는 최대 8명 수용 가능한 원 테이블 레스토랑을 저녁 시간에만 열었다. 매월 한 번씩 예약을 받았는데 단 1분 만에 한 달치 예약이 전부 마감되었다고 했다. 성수동 레스토랑은 아직 본격적으로 자리를 잡기 전이었지만 이미 화제가 되고 있었다.

예약하는 것부터 쉽지 않아 모두가 선망하며 자신에게도 기회가 오기를 바라며 얼마든지 기다리는 레스토랑. 이것이야말로 진정한 희소성 마케팅의 성공 사례였다. 하지만 단순히 성공 사례를 모방하는 것이 아니라 호텔만이 가지고 있는 강점을 활용한 또다른 차별화가 필요했다. 가장 먼저 우리가 처해 있는 현재 조건을 분석한 결과 몇 가지 제약이 존재했는데 이것은 곧 기회이기도 했다.

코로나 이후 가중된 호텔 업계의 구인난 때문에 온전히 이곳에서만 일할 셰프를 영입하기 어려웠다. 이러한 점을 고려해 주말을 제외하고 월요일부터 금요일까지 평일만, 그것도 저녁 시간 단 한 타임만 운영하기로 했다. 이는 인력 운용상의 제약으로 인한 어쩔 수 없는 결정이었지만 동시에 마케팅 측면에서는 강력한 차별화 요소로 활용할 수 있었다. 원한다면 언제든 갈 수 있는 곳이 아니라, 특별한 날에 미리 계획해야만 갈 수 있는 곳으로 포지셔닝한 것이다.

또한 호텔이 보유한 주류 리스트가 풍부하지 않다는 약점을 고객의 니즈와 연결해 강점으로 전환했다. 그동안 VIP들을 관찰한 결과 그들은 자신이 보유한 귀한 술을 레스토랑에 가지고 와 마시는 것을 즐겼고 때로는 과시하고 싶어하기도 했다. 이들은 음식만 먹으러 오는 것이 아니라 자신의 술을 곁들여 특별한 순간을 연출하기를 원했기 때문이다.

일반적으로 고급 레스토랑에서 콜키지 차지를 받는 것은 상식이다. 다양한 주류를 제공하지 못한다면 콜키지 차지를 받지 않는 정책으로 VIP의 니즈를 충족할 수 있겠다고 보았다. 그렇게 호텔은 약점을 드러내지 않을 수 있고, 고객은 색다른 서비스로 자신의 특별함이 인정을 받는 만족감을 느낄 수 있다. 우리가 가진 약점이 다른 곳에서는 쉽게 경험하기 어려운 셀링 포인트로 전환된 순간이다.

현실적으로 섣불리 손볼 수 없는 데다 넓지 않은 공간적 제약은 콘셉트를 완성하는 핵심 요소가 되었다. 많은 고객을 수용하지 못한다는 조건은 오히려 '프라이빗한 공간에서의 특별한 식사'라는 콘셉트와 맞아떨어졌다. 단 한 팀, 최대 여섯 명만 이 공간을 이용한다는 것은 다른 고객과 구별된 공간에서 오롯이 자신들만을 위해 제공되는 특별한 식사 경험이 될 수 있었다.

이러한 제약 조건들을 극복해 기회로 삼은 결과 탄생한 콘셉트가 바로 '시크릿 디너'다. 현실적인 제약 요소들이 결과적으로는 콘셉트의 기반이 되었고, 또 콘셉트를 더욱 강화해주었다. 이렇게 타협하지 않는 디테일이 하나씩 모여 오마카세 스시, 시크릿 디너가 완성되었다.

성과와 아직 풀어야 할 숙제

시크릿 디너, '셰프 테이블'을 정식 오픈하기 전, 호텔을 꾸준히 찾아주었던 단골 고객 몇 분을 초대해 시식회를 진행했다. 이 행사는 그 어떤 과정보다도 중요한 순간이었다. 희소성 마케팅은 첫인상이 모든 것을 좌우하기 때문이다. 한 번이라도 실망스러운 경험을 준다면 그 소문은 빠르게 퍼져 브랜드 이미지에 치명적 타격을 주게 될 것이다.

긴장하며 기다리는 시간이 지난 후 시식회 평가가 시작되자 반응은 예상한 것보다 훨씬 좋았다. 참석하신 고객들은 "이 정도 퀄리티라면 가격을 더 높게 받으셔도 되겠습니다."부터 "콜키지 차지가 없다는 점이 정말 좋네요." 등의 의견을 주었다. 이런 고객 반응은 시크릿 디너의 포지셔닝이 적절했다는 긍정적 신호였다. 실제 영업 개시 이후 방문한 고객들은 하나같이 엄지를 세우며 칭찬했고 한 번 찾았던 고객은 단골로 자리를 잡았다.

사실 시크릿 디너의 가격을 결정할 때 고민이 많았다. 지나치게 고가여서는 안 되고, 그렇다고 호텔에서 선보이는 오마카세인데 너무 저렴하게 책정하는 것도 옳지 않았다. 호텔의 포지셔닝을 감안해 그 중간 어디쯤에서 합리적인 가격대를 찾아야 했다.

최근 한 유명 셰프가 오픈한 한식 오마카세 식당의 고가 정책이 논란의 중심에 선 것을 보면서 호텔의 가격 정책에 대해 다시 고민하게 되었다.

시장의 기대보다 높은 가격을 책정하면 고객은 일단 '얼마나 맛있길래?'라는 마음을 가지고 찾게 된다. 높은 기대 수준을 가지고 방문한다는 얘기다. 그런 경우 너무 높은 기대감이 오히려 음식에 만족하지 못하도록 하지 않을까 싶었다. 음식의 맛이나 서비스가 조금이라도 기대한 수준에 미치지 못하면 바로 실망할 터였다. 이와 반대로 생각보다 비싸지 않아 큰 기대 없이 방문했는데 음식이 기대 이상으로 맛있다면? 고객은 감동하고 긍정적인 후기를 여기저기에 남길 것이다.

결국 고민 끝에 시장의 기대보다 높은 가격을 책정하는 것보다는 합리적인 수준에서 가격을 책정하는 대신 예약이 어려운 식당으로 포지셔닝하는 것이 좋겠다고 결론을 내렸다.

시크릿 디너는 호텔에서 흔히 볼 수 있는 대형 연회장이나 레스토랑과는 다른 차원의 서비스였다. 무엇보다 중요한 것은 이것이 현실적 제약을 창조적으로 활용한 결과라는 점이다. 구인난으로 인한 운영 시간 제한, 공간의 물리적 제약, 주류 리스트의 한계 등은 오히려 차별화의 요소가 되었다. 이것이야말로 진정한 마케팅의 지혜가 아닐까.

시크릿 디너를 기획하고 마케팅하면서 다시금 느낀 것은 세상에 없던 것을 만들어야 한다는 점이다. 남들이 하지 않는 것, 쉽게 따라 할 수 없는 것을 만들겠다는 욕심이야말로 새로운 기획의 원동력이 된다. 머릿속으로 구상한 새로운 무언가가 고객에게 좋은 평가를 받고 호텔의 매출을 올리는 모습을 상상하는 것만으로도 하루 일을 다한 것 같은 느낌이 든다.

그럼에도 아직 숙제는 남아 있다. 단순히 예약하기 어려운 것만으로는 지속적인 경쟁력을 확보할 수 없다. 고객이 불편함을 감수하고서라도 다시 찾고 싶어 하는 특별한 무언가를 갖추어야 한다.

시크릿 디너가 고객을 더욱 강하게 사로잡을 수 있도록 한 걸음 더 나아간 다음 전략도 준비 중이다. 레스토랑 한쪽에는 비어 있는 개별 룸이 하나 있다. 이곳에 '시크릿 셀러'를 만들고자 한다. 그리 크지 않은 공간이지만 VIP들이 가져온 술을 보관할 수 있는 전용 스토리지 공간을 꾸며 그들에게 더욱 특별한 경험을 제공하려는 것이다.

이 공간은 시크릿 디너의 가치를 높이는 또 다른 희소성 마케팅의 도구가 될 수 있다. 자신만의 술을 호텔에 보관하고 특별한 날에 방문해 그 술을 꺼내 마시는 경험. 이런 서비스는 돈으로 살 수 있는 것이 아니다. 호텔과의 특별한 관계가 형성되어 있어야만 누릴 수 있는 특권이기 때문이다.

두 번째, 세 번째 시크릿 디너

사실 총주방장과 시크릿 디너를 기획할 때 그렸던 원래 구상은 스시 외에도 한우, 양식까지 포함한 세 가지 오마카세였다. 시크릿 디너를 떠올린 계기가 된 1층 레스토랑의 빈 공간이 세 군데로 구분되어 있었기 때문이다. 한 곳에 스시 오마카세를 완성했으니 맞은편에는 한우 오마카세를, 건너편 룸에는 양식 오마카세를 운영할 수 있겠다고 판단했다. 이 계획 역시 현재의 작은 성공에 기대 무턱대고 확장하는 것이 아니라 첫 번째 시크릿 디너인 스시 오마카세가 충분히 안정화된 후 단계적으로 검토하기로 했다.

지금은 스시 오마카세에 이어 한우 오마카세까지 오픈했고 양식 오마카세는 후에 콘셉트와 메뉴 등을 더욱 고민한 후 추가 오픈을 검토할 계획이다.

희소성 마케팅에서 위험한 것은 성급한 확장이다. 희소성이라는 것은 본질적으로 제한된 것이기 때문에 과도한 욕심으로 급하게 확장하면 희소성 자체가 훼손될 수 있다. 성수동의 퓨전 요리 오마카세 레스토랑은 한남동에서 거둔 성공을 바탕으로 충분히 준비한 끝에 분명한 콘셉트를 가지고 문을 열었다. 이 사례처럼 아직 실현되지 않은 두 개의 오마카세도 각각의 콘셉트가 고객에게 높은 브랜드 가치를 전달할 수 있도록 철저히 준비하는 것이 중요하다.

아직은 시크릿 디너 셰프 테이블이 예약하기 어려울 정도로 유명해지지 않았지만, 언젠가는 그렇게 되리라는 희망을 갖고 맛과 서비스 품질을 높이기 위해 집중하고 있다. 진정한 희소성은 하루아침에 만들어지는 것이 아니라 끊임없는 분석과 진단 그리고 노력의 결과로 탄생하는 것이다.

아라비안 나이트와 망고 빙수

혁신은 기존 것의 새로운 재해석이다

디테일의 디테일

아라비안 나이트

- 시기: 2022년 가을
- 당시 직책: 앰배서더서울풀만호텔 대표이사

제주 망고 빙수

- 시기: 2014년 봄
- 당시 직책: 제주신라호텔 총지배인

최고의 경험을 상품으로 기획하다

호텔의 영업 부서는 네트워킹을 위해 호텔과 거래 관계에 있는 대사관들을 정기적으로 방문한다. 우리와는 다른 그들의 문화를 간접적으로 체험하는 것과 더불어 손님을 접대하는 모습과 사용하는 음식을 보며 호텔 서비스를 개선하고 개발하는 데 좋은 영감을 얻게 되는 경우가 많다. 그중에서도 인상적이었던 곳은 우리나라에 주재한 중동 지역 국가들의 대사관이었다. 그들은 항상 손님에게 아랍 커피와 대추야자를 대접하고는 했다.

아랍 대추야자(arabian date palm)는 중동 지역에서 재배되는 대표적인 열대 과일이다. 크기가 3~7센티미터 정도 되는 타원형 열매로 당도가 높고 식감이 쫄깃하다. 우리나라에서는 쉽게 접할 수 있는 과일이 아니지만, 중동 지역에서는 커피와 함께 자주 먹는 과일로 알려져 있다. 아라비카 커피 열매로 만든 중동의 아랍식 커피는 오래전 스페인 마드리드에 있을 때 마시고는 했던 카페 꼬르따도와 비슷한 맛과 풍미를 느낄 수 있었다. 이 역시 우리나라에서는 흔히 맛볼 수 없는 커피였다.

대추야자와 관련해서는 특별한 경험이 하나 있다. 한 아랍 국가의 왕이 이전에 근무했던 호텔에 투숙 후 돌아가면서 대추야자를 선물로 준 적이 있었다. 그가 선물한 대추야자는 무척 고급스러운 나무 상자에 담겨 있었다. 2단으로 된 나무 상자 하나에 대략 20개 정도 들어 있었는데 그 크기도 놀라웠지만 맛을 보고 감탄하지 않을 수 없었다. 대추야자를 집을 때마다 거미줄처럼 하얀 실 같은 것이 배어 나왔는데 지금까지 먹어본 대추야자 중 단연 최고의 맛이었다.

그 경험을 계기로 언젠가는 아랍 커피와 대추야자로 구성된 디저트 메뉴를 상품으로 개발해 판매하려 기획했지만, 당시 상황이 쉽지 않았다. 일단 국내에서는 좋은 품질의 대추야자를 구할 수 없었다. 아랍 커피도 현지인이 즐기는 방식으로 만들면 우리나라 사람 입맛에는 분명히 맞지 않을 터였다. 그러니 와인처럼 몇 가지 좋은 향을 지닌 무언가를 블랜딩해 맛을 순화할 필요가 있었는데 그렇게까지 해볼 요량과 엄두가 나지 않아 아쉽게도 기획 단계에서 멈추고 말았다.

시간이 지나면서 사람들의 취향도 다양해지고 색다른 음식 문화를 즐겨보려는 분위기가 생기면서 아랍 커피와 대추야자 디저트 기획은 한번 해볼 만하다고 판단해 현재 호텔에서 다시 한번 추진해보기로 했다. 그러기 위해서는 일단 좋은 품질의 대추야자를 구하는 것이 첫 번째 과제였다.

"이태원 같은 곳에 가면 품질 좋은 대추야자를 파는 곳을 찾을 수 있을까요?"

아랍 왕으로부터 선물을 받아 맛보았던 최상급 대추야자의 맛을 되새기며 구매팀장에게 물었다. 과연 그때 경험한 그런 품질의 대추야자를 구할 수 있을지 궁금했다. 익숙하지 않은 식재료에 대해 질문을 받자 의아해한 구매팀장은 거래처를 통해 알아보겠다고는 했지만 자신이 없어 보였다.

그의 마음을 움직여 적극적으로 알아보도록 만들기 위해 내 이야기를 들려주었다. 중동 지역 국가의 대사관을 방문했을 때 대추야자를 처음 접했던 이야기부터 시작했다. 그리고 마드리드에 살았던 이야기, 예전에 근무했던 호텔에서 기획만 했다가 출시하지 못했던 것 등 왜 아랍 커피와 대추야자로 구성된 디저트 메뉴를 구상했는지를 설명했다. 대화를 마치면서 쐐기를 박듯 주문했다.

"만약 구매 관련 거래처로부터 별다른 소득이 없으면 직접 이태원에 있는 아랍계 식료품점을 샅샅이 뒤져서라도 꼭 알아봐주세요."

사실 아랍 커피와 대추야자를 이용한 디저트 상품에 '아라비안 나이트'라는 이름을 붙이겠다는 생각까지도 이미 하고 있었다. 아마도 아라비안 나이트는 많은 사람이 들어보았을 것이다. 라운지나 커피숍 같은 호텔 내 식음업장에 음료와 디저트 메뉴로 아라비안 나이트가 적혀 있다면 고객은 곧바로 무언가 아랍 문화를 담은 메뉴일 것이라고 직감할 거라 생각했다.

진화적 발전을 통한 완성

며칠이 지나 결과 보고를 위해 찾아온 구매팀장은 구해 온 대추야자를 보여주었다. 그가 보여준 대추야자는 예전에 대사관에서 보았던 것과는 차이가 있었다. 더욱이 아랍 국가 왕이 선물로 주었던 것과는 품질 면에서 확연하게 비교되었다. 크기도 훨씬 작았고, 맛도 그것보다 못했다.

　아무리 생각해도 이 정도 품질의 대추야자로는 고객에게 낼 상품을 만들 수 없다고 판단했다. 구매팀장에게는 다시 한번 업체를 수소문해 이것보다는 큰 크기와 좋은 품질을 가진 대추야자를 구해보도록 당부했다. 구매팀장이 다시 구해 온 대추야자는 이전보다 열매가 굵고 크기도 컸지만, 최상급 대추야자를 경험해본 터라 여전히 아쉬움은 남았다.

　결국 우리나라에서는 구하기 힘들겠다는 현실적 한계를 인정하고 맛을 보완하기로 했다. 맛에 대해 총주방장과 상의하면서 대추야자를 반으로 갈라 안에 있는 씨를 발라내고 대신 견과

류 같은 것을 넣어 아쉬웠던 부분을 보완할 수 있었다.

사실 대추야자를 구하는 것도 쉽지 않았지만, 아랍 커피도 문제이기는 마찬가지였다. 곧바로 식음팀장을 불러 커피 블랜딩 업체를 한번 찾아가 아랍 커피를 만들어볼 수 있는지 확인해보도록 지시했다. 아랍 커피는 우리가 일반적으로 마시는 커피와 달리 걸쭉한 커피콩 가루가 가라앉아 있어 경우에 따라서는 먹을 때 조금 불편할 수 있다. 그리고 커피에 카다멈이라는 향신료를 넣어 만들기 때문에 잘 조절하지 않으면 우리나라 사람의 입맛에 맞지 않을 수도 있었다.

식음팀장은 나름 음료 분야에서 오래 일한 경험이 있어서인지 금세 커피 블랜딩 업체를 섭외했다. 중동 지역에서 마시는 전통적인 커피와 달리 커피콩 가루가 가라앉지 않도록 하고, 카다멈도 최소한으로 넣어 아랍 커피만의 풍미는 살리되 우리나라 사람들이 즐겨 마시는 커피의 맛도 구현할 수 있도록 주문했다. 그렇게 호텔이 원하는 수준을 알려준 후 드디어 커피를 시음해볼 기회가 마련되었다.

"우리가 평소에 즐기던 커피와는 조금 다를 거예요. 그렇지만 아랍 특유의 문화를 느낄 수 있는 이색 커피이지요?"

시음에 참여한 직원들의 의견을 반영해 풍미의 강약을 조절하면서 아랍 커피만의 느낌을 살리되 고객의 거부감을 줄일 수 있는 방안을 찾아보기로 했다. 그렇게 블랜딩 업체와 함께 네댓 가지의 풍미로 조절해보았다. 그렇게 여러 방향으로 시도해본 결과 아랍 커피에 들어가는 샤프란과 카다멈 양을 조절하고 인도네시아, 콜롬비아, 에티오피아 그리고 브라질산 원두를 혼합해 블랜딩한 후 다양한 강도의 향을 연출할 수 있었다. 직원들을 대상으로 한 선호도 조사를 통해 최종적으로 판매할 아랍 커피의 맛이 결정되었다.

이제 남은 것은 커피와 대추야자를 어떻게 세트로 구성해 고객에게 제공할 것인가만 남았다. 일단 아라비안 나이트라는 이름에 잘 어울리는 기물을 준비하는 것부터 시작했다. 누가 보더라도 아랍 문화를 느낄 수 있도록 금 장식을 두른 커피잔과 커피팟 그리고 특별히 준비한 아랍 콘셉트 트레이까지 시각적인 것부터 이국적인 느낌이 물씬 나도록 의도했다.

이후 2인 세트를 기본으로 추가 메뉴까지 합리적인 가격을 책정해 드디어 고객들에게 선보일 수 있었다. 그렇게 아랍의 문화와 맛을 담은 신비로운 분위기의 프리미엄 디저트 세트, 아라비안 나이트가 탄생했다.

낙과 덕분에 탄생한 베스트셀러 메뉴

아라비안 나이트처럼 새로운 식음 상품 개발과 관련해 기억에 남는 경험이 하나 더 있다.

제주 호텔의 총지배인으로 일하기 시작했던 때인 2014년 봄이었다. 아직 찬 기운이 남아 있는 이른 봄이던 3월 중순 어느 날, 총주방장은 봄도 되었는데 마실을 겸해 근처 농장에 가보자고 넌지시 제안했다.

"호텔 근처 사계해변 쪽에 망고를 재배하는 농장이 하나 있습니다. 이곳 농장주가 과거에는 호텔에서 시설 담당 부서에 있다가 퇴직 후 농장을 차렸는데 이 친구가 호텔에 애플망고를 납품하고 있죠. 호텔에 납품하는 망고는 어떻게 재배하는지 같이 한번 보러 가시지요."

호텔의 시설을 담당했던 사람답게 비닐하우스 난방은 근처 발전소에서 발생하는 폐열을 활용하고 있었다. 그 덕분에 망고를 재배하는 데 들어가는 전기 요금을 상당히 절감하고 있다는 얘기가 특히 인상적이었다. 총주방장의 옛 동료도 알게 되고 호텔의 전기 요금 절감 방안도 구상하는 김에 제주가 자랑하는 애플망고도 맛볼 수 있는 기회였다.

총주방장과 함께 방문한 곳은 비닐하우스가 십여 동 정도 자리한 그리 크지 않은 규모의 농장이었다. 아직 쌀쌀한 바깥과 달리 비닐하우스 문을 열자 안에서 열기가 훅 밀려나왔다. 농장주는 이곳에서 재배하는 망고는 파리를 이용해 수분을 한다고 설명했다.

커다란 화분에 심긴 나무들은 하나같이 열매를 주렁주렁 매달고 있었다. 열매는 땅에 닿아 상하지 않도록 화분 위 줄에 걸어 하나씩을 매달아 놓았다. 개중에는 겉이 빨갛게 물들고 있는 것들도 보였다. 열매 하나하나 저렇게 정성을 들여야 호텔에 납품할 만한 상품으로 재배할 수 있구나 싶었다.

"한번 드셔보세요. 크기는 작아도 이거 하나에 3~4만 원 정도에 팔고 있습니다."

농장주가 탐스럽게 잘 익은 애플망고를 하나 따서 건네주었다. 그리 크지 않은데도 그 정도 가격을 받는다는 것에 놀라 섣불리 입에 넣을 수 없었다. 농장주로부터 호텔에서 일하던 때의 이야기, 발전소 폐열을 활용하게 된 사연, 농장을 운영하면서 배운 관리 노하우 등 이런저런 주제로 대화를 나누었다.

그러던 중 제주 애플망고 빙수의 탄생에 대해서도 자세한 이야기를 들을 수 있었다. 2000년대 초, 제주 호텔에서는 식자재 및 식음 부문 일류화 프로젝트가 진행되고 있었다. 프로젝트의 세부 과제 중에는 산지 조사를 통한 신메뉴 개발이 있었다고 한다. 식음 담당 직원들이 조사를 하던 중 제주에서도 애플망고가 재배된다는 소식을 듣고 이 농장과 관계를 맺게 되었다.

애플망고는 완숙이 되면 낙과가 제법 발생하고는 했는데 땅에 떨어지면 당도나 향 등 품질에 전혀 이상이 없는데도 낙과라는 이유로 출하할 수 없게 되어버리는 문제가 있었다. 당시에도 제주 애플망고는 높은 가격 때문에 호텔에서도 구매하기가 쉽지 않았던 터라 낙과를 정상 상품 대비 많이 할인된 가격으로 납품받을 수 있었다.

2000년대 초부터 재배를 시작한 제주의 애플망고는 재배 기술이 발달하지 않아 지금처럼 큰 화분이 아닌 땅에 나무를 심어 재배했다고 한다. 줄기 하나당 열매를 하나씩만 남겨 재배했어야 하는데 초기에는 노하우 부족으로 열매를 너무 많이 남겼던 것이 낙과가 많이 발생한 이유였다.

낙과 처리로 고민하던 농장은 호텔이라는 고정 납품처를 얻게 되었고, 호텔에서는 값비싼 고급 과일을 저가로 공급받아 결과적으로 서로가 만족하는 비즈니스가 된 셈이다. 이를 계기로 제주도 호텔에서는 애플망고로 과일 주스와 빙수를 만들어 판매하기 시작했다. 어떻게 보면 망고 빙수라는 베스트셀러 메뉴는 낙과 문제 덕분에 탄생할 수 있었던 것이다.

○

혁신이란 완전히 새로운 것을
만들어내는 것이 아니다.
이 세상에 완전하게 새로운 것은 없다.
혁신은 세상에 존재했던 것을
새롭게 재해석해 내놓는 것이다.

히트 상품은 대번에 등장하지 않는다.
수많은 메뉴를 개발해도 그중
하나 혹은 둘 나올까 말까 한다.
절대 첫술에 배부를 것이라는
기대를 하지 말고
진화적 발전을 해나간다는 생각으로
개발할 것을 당부하고 싶다.

제주에서만 맛볼 수 있는 망고 빙수

제주에서 망고 빙수를 처음 출시했을 때의 형태는 지금과 많이 달랐다. 시중에서 판매하는 일반적인 빙수처럼 놋그릇에 간 얼음을 넣고 그 위에 망고를 한 개 정도 가공해 올린 형태였다. 그러다 2009년에 새로 부임한 총지배인이 빙수의 맛과 과일 장식을 업그레이드하면서 망고 빙수라고 하면 사람들이 흔히 떠올리는 형태가 만들어졌다.

빙수에 들어가는 망고의 양도 초기 한 개 수준에서 나중에는 세 개 정도로 크게 늘리면서 상품성도 대폭 끌어올렸다. 제주에서만 맛볼 수 있던 히트 상품이던 망고 빙수는 기물과 플레이팅 등에 더욱 신경을 써 서울의 호텔에서도 판매하기 시작하면서 전국적인 인지도를 얻게 되었다.

서울에서 망고 빙수 출시를 준비할 때 가격 책정에 대해 고민이 많았다. 시중에 판매 중인 좋다는 빙수도 5000원 정도 하던 시절인데 워낙 비싼 식재료인 망고를 사용하다 보니 가격을 쉽게 낮출 수 없었기 때문이다. 과연 몇만 원짜리 빙수에 고객들이 지갑을 열까 하는 걱정도 있었지만, 결과적으로는 기우였다.

농장 방문을 마치고 호텔로 돌아와 망고 빙수의 모양을 조금 바꾸는 것에 대해 총주방장과 논의를 시작했다. 당시 이 빙수의 형태는 서울 호텔에서 판매하는 것과 같았는데 제주에서만 볼 수 있는 무언가 다른 느낌으로 차별화를 하고 싶었기 때문이다.

"빙수에 올리는 망고의 가공 방식을 기존에 하던 깍둑썰기 말고 어슷썰기로 바꿔보는 것은 어떻게 생각하세요?"

당시까지는 망고를 네모나게 깍둑썰기해 얼음 빙수 위에 올려 판매했다. 풍성하고 먹음직스러워 보기에도 훌륭하고 식감도 좋았지만, 문제가 하나 있었다. 망고를 깍둑썰기로 자르면 먹을 수 있음에도 가장자리는 모양 때문에 사용하지 못한 채 버려졌기 때문이다. 그래서 깍둑썰기 대신 어슷썰기로 망고를 자른다면 색다른 느낌을 주면서 동시에 버려지는 양도 크게 줄일 수 있겠다 싶어 제안한 것이다.

"말씀하신 대로 가공 방식을 바꿔보니 깍둑썰기와 비교했을 때 망고 가공에 들어가는 품이 줄어 작업이 수월해집니다. 그리고 무엇보다 재료의 로스가 줄어 좋습니다."

총주방장이 샘플로 만든 빙수를 보니 고객에게 상품으로 선보여도 무리가 없어 보였다.

사실 서울과 제주에서 판매하는 망고 빙수의 형태가 동일했어도 가격은 제주가 저렴했다. 간혹 같은 빙수인데 제주에서는 왜 싸게 받는지 이유를 묻는 고객도 있었다. 망고 가공 방식을 바꿔보려 한 것은 다른 가격에 대한 설득력을 갖추기 위함이기도 했다. 그날부터 제주 호텔에서는 망고를 깍둑썰기가 아닌 어슷썰기로 가공해 제공하기 시작했다.

제철, 제산지, 그리고 전략 식자재

혁신이란 완전히 새로운 것을 만들어내는 것이 아니다. 이 세상에 완전하게 새로운 것은 없다. 혁신은 세상에 존재했던 것을 새롭게 재해석해 내놓는 것이다.

아라비안 나이트는 중동 지역의 음료와 디저트를 호텔을 찾는 우리나라 고객의 입맛에 맞게 재해석한 것이었고, 제주의 망고 빙수는 서울과 달리 제주에서만 경험할 수 있도록 차별화한 것이었다. 주변을 돌아보고 지난 경험을 되새기며 뭔가 조금 다른 한 끗을 찾겠다는 마음가짐이 혁신의 출발이다. 이미 존재하는 좋은 것을 우리의 고객이 만족을 느낄 수 있도록, 우리가 처한 환경에 적합하게 재해석하고 조합하는 것만으로도 충분히 혁신적인 상품이 탄생한다.

호텔에서 새로운 상품을 개발할 때마다 늘 진화적 발전의 과정을 거치게 될 것이라는 생각을 잊지 않으려 한다. 첫 번째 시도에서부터 만족할 만한 수준의 완벽한 상품은 탄생할 수 없다. 두 번째, 세 번째 이렇게 시도가 쌓일수록 상품의 품질이 개선되고 처음 기대했던 완벽함을 향해 발전할 수 있다고 믿는다.

아라비안 나이트라는 상품도 지금은 처음 출시할 때와 많이 달라진 형태로 고객을 만나고 있다. 높은 기준을 가지고 있어서 매번 아쉬웠던 대추야자도 계속해서 더 나은 상품을 발굴해갔다. 그렇게 상품성 개선을 거듭한 결과 갈수록 맛이 좋아졌고 맛을 본 고객은 하나같이 칭찬하는 호텔의 대표 상품으로 자리를 잡았다.

아라비안 나이트를 개발하면서 스핀오프 개념으로 튀르키예의 전통 유제품인 카이막 크림을 활용한 빙수를 개발하기도 했다. 카이막 빙수를 개발하는 과정에서 가장 힘들었던 것은 카이막 크림이 유제품이다 보니 차가운 얼음과 만나면 굳어진다는 점이었다. 마치 '따뜻한 아이스 아메리카노' 같은 것이어서 해결하기 쉽지 않은 어려운 과제였다. 결국 수십 번의 시도와 실패, 반복된 시제품 제작을 통해 카이막 크림을 묽게 만들어 빙수 위에 얹으면 떠먹을 수 있는 형태로 개발에 성공했다.

많은 고객의 사랑을 받는 히트 상품은 대번에 등장하지 않는다. 수많은 메뉴를 개발해 고객에게 선보여야 그중 하나 혹은 둘

나올까 말까 한다. 새로운 무언가를 개발하고자 한다면 처음부터 이런 생각으로 접근하는 것이 꼭 필요하다. 절대 첫술에 배부를 것이라는 기대를 하지 말고 진화적 발전을 해나간다는 생각으로 개발할 것을 당부하고 싶다.

과거에 함께 일했던 이들 중에는 맛있는 식당을 꿰고 있는 동료가 있었다. 그는 동료들과 식사하러 나가거나 부서 회식을 할 때 식당 추천을 부탁하면 늘 비싸고 맛있는 곳을 추천하기에 보다 못해 "비싸고 맛있는 곳은 많으니 숨어 있는 싸고 맛있는 곳을 추천해야지!"라고 나무란 적이 있다.

호텔의 구매 관련 부서가 수행하는 업무의 본질도 마찬가지다. 좋은 제품을 저렴하게 구입해 공급하는 것이 이 부서가 어떻게든 해내야 할 일이다.

호텔에서 사용해야 하는 좋은 식자재의 원칙은 분명하다. 기본적으로 제철과 제산지를 꼽을 수 있다. 사계절마다 때에 맞춰 출하되는 식자재를 안정적으로 수급해 조달하고, 또 당연히 산지에서 구매하는 것이 기본이다.

그리고 한 가지 더 기억해야 할 중요한 원칙이 있다. 그것은 전략 식자재다. 예를 들면 요즘 많이들 관심을 가지고 있는 개념인 저속 노화와 관련해 도움이 되는 식재료라든가 사회적 영향력이 강한 인플루언서가 즐겨 먹는 음식처럼 사람들의 관심을 끌 수 있는 것들이 해당한다. 이런 식자재를 적극적으로 발굴하고 상품으로 만들 수 있어야 한다.

이런 면에서 제주의 애플망고는 제철, 산지, 전략 식자재라는 세 가지 조건을 모두 충족했다. 우선 5월부터 7월까지만 출하되기에 이 시기가 아니면 접하기 힘든 희소성이 있다. 그리고 식재료 산지인 제주라는 곳의 이미지는 고객에게 일상을 벗어난 느낌도 줄 수 있다. 여기에 더해 제주 호텔리어 출신의 농장, 지역사회와의 협업 그리고 발전소 폐열을 활용한 친환경 농법 등 전략 식자재로서의 이야깃거리가 두루두루 풍부하다.

호텔에 근무하는 셰프라면 호텔 근처에서 나는 식재료에 대해 꾸준히 관심을 가지고 메뉴로 개발하려는 노력이 필요하다. 그것이 바로 스토리텔링이 되고 고객이 이 상품을 선택해야만 하는 명확한 이유, 즉 마케팅에서 말하는 USP(unique selling proposition)가 된다. 호텔이 위치한 지역이 어디냐에 따라 제철 제산지 식재료가 달라질 수 있고, 거기에 스토리가 될 만한 식자재를 찾아 상품을 만들어보는 것도 작은 혁신의 사례가 될 수 있을 것이다.

성산일출봉 상인에게서 배우다

마케팅은 타이밍, 남들보다 한두 계절 앞서라

디테일의 디테일

해안가 정원, 산책로 개선

- 시기: 2014년 봄
- 당시 직책: 제주신라호텔 총지배인

하던 대로 하려면 아예 시작을 마라

4월 중순의 제주에는 완연한 봄의 기운이 감돌고 있었다. 안개가 많이 끼고 부슬부슬 비가 내리는 고사리 장마도 끝나 가벼운 옷차림만으로 바닷바람을 맞아도 괜찮을 정도로 날씨가 좋았다. 호텔 주변의 경치는 투숙객이 아니어도 제주 관광을 왔다면 한 번쯤 들렀다 가는 코스일 정도로 아름다웠다. 그리고 바닷가를 끼고 만들어져 있는 아름다운 정원은 바라보는 것 자체가 힐링이기도 했다. 이런 호텔을 매일 거닐면서 일상은 산책이 되었다. 때로는 그림 속에 있는 것 같았고, 복잡한 머릿속은 계절에 따라 다른 신선함으로 추스를 수 있었다.

그날도 여느 때와 같이 호텔 관내 순찰에 나서 해안가 절벽으로 향했다. 길 한쪽 구석에 활짝 피어 있는 유채꽃이 눈에 들어왔다. 호텔 관내의 조경을 담당하는 시설팀의 담당자가 마침 함께 있어서 유채꽃이 지금 피는 이유를 물어보았다.

"저희는 항상 4월 중순쯤 꽃을 피우도록 심고 있습니다."

의아했다. 유채꽃밭으로 관광객의 사랑을 받는 성산일출봉 주변의 유채꽃은 이미 지난 2월 초중순쯤 만개했기 때문이다. 사람들은 아직 겨울의 찬 기운이 남아 있는 2월이 되면 서둘러 그곳을 찾는다. 노란색 꽃밭을 배경으로 앞다투어 사진을 찍으며 누구보다 먼저 남쪽에서 오는 봄의 기운을 온몸으로 느끼려 하기 때문이다.

이것을 잘 알고 있는 인근 상인들은 입춘이 되기 훨씬 전부터, 어떤 때는 설 명절이 오기 전인 한겨울부터 서로 경쟁하듯 관광지 공터에 유채를 심었다. 꽃이 피기 시작하면 꽃밭 한가운데 아치를 만들고 그네를 놓아 봄을 기다리는 관광객을 유혹했다. 그런데 호텔에서는 사람들이 꽃을 보기 위해 제주를 찾아 몰리는 시기가 한참 지나서야 유채를 심어 관상용으로 가꾸고 있던 것이다. 누구보다도 시즌을 앞서서 고객을 불러 모아야 한다는 것쯤은 관광지 상인도 알고 있는데 최고의 전문가들이 모여 그 누구보다 고객 만족을 고민하는 호텔에서 이런 모습을 보게 되자 답답한 마음이 들었다.

"고객들은 이미 지난 2월에 성산에 가서 유채꽃 사진을 다 찍었을 텐데 지금 여기에 유채꽃을 심는다면 별 효과가 없지 않을까요?"

살짝 짜증이 섞인 나의 질문에 시설팀 담당자는 볼멘소리로 대답했다.

"성산에서는 꽃이 빨리 피는 품종인 조생종을 심는 거고 저희는 늦게 꽃을 피우지만 오래 유지되는 만생종을 심고 있습니다. 그쪽과는 품종에서부터 차이가 있습니다. 시기적으로도 봄

기운이 완연한 4월에 꽃을 즐기도록 하는 겁니다."

질문의 의도는 사람들이 자연스럽게 제주 유채꽃을 떠올리는 시즌이 다 지나서야 굳이 왜 심어야 하느냐는 것이었다. 그런데도 늘 하던 식으로 하는데 뭐가 문제냐는 식의 답변이 돌아오자 무척 화가 났다.

사무실로 돌아와 곧바로 간부들을 소집해 해안가 정원의 조성 계획을 점검하기 시작했다. 월별로 어떤 꽃들을 심어 화단을 조성하는지 물었더니 시설팀 간부는 봄이 되면 유채꽃을, 여름에는 튤립을, 가을에는 코스모스를 심는다고 했다. 그리고 누가 특별히 얘기하는 것이 있으면 그것도 한쪽에 심기도 한다고 답했다.

뻔한 얘기를 다시 하는 시설팀 간부의 답변은 우리가 왜, 무엇을 위해 호텔을 운영하고 있는지에 대한 의구심을 갖도록 했다. 이대로 두면 안 되겠다는 생각이 들었다.

"한 계절을 앞선 화단 조성 계획이 필요합니다. 현재 화단이 위치한 곳도 해안가 절벽 구석이 아닌 고객이 경치를 즐기기 위해 많이 오가는 산책로의 중간쯤으로 옮기도록 합시다. 그렇게 해서 호텔을 방문하는 고객이 산책할 때 화단 중앙을 가로질러 다니도록 해봅시다. 그러면 자연스럽게 다음 계절을 느끼게 하는 꽃을 보며 사진도 찍고 다른 관광지보다 더 빨리, 다른 사람들보다 더 일찍 계절을 느끼게 될 겁니다. 계절을 앞서 보여줄 수 있도록 조생종 꽃을 선별하고 계절별로 화단 조성 계획을 다시 구상해보세요."

당연히 처음에는 뭘 이렇게까지 해야 하느냐며 곳곳에서 불평하는 소리가 들렸다. 하지만 시간이 갈수록 거세지는 설득과 잔소리에 하나둘 포기하더니 결국 직원들도 같은 마음으로 화단을 조성하기 시작했다. 그저 위에서 시키니까 해야 한다고 생각하지 않도록 왜 이것을 해야만 하는지 계속 설명하다 보니 직원들의 손놀림도 제법 빨라졌다.

이왕 화단을 새롭게 조성하는 김에 산책로 한편에 있는 미니 동물원도 개선하기로 했다. 꼬마 고객들이 좀 더 편하게 접근해 동물들을 가까이에서 그리고 안전하게 관찰할 수 있는 아이디어를 직원들이 직접 내고 고쳐보도록 독려했다.

이러한 노력의 결과 사람들이 성산의 유채꽃밭에서 다가오는 봄을 느꼈던 것처럼 우리 호텔의 고객은 봄뿐만 아니라 사계절 모두의 변화를 남들보다 일찍 감상할 수 있게 되었다. 또한 고객이 자연을 느끼며 쉴 수 있는 산책로가 하나가 더 개설되었고 아이들이 좋아하는 미니 동물원의 업그레이드 상품도 덕분에 하나 더 개발할 수 있었다.

○

성산일출봉 인근 상인들은
입춘이 되기 훨씬 전부터,
어떤 때는 설 명절이 오기 전부터
서로 경쟁하듯 공터에 유채를 심었다.
꽃밭 한가운데 아치를 만들고
그네를 놓아 관광객을 유혹했다.

호텔은 늘 모든 면에서 늦고는 했다.
IT 신기술을 도입하는 것에 주저했고,
계절 마케팅을 적극적으로 활용하는 것도
다른 업계나 회사에 비해 늦었다.
고객을 상대로 하는 마케팅만큼은
늦지 않게, 최적의 타이밍에 하고 싶었다.

데이터가 알려주는 시즌을 앞선 대응

패션업계를 보면 항상 최소 반년 이상 앞서 새로운 상품을 선보이는 것을 볼 수 있다. 그렇게 하기 위해서는 훨씬 더 이전부터 상품을 개발했을 것이다. 이것은 트렌드를 예측하는 것을 넘어 트렌드를 창조하고 주도하려는 노력의 결과물이라고 생각한다.

이에 반해 호텔은 늘 모든 면에서 늦고는 했다. IT 신기술을 도입하는 것에 주저했고, 계절 마케팅을 적극적으로 활용하는 것도 다른 업계나 회사에 비해 늦었다. 나름의 이유가 있겠지만, 고객을 상대로 하는 마케팅만큼은 늦지 않게, 최적의 타이밍에 하고 싶었다.

모든 상품에는 사람처럼 생애 주기라는 것이 있다(product life cycle). 상품이 기획되어 출시된 후 고객의 선택을 받아 활발하게 판매된 뒤 마침내 고객의 선호가 바뀌어 판매되지 않으면서 시장에서 사라지는 과정을 말하는 용어이다. 호텔에서도 항상 상품의 생애 주기를 이해하고 그 주기를 앞서서 마케팅해야 한다고 늘 생각해왔다. 이것이 가능하기 위해서는 과거의 데이터를 충실히 축적하고 분석해 활용하는 것이 중요하다.

예를 들어 호텔의 식음업장에서는 VOC 관리를 한다. 매주,

매월 식음업장에서 접수되는 고객의 불만 사항을 기록하고 데이터화하면 일정한 패턴을 발견하게 된다. 식음업장의 특성상 주로 이물질이 음식에 들어갔다는 불만이 큰 비중을 차지하는데 겨울에는 음식에 머리카락이나 옷 보풀이 들어가 있다는 고객 불만이 많이 접수된다.

원인을 분석해보면 아무래도 착용하는 외투가 두꺼운 데다 그 안에도 여러 겹의 옷을 입다 보니 마찰로 보풀 등이 많이 발생하기 때문이다. 고객이 외투를 벗는 순간 그런 이물질이 음식에 많이 떨어지게 되는 것이다. 그래서 겨울이 되면 레스토랑 입구에서부터 고객의 외투를 걸어둘 행거를 설치해보았다. 식사 전에 외투를 미리 받아 보관 후 레스토랑에 입장하도록 안내했더니 이물질과 관련한 고객 불만이 현저하게 줄었다.

식음 서비스와 관련해 많이 발생하는 사고 중 하나는 고객이 식사 후 배탈이 났다는 경우다. 이러한 사고는 특히 4월에서 5월 그리고 9월에서 10월쯤, 그러니까 환절기에 많이 발생했다. 이 시기는 쌀쌀했던 날씨가 포근해지거나 반대로 무더위가 지나고 바람이 불기 시작하는데 우리 몸이 날씨 변화에 적응하지 못해서 발생하는 현상이다. 그렇기에 레스토랑에서는 고객의 몸이 잘 받아들일 수 있는 메뉴를 날씨 변화에 맞춰 미리 교체하는 등의 대비를 해야 한다.

피트니스 클럽의 사우나에서도 계절과 관련한 사고를 주의해야 한다. 사우나에서는 주로 2월과 3월에 연로한 고객의 사고가 많이 발생했다. 이것 또한 날씨 변화와 우리 몸의 적응으로 인해 발생하는 현상이다. 연로한 고객의 경우 환절기에 체력이나 면역력이 떨어지기 쉬운 데다 사우나 특성상 뜨겁고 차가운 물을 갑자기 접할 때 자칫하면 몸에 무리가 가 위험할 수 있다. 이것을 미리 알고 있으면 다른 때보다 사우나 내부에서 직원 순찰을 더 자주 한다거나 간호 인력을 보충하는 등의 사고 대비 방안을 준비할 수 있다.

이러한 조치들은 어찌 보면 별것 아닌 것일 수 있지만 시즌 변화를 미리 대비하고 고객의 만족도를 높이는 관점에서 보면 큰 노력을 투입하지 않고도 확실한 효과를 거둘 수 있는 적절한 마케팅 사례로도 볼 수 있을 것이다.

고객이 원하기 전에, 찾기 전에

남들도 다 하고 있을 때 같이 하면 늦는다. 특히 영업이나 마케팅과 관련된 일일 때는 항상 시즌을 한 발 이상 앞서야 한다. 늘 해왔던 대로 4월에 유채꽃을 심던 그때 기억을 돌아보면서 무엇이 고객을 위한 마케팅인지, 새로운 기회를 만드는 마케팅인지 생각해보게 된다.

시즌의 과학은 고객의 행동 패턴을 읽어 고객도 미처 깨닫지 못했던 원하는 바를 먼저 준비해 제공하는 것이다. 계절은 매년 반복되지만, 그 안에서 고객의 경험은 매년 더욱 특별해지고 새로워져야 한다. 봄을 먼저 느끼기 위해 유채꽃을 감상하러 2월에 제주도를 방문하는 것처럼 계절과 상관없이 고객이 원하는 감성적 체험을 제공할 수만 있다면 그것이 바로 시즌을 앞서가는 마케팅의 진정한 의미라고 할 수 있다.

마케팅은 결국 타이밍이다. 고객이 원할 때가 아니라 고객이 원하기 전에, 고객이 찾을 때가 아니라 고객이 찾기 전에 미리 준비하고 제공하는 것. 그것이 경쟁에서 앞서나가는 유일한 방법이다.

오후 3시에 시식하는 이유

올바른 시식과 온도 관리의 철학

디테일의 디테일

소고기 품질 개선을 위한 시식

- 시기: 2010년대 후반
- 당시 직책: 서울신라호텔 총지배인

연회 커피 및 뷔페 프로세스 개선

- 시기: 2010년대 후반
- 당시 직책: 서울신라호텔 총지배인

프리미엄 식음 서비스의 기반

호텔 사업의 핵심은 고객에게 최고의 경험을 제공해 브랜드 가치를 쌓는 것이다. 식음 서비스는 호텔의 브랜드 가치를 직접적으로 좌우하는 영역이다. 그동안 호텔리어로 살아오면서 깨달은 것은 식음 서비스의 성공 여부는 단순히 좋은 재료나 숙련된 셰프의 역량만으로 결정되지 않는다는 사실이다.

고객이 호텔을 찾는 이유는 집에서 경험할 수 없는 특별함 때문이다. 식음 서비스 역시 마찬가지다. 같은 재료, 같은 조리법이라도 호텔에서만 느낄 수 있는 완벽함이 있어야 한다. 이러한 완벽함은 우연히 만들어지지 않는다. 철저한 준비 과정과 과학적 품질 관리가 뒷받침되어야 비로소 달성할 수 있다. 그리고 이 모든 것의 출발점은 올바른 시식과 정확한 온도 관리에 있다고 생각한다.

맛에 냉정해지는 시간, 오후 3시

어느 날 갑자기 새로운 과제가 떨어졌다. 호텔에 납품되는 모든 소고기의 품질을 점검하라는 지시였다. 호텔에서 사용하는 소고기는 당연히 구매 부서의 엄격한 품질 체크와 검수 절차를 거쳐 통과한 것만 납품을 받아 사용하고 있었다. 그런데 왜 갑자기 이런 과제가 떨어졌을까. 여기저기 알아보니 호텔이 외부에서 운영 중인 레스토랑에서 식사한 VIP가 고기 맛이 좋지 않다고 언급한 것이 발단이었다.

무엇이 불만이었을지 궁금해하면서 직원들과 함께 호텔의 모든 레스토랑에서 사용하고 있는 소고기를 전부 조사하기 시작했다. 보통의 경우 평소 거래하는 납품 업체를 통해 일정 품질 이상의 소고기만을 공급받았다. 한식당이나 파인 다이닝 업장에서는 최고급 한우만을 사용하고 있었다. 다만 특정 산지를 고집한다기보다는 그날그날 수급이 가능한 산지의 소고기가 공급되는 구조였다. 뷔페의 경우에는 한우보다는 뉴질랜드산, 호주산, 미주산을 수급 상황과 메뉴를 감안해 사용하고 있었다.

그렇게 시작된 것이 한우 시식이었다. 일단 국내에서 소를 키우는 지역에 따라 춘천, 횡성, 평창, 정읍, 안성 등 산지별로 구분했다. 이후에는 도축 후 며칠이 지났는지에 따라 다시 구분해서 어느 조건의 소고기 맛이 제일 뛰어난지 가려내기로 했다. 그런데 시식 시간이 이전과 달랐다. 오후 3시였다. 윗선에서 반드시 이 시간에 진행하라는 지시가 내려온 것이다.

지금까지 시식은 주로 점심 식사 시간이나 저녁 식사 시간에 진행하고는 했다. 관련된 직원들이 같이 모여 고객에게 서비스하는 환경과 동일한 상태에서 식사를 겸하는 방식이었다. 그런데 점심과 저녁 식사 시간의 중간인 오후 3시에 시식을 하라고 하니 다들 내켜 하지 않았다.

가만히 생각하니 숨은 의도를 알 것 같았다. 점심이나 저녁 식사 시간에 시식을 하면 아무리 입맛이 까다롭고 냉정한 사람이라도 누구든 음식이 맛있게 느껴질 것이다. 그렇게 되면 진정한 음식의 맛과 품질을 체크한다는 것은 어렵지 않을까. 이미 식사를 마쳐 배가 채워진 상태에서도 맛있다고 판단되는 음식이야말로 뛰어난 품질의 음식일 것이다. 이런 의미에서 오후 3시라는 애매한 시간에 시식을 하는 것이 일리 있다고 생각했다.

시식을 위해 준비된 한우는 종류가 무척 많았다. 강원도 횡성 한우부터 멀리 정읍 한우까지 산지별로, 도축 후 16일이 경과한 것부터 도축 후 25일이 경과한 것까지 3~4센티미터 크기의 작은 정육면체로 자른 고기가 테이블 위에 놓였다. 물론 각 고기의 산지와 도축일은 공개하지 않은 채 블라인드 테스트로 진행했다. 이 고기들은 준비된 불판 위에 딱 정해진 시간만큼만 구워 평가단으로 참석한 간부들의 입으로 들어갔다. 나도 그중 한 명으로 참석해 하나씩 맛을 보았다. 그렇게 꽃등심, 채끝살, 안심

등 부위별로 테스트가 이어졌다.

　시식을 진행하면서 한 가지 중요한 사실을 발견했다. 확률적으로 낮과 밤의 기온 차이가 큰 환경에서 자란 소일수록, 풀보다는 사료를 먹고 자란 소일수록 맛과 품질이 좋아진다는 것이다. 비교적 낮은 평가를 받은 산지의 소 중에도 좋은 품질이 있었던 것은 이러한 이유 때문이었다.

　그렇게 그날 이후 한 달 가까이 계속된 한우 시식에 참여하면서 한우 산지 중에서 강원도 횡성산 꽃등심이, 그리고 도축 후 21일 정도 지난 소고기가 내 입맛에는 가장 훌륭하게 느껴진다는 나름의 기준도 찾을 수 있었다.

　3~4센티미터 크기는 별것 아닌 것 같았지만 수십 종의 고기를 맛보아야 하다 보니 그야말로 고역이었다. 게다가 든든히 식사를 마친 후인 오후 3시라는 시간은 무척 힘든 시점이었다. 그럼에도 맛에 냉정해질 수밖에 없는 때여서 시식에 있어서는 최적의 타이밍이었음을 부인할 수 없었다.

이유 없는 고객 불만은 없다

이토록 엄격한 시식을 통해 선별한 최적의 품질을 확보한 식재료로 최고 수준의 음식을 만들어도 고객에게 서비스할 때 제대로 전달되지 못한다면 아무런 의미가 없다. 바로 여기서 음식 온도 관리의 중요성이 등장한다.

음식은 온도가 생명이다. 호텔의 식음업장은 늘 온도와의 전쟁이었다. 음식과 관련해 접수된 고객 불만 사항의 대부분은 '음식이 식었다'와 '음식이 말랐다'였다. 그래서 결론적으로 음식의 맛이 떨어진다는 것이다. 이처럼 아무리 좋은 재료로 완벽하게 조리한 음식이라고 하더라도 고객에게 서비스되는 순간까지 적정 온도를 유지하지 못하면 실망스러운 경험을 줄 수밖에 없다.

하루는 호텔에서 열린 연회에 참석한 한 VIP께서 커피의 맛이 기대에 미치지 못한 데다 다 식어 있었다며 불만을 접수하셨다. 당시 우리 호텔은 서울에서 운영 중인 호텔 중 가장 비싸고 좋은 원두만을 사용하고 있었다. 그럼에도 맛에 대해 혹평을 받았다는 것은 쉽게 이해하기 어려웠다. 문제를 해결하기 위해 면밀하게 분석한 결과 알고 보니 이유는 원두가 아니라 다른 데 있었다.

뜨거운 음식은 뜨겁게 먹어야 하고 차가운 음식은 차게 먹어야 제맛이 나는 법이다. 커피는 뜨겁게 먹을 때 본래의 맛을 음미할 수 있는 음료다. 물론 많은 사람들이 아이스 아메리카노도 즐기지만, 고객이 차가운 커피를 요청하지 않았다면 호텔 연회에서는 기본적으로 따뜻한 커피를 제공한다. 그렇다면 연회장에서 고객에게 제공하는 커피가 어떻게 제조되는지 처음부터 끝까지 살펴야 했다.

호텔 연회장에서는 거리에서 흔히 볼 수 있는 일반 카페에서 사용하는 커피 머신을 사용하지 않고 대용량 브루어로 한 번에 몇백 잔의 커피를 준비한다. 담당 직원이 브루어에 필터와 함께 커피 파우더를 넣고 기기의 스위치를 올리면 자동으로 물을 끓여 커피를 내리게 된다. 그렇게 내려진 커피를 일정 온도 이상으로 유지해 연회가 시작되면 커피 팟에 소분해 고객에게 제공하는 프로세스로 운영하고 있었다.

프로세스만 보아서는 커피 맛을 떨어뜨리는 원인을 찾을 수 없었다. 하지만 현장을 살펴보니 문제가 하나 있었다. 연회 담당 직원들은 좀 더 편하게 일하기 위해 아침에 출근하자마자 커피를 미리 내려놓고 있었다. 코스 요리가 제공되는 연회의 경우 메인 요리가 나가면서 커피를 만들기 시작해야 한다. 아침부터 미리 커피를 내려놓게 되면 낮에 진행되는 연회의 고객은 내린 지 반나절 이상 된 커피를 마시게 된다는 얘기다. 기본적인 것을 지키지 않았으니 커피 맛이 떨어지는 것은 너무도 당연한 일이었다. 역시 고객이 불만을 제기하는 데는 다 이유가 있었다.

○

뜨거운 음식은 뜨겁게 먹어야 하고
차가운 음식은 차게 먹어야
제맛이 나는 법이다.
기본적인 것을 지키지 않았으니
맛이 떨어지는 것은 당연한 일이었다.
역시 고객이 불만을 제기하는 데는
다 이유가 있었다.

고객에게 최상의 음식을 제공하기 위해
직원은 불편을 더욱 감내해야 했다.
훨씬 자주 조리해야 했고,
바쁘게 움직여야만 했다.
그래야 고객이 더 맛있는 음식을
즐길 수 있기 때문이다.

고객 행동 패턴에서 발견한 해답

어느 날부터 갑자기 뷔페 음식에 대한 고객 불만이 증가했던 시기가 있었다. 평소와 달리 이상 신호가 확인되어 현장을 점검하면 분명 문제를 발견하고는 했다. 그렇게 해서 뷔페 업장에 대한 점검을 진행하기 시작했다.

워낙 많은 고객이 동시에 이용하는 뷔페는 조리하는 음식의 양이 늘 많았다. 메뉴도 다양해서 아침부터 저녁까지 제공되는 메뉴를 모두 모으면 대략 160가지 정도나 되었다. 차게 즐기는 음식이 50여 종, 따뜻하게 즐기는 그릴 음식이 30여 종 내외 그리고 중식이 40여 종, 일식이 15종 내외였다. 여기서 끝이 아니라 빵류 20여 종에 과일과 디저트류 10여 종까지 늘 제공되고 있었다. 이렇게 많은 메뉴는 각각 30인분에서 50인분 정도 만들어서 세팅하고는 했다.

뷔페의 경우 고객에게 제공되는 다양한 메뉴마다 지켜야 할 기본 조건이 있다. 가장 먼저 음식의 맛을 크게 좌우하는 온도 변화를 살펴보았다. 먼저 갈비구이가 식는 시간을 조사하니 조리 후 5분이 지날 때까지 약 75도를 유지하던 온도가 15분 지나자 50도 아래로 떨어졌다. 세팅 후 15분 정도만 지나도 고객은 질기고 맛없는 갈비구이를 먹게 되는 것이다.

소진되는 속도도 살펴보니 보통 세팅하는 양인 20인분이 모두 소진되기까지 30분 정도 걸렸다. 결과적으로 온도 변화와 소진 속도를 종합하면 갈비구이 절반 정도는 고객이 가져갈 때 이미 식고 맛이 없는 상태였다는 얘기가 된다. 상황이 이러하니 맛이 없다는 불만이 접수되는 것은 당연했다.

그리고 몇 가지 문제를 더 발견할 수 있었다. 고객이 음식을 고르고 접시에 담는 데도 시간이 소요되었다. 관찰 결과 고객은 보통 한 접시에 열 가지 내외의 음식을 담았는데 따뜻한 음식부터 시작해 나중에 차가운 음식을 담아 자리로 향하는 것을 볼 수 있었다. 이 과정은 2분에서 길게는 5분까지도 소요되었다. 그런데 이상하게도 고객이 자리에 앉아서는 차가운 음식부터 먹는 경향이 있었다. 따뜻하게 즐겨야 할 음식을 가장 먼저 담은 데다 먹는 순서도 밀리다 보니 음식의 맛을 제대로 느끼기 힘들 것 같았다.

이 외에 음식의 맛을 떨어뜨리는 다른 몇 가지 요인을 더 확인할 수 있었다. 접시의 온도도 음식 온도에 영향을 주어 접시가 차가울수록 음식이 식는 속도가 더 빨라졌다. 그리고 차갑게 즐기는 음식인 스시의 경우 세팅 후 20~30분 정도 지나자 음식 표면이 마르는 현상이 생겼고 샐러드는 시간이 지날수록 수분이 너무 많아져 맛이 떨어졌다. 또한 따뜻하게 즐기는 음식 위에 설치한 히팅 램프와 음식 접시와의 간격이 너무 멀어 온도를 유지하는 데 어려움이 있기도 했다.

음식의 맛을 떨어뜨리는 다양한 요인을 확인한 뒤 구체적인 해결 방안을 마련했다. 뷔페 업장은 오픈 직후 40여 분 동안은 고객이 증가하지만 이후에는 감소하는 경향이 있었다. 이를 감안해 메뉴와 시간대별로 적정 온도와 세팅하는 양을 조정하기로 했다. 따뜻한 음식의 경우 초기 세팅 양을 기준의 50% 정도로 줄였고, 따뜻한 음식 코너에 비치한 접시의 온도도 50도 정도로 올려 음식이 식는 속도를 늦추었다.

뷔페 업장이 오픈한 지 40여 분이 지난 시점부터는 음식 세팅 양을 기준의 30% 정도로 줄여 최대한 자주 새 음식을 제공하기로 했다. 그리고 모든 메뉴는 종류별로 오픈 전후 조리 시점과 세팅 시간을 재정립하면서 세팅 시점의 메뉴별 기준 온도와 세팅 이후 온도 관리의 기준도 마련해 철저히 관리하도록 바꾸었다.

결과적으로 고객에게 최상의 음식을 제공하기 위해 직원은 이전보다 불편을 더욱 감내해야 했다. 훨씬 자주 조리해야 했고, 바쁘게 움직여야만 했다. 그래야 고객이 더 맛있는 음식을 즐길 수 있기 때문이다.

직원이 바빠지면 고객은 행복해진다

어느 날, 강남의 한 호텔 뷔페에 오후 3시에 방문했을 때 저녁 시간에 제공할 튀김 메뉴를 미리 조리하는 모습을 우연히 보게 되었다. 그 모습을 본 순간 뷔페 메뉴에 대한 고객 불만이 집중되어 문제 해결을 위해 애썼던 경험이 떠올랐다. 직원이 조금 더 편하게 일하자고 저렇게 미리 조리한다면 오늘 저녁에 뷔페를 찾을 고객은 맛없는 음식을 먹겠구나 싶었다.

식음 서비스에서 디테일의 과학이란 바로 이런 것이다. 오후 3시 시식을 통한 객관적 품질 평가부터 최적 온도를 찾아 관리하는 것까지 이 모든 과정은 고객에게 최상의 품질로 식음 서비스를 제공하겠다는 한 가지 목표로 모인다. 재료를 준비하고 조리하는 과정을 거쳐 비로소 고객이 음식을 섭취하는 순간까지의 전 과정에 대한 세밀한 관찰과 치밀한 설계, 문제의 개선이 있어야만 비로소 프리미엄 호텔다운 식음 서비스가 완성된다.

호텔의 시식은 당연히 취식과 구분해 운영하는 정식 프로세스이다. 취식은 부정하게 호텔의 음식을 먹는 것이고, 시식은 정당한 절차를 거쳐 품질을 평가하고 명확한 근거를 남겨 호텔 식음 메뉴의 품질 향상을 도모하는 것이다. 시식이라는 절차와 과정은 메뉴 개발과 관련해 조리장, 식음 매니저, 구매 담당 등이 총지배인과 함께 품질 향상을 꾀하며 최상의 음식을 제공하기 위한 노력의 시작점이다.

관행적으로 임직원의 식사 시간에 맞춰 진행했던 시식을 오후 3시에 시행하라는 지시는 식사 후 또 식사를 하라는 것과 다름없다고만 생각해 날 선 불만을 제기하는 이들도 많았다. 하지만 시간이 지나 음식의 질이 개선되고 고객에게 좋은 평가를 받는 것을 보면서 호텔 직원이 힘들어질수록 고객의 만족도는 높아짐을 경험했다. 고됐던 오후 3시의 시식 지시는 고객에게 최상의 품질을 제공하겠다는 경영진의 의지였다.

음식 온도의 과학적 관리는 고객에게 최상의 서비스를 제공해야 한다는 깨달음에서 시작되었다. 음식은 온도가 생명이다. 그리고 그 온도를 지키기 위한 작은 노력이 모여 호텔의 브랜드 가치를 만든다. 고객이 호텔에서 경험하는 특별함은 바로 이렇게 보이지 않는 디테일에서 나온다. 이것이 호텔 서비스의 본질이고 고객 중심적 사고란 바로 이런 것이다. 직원의 편익보다 고객의 만족을 우선하는 것, 그것이 진정한 호스피탈리티의 시작이다.

일상을 특별하게
만드는 스토리

일상도 바라보기에 따라서는 최고의 순간이다

디테일의 디테일

쿠바 출장

- 시기: 2013년

- 당시 직책: 서울신라호텔 마케팅팀 팀장

앰버드 캐릭터 개발

- 시기: 2023년 봄

- 당시 직책: 앰배서더서울풀만호텔 대표이사

잃어버린 도시 하바나

쿠바의 수도 하바나 해안을 따라 8킬로미터 정도 펼쳐진 말레콘 해안에서 보았던 광경은 지금도 머릿속에 생생하게 남아 있다. 그때의 강렬했던 경험은 고객이 호텔에서 지내는 시간을 더욱 특별하게 만들어주기 위해 어떤 스토리텔링을 활용하면 좋을지 고민하도록 이끌었다.

이전에 근무했던 호텔에서 야외 수영장을 새롭게 단장하는 프로젝트에 참여했을 때 해외 유명 관광지의 호텔을 벤치마킹하고자 찾은 곳이 쿠바였다. 정확히 말하면 멕시코 칸쿤과 미국 라스베이거스를 방문하면서 함께 찾은 곳이었다. 출장지 목록에서 쿠바라는 지명을 보았을 때 의아함과 동시에 기대감이 들었다. 지금은 수교국이지만 당시만 해도 시리아와 함께 한국이 수교하지 않은 단 두 곳 중 하나였다 보니 무척 낯설었기 때문이다. 그러면서 동시에 쉽게 가볼 수 없는 곳이기에 무척 기대가 되기도 했다.

호세 마르티 공항에 도착해 택시를 타고 하바나 시내로 이동하며 본 거리 모습은 그야말로 충격의 연속이었다. 한쪽 모퉁이가 폭격을 맞은 듯 떨어져 나가 철근이 드러난 건물에는 사람들이 아무렇지 않은 듯 살고 있었다. 그야말로 영화에서 묘사하는 잃어버린 도시가 이렇지 않을까 싶었다.

우리 일행의 통역을 담당한 현지인은 젊을 때 북한으로 유학을 다녀온 경험이 있어 이북 사투리가 강하긴 했어도 한국어를 곧잘 했다. 그는 미국과의 관계가 부드러워지면서 플로리다에서 쿠바까지 방문하는 관광객이 많이 늘어난 덕분에 가족의 삶이 꽤 풍족해졌다고 좋아했다. 한국과 달리 쿠바에서 의사는 공무원이라며 관광 가이드가 고소득층에 속한다고 했다. 요즘에는 쿠바로 관광을 오는 한국인도 제법 많아졌다고 했다. 북한과 가깝게 지내는 국가이다 보니 한국도 친근하게 느껴진다는 등 다양한 주제로 이야기를 나누었다.

우리가 묵은 호텔은 그 유명한 '나시오날 데 쿠바'라는 곳으로 1930년에 문을 연 쿠바에서 몇 안 되는 5성급 호텔이었다. 영화 〈대부 2〉에도 등장했고 윈스턴 처칠, 말론 브란도, 스티븐 스필버그 등 유명인이 투숙한 호텔로 지역의 랜드마크이기도 했다. 말레콘 해안과 가까워 카리브해를 한눈에 조망할 수 있는 훌륭한 입지를 가지고 있었다.

이 호텔이 유명한 이유 중 하나는 바로 부에나 비스타 소셜 클럽이라는 쿠바의 유명한 사교클럽 뮤지션의 자녀들이 새롭게 밴드를 결성해 연주하고 있기 때문이었다. 우리는 통역의 안내로 그 클럽에서 열리는 공연도 감상할 수 있었다.

　외국인 관광객에게는 별도 요금을 받는 국가 정책 때문인지 숙박료는 제법 비쌌다. 그럼에도 객실 내 여러 시설은 처음 문을 열었을 시대에 멈춰 있는 듯했다. 수도꼭지는 헐거웠고, 온수는 한참 기다려야 조금씩 나왔다. 무엇보다 욕실 천장이나 벽면 배관은 한눈에 보기에도 오래되어 지나온 시간이 어땠는지 고스란히 느낄 수 있을 정도였다.

　우리는 중남미 카리브해 연안 호텔의 야외 수영장을 벤치마킹하러 간 것이기에 이곳을 포함해 시내 주요 호텔이나 관광지의 콘텐츠를 주의 깊게 살펴보았다.

　인상적이었던 점은 대부분 관광지의 콘텐츠가 유형이라기보다는 무형의 것들이 많았다. 쿠바 독립운동의 아버지인 호세 마르티와 아르헨티나 출신으로 쿠바 혁명에 참여한 체 게바라를 기리는 기념물 등 그들의 스토리가 곳곳에 깃들어 있었다.

　쿠바는 헤밍웨이가 20년 넘게 머물렀고 소설 『노인과 바다』의 배경이어서 그런지 그가 묵었다는 호텔, 단골 카페와 레스토랑 등 발길이 닿는 곳마다 헤밍웨이와의 연결점을 강조하고 있었다.

　이곳 사람들은 역사와 문화 그리고 혁명까지도 홍보 수단으로서 적극적으로 활용하고 있었다. 그 외에는 시가를 만들거나 파는 상점 정도가 가볼 만한 곳의 전부인 것 같았다.

호텔에서 부에나비스타 소셜 클럽의 공연을 감상하고 나서 저녁 식사를 위해 나서는 길에 문득 이곳 젊은이들은 쉴 때 주로 어디를 가는지 궁금했다. 통역에게 묻자 그는 이렇게 답했다.

"이곳 젊은이들은 할 게 별로 없어요. 시내에 젊은 사람들이 만나서 놀 만한 클럽도 딱 두 곳밖에 없고요. 쉬는 날이 되면 아마도 대부분은 그냥 집에서 시간을 보낼 거예요. 아니면 말레콘에 가서 친구들과 담배를 피우면서 얘기하고 놀기도 하고요."

자기네 나라 젊은이들이 뚜렷한 미래를 그리지 않고 그냥저냥 지내는 것에 대해 그렇게까지 걱정하거나 불안해하는 것 같지 않았다. 늘 그래왔고 그렇게 지낸다고 해서 이상할 것 없다는 듯 말했다.

쿠바는 관광을 포함한 서비스업이 GDP에서 큰 비중을 차지하고 제약과 생명공학 분야에서 경쟁력을 가진다고 한다. 하지만 공산권 붕괴와 미국의 경제 제재로 오랜 기간 경제난을 겪고 있는 국가이다 보니 그들의 속마음은 겉으로 보는 것과는 다를 수도 있겠다 싶었다.

이방인에게 위로를 준 쿠바의 일상

통역의 권유로 우리는 차를 타고 말레콘 해안으로 가보았다. 오후 4시를 조금 넘은 시간인데 파도가 치는 해안 방파제 앞쪽에 하바나의 모든 젊은이가 모여 있는 듯했다. 파도가 방파제 너머로까지 들이쳐도 누구 하나 피하지 않았다. 이 또한 그들의 자연스러운 일상이 된 듯 개의치 않고 이야기꽃을 피우고 있었다.

그들이 하나같이 입에 물고 있는 것은 담배였다. 브랜드를 알 수 없는 담배는 한눈에 봐도 흔히 볼 수 있는 담배처럼 필터가 제대로 달려 있지 않아 그대로 피우면 건강이 상하지는 않을까 걱정도 되었다.

이방인의 걱정과 달리 거기 모인 젊은이들의 표정은 밝기만 했다. 무슨 이야기를 나누고 있는지 알 수는 없지만 얼굴에서는 행복이 보였다. 그런 그들 주변으로 퍼지는 담배 연기는 몽환적인 분위기를 만들어내며 마치 천국을 표현하는 것 같았다. 다들 왜 하나같이 담배를 피우고 있냐는 질문에 통역은 당연하다는 듯 담배 외에는 즐길 수 있는 기호품이 없다고 말했다.

당시만 해도 미국과의 관계가 좋아지기는 했지만 크게 달라진 것은 없어 보였다. 산업 기반이 튼튼하지 않고 모든 수입품도 국가에서 통제하는 공산 국가이니 담배 외에는 즐길 거리가 마땅히 없었을 것이다. 그리고 담배에 관대한 문화도 그들이 담배에 탐닉하게 하는 데 한몫을 했던 것 같다.

오후 서너 시부터 모인 젊은이들의 대화는 밤늦게까지 계속되고 있었다. 매일 이렇다는 통역의 설명에 이것도 하나의 문화라는 생각을 할 수밖에 없었다.

명색이 국제공항인데 실내를 유유히 날던 새들, 길가에서 럼주를 팔던 주민, 시내의 허물어진 건물 출입문에서 빼꼼히 고개를 내밀던 아이들, 가가호호 문에 기대 이웃과 담소와 담배를 나누던 사람들을 보면서 이방인의 시각과는 달리 그들은 삶 자체를 스토리로 만들어 누리고 있다는 생각을 했다. 고단하게도 보이고 따분하고 평범해 보이지만 이들의 삶은 긍정적이고 순수한 정서를 바탕으로 낭만적인 카리브해의 분위기와 만나 바쁜 삶에 찌든 이방인들에게 위로와 영감을 주는 것 같았다.

혁명, 미사일 위기 같은 역사적 사건과 헤밍웨이의 흔적과 작품 등 스토리텔링 요소로 발걸음이 닿는 모든 곳을 특별하게 만들었다. 어쩌면 비상한 일탈을 즐기는 것으로도 보이는 하바나 말레콘 해안가의 젊은이들을 떠올리며 일상을 최고의 순간으로 만든다는 콘셉트를 떠올려보았다. 결국 문화를 만들어내는 스토리는 마케팅과 연결되었을 때 돈을 벌 수 있는 상품이 되고, 그 나라의 관광 문화가 된다는 생각이 들었다.

○

명색이 국제공항을 유유히 날던 새들,
길가에서 럼주를 팔던 주민,
건물 출입문에서 빼꼼히 고개를 내밀던 아이들,
가가호호 이웃과 담소를 나누던 사람들.
허물어진 건물과 낡은 시설,
부족한 물질적 환경 속에 존재하는
그들만의 이야기가 관광객들이 찾아오는
매력 포인트가 되었다.

단순한 숙박업소가 아닌
여행과 추억에 특별한 의미를 부여하는
공간으로 호텔을 포지셔닝하는 것,
이것이 바로 스토리텔링 마케팅의 핵심이다.

투숙객의 향수를 달래주었던 작은 새장

훗날 호텔의 캐릭터를 만들면서 쿠바에서 깨달은 것들을 본격적으로 활용해볼 기회가 생겼다. 그때 가장 먼저 생각한 것이 바로 스토리텔링이었다.

우리 호텔에서 오랜 시간 근무하고 있는 마케팅팀 직원을 통해 호텔을 상징하는 동물이 있었고 그것이 바로 새였다는 이야기를 들었다. 한국 전쟁이 끝난 뒤 호텔이 문을 열었을 당시 투숙하던 외국인들을 위해 현관 입구에 새장을 만들었다는 일화가 전해 내려온다고 했다. 고국을 오래 떠나 있던 그들이 타지에서의 적적함을 달래 향수병에 걸리지 않도록 돕고자 한 것이다. 워낙에 오래전 일이라 정확히 기억하는 사람은 드물지만, 호텔의 역사를 기록한 사사나 과거 사진 자료를 보니 정말로 호텔 입구에 자리한 새장을 볼 수 있었다.

"자세히 보시면 호텔 곳곳에서 새 모양의 타일 장식을 발견하실 수 있을 거예요. 그 장식은 그 예전 모습에서 따온 거라고 알고 있습니다."

이어지는 마케팅팀 직원의 이야기를 들으면서 '바로 이거다!' 싶었다. 호텔이 고객에게 친근하게 다가가는 마케팅을 하기 위해서는 의인화된 캐릭터가 하나쯤 있으면 좋겠다고 생각했는데 마침 완벽한 스토리가 준비되어 있던 것이다. 이참에 새를 모티프로 하는 호텔 캐릭터를 개발해보자고 제안했고 마케팅팀은 즉시 작업에 착수했다.

한 달 정도 지나 첫 번째 시제품이 나왔다. 하지만 그것은 그냥 하얀색 참새였고 크기도 딱 참새 사이즈였다. 캐릭터라기보다는 실제 새를 그대로 옮겨놓은 수준이었다. 캐릭터라는 것은 대상을 의인화해 사람들이 보고 특징을 캐치해서 친근하게 다가갈 수 있도록 만드는 것인데 이것은 아쉽게도 그 목적을 전혀 달성하지 못하고 있었다.

캐릭터를 만들려면 우선 왜 만들어야 하는지 이유를 생각하고, 캐릭터를 통해 어떤 마케팅을 하고 싶은 것인지 그리고 고객에게 어떤 이야기를 전하고 싶은지 명확한 방향을 잡아야 했다. 이 캐릭터가 소통하고자 하는 대상은 누구인지, 어떻게 소통할 것인지, 기대 효과는 무엇인지를 먼저 정리한 후 새의 모양을 어떻게 만들면 타깃 고객들이 좋아할지 고민해보라고 지시했다.

다시 몇 주의 시간이 흐르고 두 번째 시제품이 나왔다. 이번에는 조금 더 큰 인형이었지만 여전히 문제가 있었다. 새라기보다는 그냥 둥근 빵처럼 생긴 모양이었고 귀여운 인상이라든지 호텔을 상징한다거나 새를 의인화하여 표현할 만한 요소가 없는 애매한 형태였다.

캐릭터 인형의 기본 원칙을 다시 설명해야 했다. 우선 누가 봐도 귀엽다고 느껴야 하고, 보면 꼭 안아주고 싶을 정도여야 한다. 그리고 머리가 크고 몸이 작은 가분수 형태로 만들어야 친근하게 느껴진다. 누가 봐도 새라고 인식할 수 있으면서 귀여운 아기 같은 이미지와 느낌을 살려 만들어달라고 재차 요청했다.

앰버드의 탄생

다시 한 달여의 시간이 흐르고 이번에는 마케팅 팀원 몇 명이 새롭게 제작된 인형을 가지고 왔다. 지난번 시제품들과는 확연히 달랐다. 훨씬 더 캐릭터 인형다워졌고 많이 귀여워진 모습이었다. 새로 만들어 가지고 온 캐릭터 인형은 새의 모양이면서도 아기와 같은 모습으로 의인화되어 있었고 특히 발 모양이 누가 봐도 병아리 발 모양으로 귀엽게 만들어진 게 인상적이었다.

이제 완성도를 높일 차례였다. 귀엽다는 느낌을 강화할 엣지 포인트가 하나 필요했다. 그리고 얼굴과 머리 부분을 좀 더 둥글고 빵빵하게 표현하면 더욱 좋을 것 같다는 아이디어를 제시했다. 사실 캐릭터의 이름도 구상해둔 것이 있었지만 직원들에게 한번 맡겨보기로 했다.

무엇보다 중요한 것은 캐릭터에 스토리를 입히는 일이었다. 캐릭터라는 것이 그냥 무언가를 상징하는 것으로 만든다고 되는 것이 아니라 왜 만들고자 하는지 그리고 캐릭터를 만들어 무엇을 하려는지 목적이 분명해야 한다. 즉 명분이 있어야 하고 가치가 있어야 하며 궁극적으로 스토리가 있어야 한다.

호텔 캐릭터의 탄생 배경을 동화처럼 만들어 스토리화하고 이 캐릭터 인형이 호텔에 와서 고객과 다양한 방식으로 소통할 수 있는 액션 리스트를 함께 준비하도록 지시했다. 단순한 마스코트가 아니라 브랜드 스토리를 전달하는 매개체로 활용하겠다는 의도였다.

이러한 과정을 거쳐 탄생한 것이 호텔의 마스코트인 '앰버드'다. 호텔 업장 곳곳에 캐릭터 인형을 두고 고객들에게 친근한 이미지를 주게 하면서 호텔 소개 책자에도 다양하게 적용하도록 했다.

사실 다른 호텔들도 호텔을 상징하는 캐릭터를 진작 개발해 다양한 마케팅에 활용하고 있었다. 이미 다 하고 있는 것이긴 하지만 우리는 다른 호텔들과는 달리 마스코트를 통해 호텔을 찾는 고객들을 하나의 커뮤니티로 묶어보겠다는 구상을 하고 있다. 지금은 호텔 홈페이지가 허브 역할을 하면서 호텔 CRM의 구심점 역할을 하지만 언젠가는 가상 현실 속의 마을처럼 캐릭터가 운영하는 커뮤니티를 만들고 그 안에서 캐릭터가 인공지능의 에이전트 역할을 하는 그런 호텔 CRM 커뮤니티를 한번 기획해보고 싶었다.

캐릭터가 완성되고 1년 정도 지나 어느 정도 고객들에게 친숙한 이미지를 쌓은 후 마케팅팀에게 캐릭터의 변주를 주문했다. 인형에서 키링으로, 무드등으로 그리고 아이들이 사용할 만한 크기의 백팩 등 다양한 활용을 통해 좀 더 많은 고객과의 접점을 만드는 게 좋겠다는 생각이었다. 호텔을 찾는 꼬마 고객들을 위해 색칠 공부 캐릭터 북도 만들어 아이들이 재미있게 호텔의 캐릭터를 접할 수 있도록 했다.

그리고 이어서는 호텔 캐릭터 세계관의 확장을 위해 앰버드 캐릭터의 패밀리를 만들기로 했다. 엄마, 아빠 그리고 할머니, 할아버지와 형제들까지 가족을 구성해 앰버드 세계관을 인간 세계처럼 확대하고 그 안에서 다양한 역할을 부여해 보다 재미있는 캐릭터의 세계를 고객들에게 전하게 하는 것이 좋겠다고 생각했다.

환대의 스토리가 브랜드가 되다

쿠바 하바나에서 목격한 것은 평범한 일상이 스토리가 되고, 그 스토리가 사람들을 끌어모으는 힘이 된다는 사실이었다. 허물어진 건물, 낡은 시설, 부족한 물질적 환경 속에서도 그들만의 이야기가 있었고, 그것이 바로 관광객들이 찾는 매력 포인트가 되었다. 헤밍웨이의 흔적, 체 게바라의 발자취, 부에나 비스타 소셜 클럽의 음악까지 모든 것이 스토리였다.

호텔 역시 마찬가지다. 고객들에게 단순히 잠자리와 식사를 제공하는 것이 아니라, 그들의 일상에 특별한 의미를 부여하는 스토리를 만들어내야 한다. 앰버드라는 캐릭터를 통해 전하고자 한 메시지도 결국 이것이었다. 고향을 떠나 낯선 곳에서 외로움을 느끼는 모든 고객들에게 따뜻한 환대를 제공하겠다는 호텔의 철학을 하나의 작은 새 캐릭터로 형상화한 것이다.

스토리는 제품이나 서비스에 생명을 불어넣는다. 단순한 숙박업소가 아닌 고객의 여행과 추억에 특별한 의미를 부여하는 공간으로 호텔을 포지셔닝하는 것, 이것이 바로 스토리텔링 마케팅의 핵심이다. 일상도 바라보기에 따라서는 최고의 순간이 될 수 있다는 것, 이것이 쿠바에서 배운 가장 큰 교훈이었다.

우리 호텔도 새와 관련된 내려오는 전설 같은 이야기가 있었고 마침 그 이야기의 바탕에는 '환대'라는 가치가 스며 있었다. 고향을 떠나 외지에서 일을 하는 투숙객들을 고향처럼 따뜻하게 보살펴준다는 이야기가 바로 호텔의 캐릭터를 만들게 된 시작점이다. 그렇게 호텔의 캐릭터는 호텔 브랜드로서의 기능을 함께 수행한다. 고객들이 환대를 느끼는 브랜드로서 캐릭터의 역할인 것이다. 그리고 캐릭터는 호텔의 문화를 전파하는 역할로서도 기능한다.

호텔을 기억하게 하는 방법으로서도 캐릭터는 활용성이 훌륭하다. 지금 호텔을 찾은 어린이 고객들이 친근한 이미지의 호텔 캐릭터를 접하게 되면 나중에 성인이 되어 실질적인 구매 능력을 가진 고객으로 전환될 경우 호텔 캐릭터를 기억해내 호텔의 충성 고객이 되도록 유도할 수 있을 것이다.

캐릭터 개발은 오랫동안 생각했던 기획이었다. 새로 일하게 된 호텔에서는 비교적 자유롭고 창의적인 마케팅 활동이 가능했고 공격적으로 영업을 할 수 있는 환경이 허용되면서 비로소 구체화할 수 있었다. 기업의 문화는 사실상 그 조직의 최고 결정권자가 지대한 영향을 줄 수밖에 없다. 누가 그 자리에 있느냐에 따라 문화가 달라지고 그 문화와 함께 창출되는 성과도 확실히 달라진다. 앰버드는 그런 지원과 뒷받침이 있었기에 탄생했다.

앰버드가 부디 오래 지속되어 살아남고 활약하기를 기대한다. 그리고 언젠가 호텔 버전 AI 에이전트가 활성화되면 호텔 영업의 모든 분야가 캐릭터 커뮤니티에서 가능할 것이라는 꿈도 유효할 것이라고 생각한다. 고객들이 앰버드를 통해 호텔과 소통하고, 예약하고, 추억을 나누는 그런 미래가 멀지 않았다고 본다.

결국 호텔 경영에서 가장 중요한 것은 고객의 마음을 움직이는 것이다. 그리고 그 마음을 움직이는 가장 강력한 도구가 바로 스토리다. 쿠바의 젊은이들이 말레콘 해안에서 만들어내는 일상의 스토리처럼, 호텔도 고객들의 일상에 특별한 의미를 부여하는 스토리를 끊임없이 만들어가야 한다. 그것이 진정한 호스피탈리티의 완성이자, 브랜드가 살아 숨 쉬는 방법이다.

● 디테일
비하인드

팁은 고래도 춤추게 한다

"대사께서 대사관으로 들어오시랍니다."

기대에 차서 말하는 대사관 담당 세일즈 매니저를 보며 얼마 전 호텔에 투숙한 후 본국으로 돌아간 한 아랍 국가의 VIP를 떠올렸다. 그 VIP는 호텔에 며칠 투숙하는 사이 꽤 많은 금액을 지출했다. 호텔의 모든 직원은 노심초사하며 그가 편안하게 지낼 수 있도록 각별히 신경을 썼다.

아랍 국가의 VIP들은 호텔을 이용할 때 팁에 무척 관대했다. 의전팀에서는 늘 투숙 마지막 날이 되면 VIP를 모시는 데 관여한 직원의 명단을 달라고 했는데 적게는 수십 명부터 많게는 100여 명에 이르는데도 각각 적게는 수십 달러부터 많게는 수백 달러까지 팁을 전해주고는 했다. 얼마 전 투숙한 이 VIP도 체크아웃하면서 세일즈 매니저를 포함한 직원들에게 많은 팁을 주고 돌아갔다.

세일즈 매니저와 함께 대사관으로 향하면서 혹시라도 호텔에 투숙하던 중 불편했던 것이 있었으면 어쩌나 하고 걱정하면서 발걸음을 옮겼다.

한남동에 자리한 대사관은 전망 좋은 곳에 있었다. 대사는 지난번 VIP 투숙 당시 호텔에서 베풀어준 환대에 대한 감사 인사로 대화를 시작했다. 특히 VIP께서 고맙다며 선물을 본국에서부터 총지배인에게 보내왔다고 했다. 속으로 깜짝 놀라면서도 침착함을 유지하며 마땅히 해야 할 것을 했을 뿐이라고, 감사하다는 인사를 건넸다.

대사가 보여준 선물은 롤렉스 시계였다. 남자용과 여자용 하나씩 총 두 개였다. 호텔의 환대에 감사를 표하며 총지배인과 세일즈 매니저에게 주는 팁 치고는 과한 선물이었다. 우리 두 사람은 선물을 보며 아랍 국가의 배포에 새삼 놀라면서 이렇게 선물을 챙겨주는 마음 씀씀이에 감동했다.

하지만 기쁨과 감동도 잠시, 대사관으로부터 받은 선물은 호텔 규정상 반납할 수밖에 없었다. 고객으로부터 팁이나 선물은 받을 수 없고, 혹 받게 되더라도 회사에 반납하는 것이 규정이었기 때문이다. VIP의 의전팀으로부터 받았던 팁도 모두 회사에 반납했고 그렇게 모인 돈은 연말에 불우이웃돕기 성금 등으로 쓰였다. 고생했던 직원들에게는 월례조회 때 인사팀이 마련한 별도의 시상을 하는 것으로 대신했다.

아쉬운 마음에 해외의 글로벌 호텔 체인에서도 개별 직원이 받은 팁이나 선물을 회사에 반납하는지 세일즈 매니저에게 물었지만, 아니라는 답이 돌아왔다. 우리나라와는 아무래도 문화가 다르니 그럴 것이라고 생각했다.

우리나라 호텔은 팁 제도를 운영하지 않는다. 식음료 가격에는 봉사료가 이미 포함되어 있지만 간혹 외국에서 온 고객이 팁을 주는 경우가 있는데 이 경우에도 예외 없이 규정에 따라 받지 못하게 되어 있다.

우리나라 로컬 호텔 대부분은 2000년대 초반까지 급여 외에 별도로 받던 팁, 즉 봉사료를 기본급에 포함하는 것으로 바뀌었는데 그 규정이 지금까지 적용되는 것이다.

사회생활을 시작한 1980년대 말에는 호텔업이 급여 수준이 높은 직종 중 하나였다. 당시만 해도 손님으로부터 받은 팁을 매달 모아 수당으로 배분해 지급했는데 간혹 월급보다 많기도 해 직원들이 좋아했다. 그러다 보니 다른 업종과 비교했을 때 급여 수준이 높아져 호텔이 인기 직종이 된 것이다.

2000년대부터 봉사료가 기본급화된 후 팁 규모에 따라 들쭉날쭉했던 월급이 일정해진 장점이 생겼다. 하지만 우리나라 급여 체계가 기본급은 유지된 채 대부분 성과급이 오르다 보니 상대적으로 리턴이 높지 않은 호텔업 특성상 다른 업종보다 성과급 인상 폭이 작을 수밖에 없었다. 이러한 상황이 누적되면서 이제는 호텔이 다른 업종보다 급여 수준이 낮아지고 말았다.

코로나19 팬데믹이 끝난 후 어느 날, 동료 선배들과 함께 시내 고깃집에서 저녁을 먹었다. 코로나 이후로는 저녁 식사 모임의 트렌드가 바뀌어 예전처럼 술을 즐기기보다는 맛있는 식사를 간단하게 나누곤 했다. 그날도 이른 저녁 식사로 소고기를 간단하게 먹기로 했다.

소고기는 사실 직접 구워 먹어도 되지만 우리나라 대부분의 고깃집에서는 구워주는 경우가 많다. 그날도 직원 한 분께서 정성스럽게 구워주고 있었다. 그 모습을 보던 한 선배가 갑자기 지갑에서 5만 원 지폐를 꺼내더니 그분께 주는 것이 아닌가. 팁을 받은 직원은 감사해하며 모자란 반찬을 채워주고 주방에서 특별히 가져왔다는 밑반찬도 맛보도록 하면서 서비스를 해주었다.

저녁 모임이 끝나고 집으로 돌아가면서 호텔 직원들이 떠올랐다. 사실 요즘 호텔은 늘 구인난이다. 웬만한 젊은 구직자는 호텔을 고려하지 않았다. 코로나 팬데믹을 계기로 호텔 급여 수준이 낮다는 인식이 퍼져버렸고 게다가 감정 노동이라는 인식까지 더해져 사람을 구하는 것이 더 어려워졌다.

호텔 경영을 하게 되면서 제일 먼저 했던 일 중 하나도 팁과 관련한 것이었다. 당시 인사 담당 임원에게 팁 제도를 정식으로 도입할 수 있는지 검토를 주문했다. 인력 운용 측면에서 무언가 돌파구가 필요했고, 직원들에게도 확실한 동기를 부여하고 싶었기 때문이다. 하지만 돌아온 답은 지금 도입하기에는 현실적으로 무리라는 의견이었다. 직무상 금전 수취를 금하고 있는 회사의 취업 규칙을 개정해야 하는 어려움과 함께 업계 동향이나 사회적 분위기상 쉽지 않다는 것이 이유였다.

우리나라에서 팁이 사라진 후 시대가 바뀌었고 다시 도입해볼 만한 여건도 만들어지는 중이라면 다시 검토할 필요가 있지 않을까 생각한다. 당장은 고객이 부담으로 느낄 수도 있겠지만, 자신이 경험한 환대에 대해 작은 규모라도 팁을 주는 문화가 우리나라에도 자리를 잡는다면 호텔업도 유망 산업이 되지 않을까.

우리나라의 봉사료 제도는 지난 1970년대 과다한 팁 요구에 따른 고객 불만 해소와 서비스 평준화를 위해 당시 교통부의 행정 지시로 숙박 및 식사 비용에 대해 일괄 10%를 부과하면서 시작되었다. 2000년대 중반, 의무 부과되는 봉사료가 여행업계에 전가될 수 있다는 우려로 정부에서 단계적 폐지를 권고하였지만, 논의 과정에서 흐지부지되기도 했다. 식음료의 경우에는 2013년 식품위생법 시행규칙 개정에 따라 부가가치세와 봉사료를 포함한 금액을 표기하게 되어 이때부터 표기된 가격만큼만 지불하면 되도록 자리가 잡혔다.

하지만 객실료의 경우 식음 가격 표시와 달리 세금과 봉사료를 호텔에서 자체적으로 별도 표기해 운용했다. 어떤 호텔은 기본 가격에 봉사료 없이 받기도 했고, 또 어떤 호텔은 기본 가격 외에 봉사료 10%를 별도 표기해 받는 등 호텔별로 다르게 운영했다. 이제는 인터넷 여행사를 통한 예약이 활성화된 이후 대부분 호텔이 객실료에 봉사료를 추가하지 않는 것으로 바뀌면서 지금은 세금만 별도 표기하고 있다.

1995년에 지역 전문가 제도로 스페인 마드리드에 체류할 당시 현지 식당을 이용하면서 직원에게 처음으로 팁이라는 것을 주었다. 큰돈은 아니었지만 방문할 때마다 현지인 손님보다는 팁을 더 주고는 했는데 팁을 받은 직원은 나와 우리 일행에게 과할 정도로 극진한 환대를 제공하고는 했다. 확실히 팁은 식당 같은 서비스업 직원의 친절에 대한 강한 동기가 되었다.

한참 뒤에 방문한 미국 뉴욕 식당에서의 팁 경험은 또 다른 문화 충격이었다. 이곳에서는 아예 영수증에 팁의 비율이 적혀 있었다. 서비스 만족도에 따라 15%부터 25%, 35%였는데 중간 정도 만족도라도 식사비의 1/4을 팁으로 주어야 했다. 그래도 뉴욕의 식당은 손님들로 넘쳐났다.

물론 미래에도 이런 명제가 유효할지는 모르겠다. 피지컬 AI가 서비스하거나 키오스크 주문이 호텔에서도 일반화된다면 고객들이 이들에게 팁을 줄리 없으니 말이다.

Check-out

호텔리어로 살아온 8714일

회사 생활 참 오래 한 것 같다는 생각을 지금까지 두 번 정도 했다. 맨 처음 이런 생각을 했던 것은 두 번째 직장이던 호텔에서 퇴직할 때였다. 그리고 다시 그 생각을 하게 된 것은 이 책을 준비하면서다. 대학을 졸업한 후 처음 회사 생활을 시작할 때는 모두 그렇겠지만 이 정도로 오랜 기간 하게 될 것이라고 예상하지 못했다. 다들 흔히 그렇듯 회사를 10년 정도 다니다가 자영업을 하든 아니면 다른 직장을 구하든 해서 먹고살 것 같다고 막연하게 생각했다. 그러다 보니 첫 회사인 보험사를 다닐 때 가입한 보험도 대부분 10년 납, 20년 만기인 상품이었다. 그래서 지금은 남아 있는 보험이 없어 후회되기도 한다.

학창 시절에 수학은 포기했고 다른 과목도 그저 그랬지만 국어만큼은 좋아했고 잘했다 보니 늘 글을 써보고 싶다는 생각을 해왔다. 다만 회사 생활이라는 것이 다 그렇겠지만 여러 이유로 차일피일 미루었다. 요즘에는 하고 싶은 것이 있다면 미루지 말고 시도하자는 적극적인 삶의 태도를 권하는 것 같다. 이런 흐름을 느끼면서 이런 생각을 해보았다. '부족한 글재주이지만 한번 도전해볼까?'

내가 겪은 일들이 자랑할 만한 것들은 아닐 수도 있다. 주위를 보면 다들 힘든 시간을 견뎌왔다. 어쩌면 훨씬 더 어려운 시간을 극복한 경험이 있을 텐데 이 정도를 가지고 책까지 써서 내세울 만할까 싶기도 했다. 그럼에도 기록으로 남기겠다고 결심한 것은 회사 생활, 정확하게는 가장 긴 시간 몸담은 호텔에서의 경험을 정리했을 때 떠오른 두 가지 키워드 때문이다. 그중 하나는 '스피드'이고 다른 하나는 '공감'이다. 호텔에서 체득한 인사이트를 담은 이 책에는 스피드와 공감이라는 두 가지 키워드가 중심에 있는 내용으로 채우고자 했다.

1990년대 초반, 첫 회사인 보험사에 다닐 때 '보험사의 국제화 전략'이라는 주제로 기획안을 준비하라는 지시를 받았다. 당시 부서장은 뛰어난 역량을 인정받는 분이었는데 단 하나 문제가 있다면 어지간해서는 결재를 해주지 않았다. 누가 봐도 괜찮은 보고서였다고 자부했지만, 그분은 늘 "다시!"를 외쳤다. 처음 대여섯 번까지는 수기로 초안을 작성한 후 컴퓨터를 켜 문서 작성을 반복했다. 그렇게 수정 작업이 스무 번을 넘어가면서 오기가 생겼고 보고서의 내용을 외우다시피 하게 되었다. 그때부터는 초안 작업 없이도 바로 컴퓨터를 켜 문서를 작성할 정도가 되었다.

'보험사의 국제화 전략' 보고서 작업은 이후로도 계속되었고 무려 서른세 번의 반려 끝에 결재를 받을 수 있었다. 같은 제목의 보고서를 서른세 번 작성하면서 얻게 된 것은 기획 역량은 물론이고 엄청나게 빨라진 업무 처리 속도였다.

이제는 외국인들도 잘 아는 "빨리빨리"는 한국인을 묘사하는 대표적인 표현이 되었다. 처음 회사 생활을 시작할 때는 무엇을, 어떻게 빨리 하라는 것인지도 모른 채 그저 주변 분위기를 엿보며 따라 움직였다. 어떤 일을 하든 상사는 재촉했기에 무엇이든 빨리 해야만 인정을 받을 수 있었다. 아침에 업무 지시를 했는데 오후에 "다 됐어?"라고 묻는 상사도 여럿 있었다. 재미있는 사실은 나중에 돌아보니 그런 분만 승진해 결국 임원이 되었다.

공감 능력이라는 말은 좋게 포장해서 그렇지 사실 분위기에 따라 빠릿빠릿하게 움직였다는 의미다. 특히 상사와 공감을 잘한다는 것은 그의 눈치를 살피며 일한다는 것과 다르지 않다. 눈치가 없다는 소리를 들으면 자연스레 눈 밖에 나게 되고 인정을 받지 못하니 승진 등에서 밀릴 수밖에 없었다. 그러다 보니 눈치를 잘 봐야만 했다.

이 눈치와 관련해 후배들에게 가끔 해주는 조언이 하나 있다. 상사에게 보고할 때는 반드시 말을 줄이고 결론부터 얘기하라는 것이다. 안 그래도 상사는 눈에 불을 켜고 잘못한 것, 부족한 것을 찾을 수밖에 없다. 열심히 준비했다는 것을 보여주겠다며 말을 많이 할수록 흐름에서 벗어나 상사에게 주도권을 빼앗긴다. 그렇지 않아도 상사는 성격이 급한 경우가 많은데 보고자의 말이 길어지면 인내심에도 한계가 오고 만다. 그래서 보고 내용을 단순화할 것을 후배들에게 이야기하고는 했다. 이것이야말로 상사와 효과적으로 공감하는 방법이다.

신입 사원일 때는 고민할 것 없이 선배나 상사들의 눈치만 봐도 충분했다. 그런데 과장이 되고 차장, 부장이 되니 상사는 물론이고 동료와 후배까지 상하좌우로 눈치를 봐야 했다. 나를 둘러싼 모든 이들이 '다면 평가'라는 이름으로 나를 평가했기 때문이다. 이전보다 훨씬 더 힘들어진 것이다. 그렇게 임원이 되고, 총지배인이 되고, 대표가 되면서 고객의 눈치도 봐야 했고, 경쟁사의 움직임과 시장의 변화에도 민감해야 했다. 그렇게 시간이 갈수록 눈치를 봐야 할 상대는 늘어만 갔다. 그래도 지금까지 회사 생활을 계속하고 있는 것을 보면 다행히 눈치를 잘 봤던 것 같다.

책을 쓰기로 결정하고 차례를 구상할 때 그동안 무슨 일이 있었고, 그 일들이 내게 어떤 영향과 인사이트를 주었는지 정리하다 보니 남들보다는 제법 긴 시간 회사 생활을 했구나 싶었다. 그동안의 기억을 더듬으니 길었던 만큼 많은 일을 겪었다.

처음 회사 생활을 시작한 후 지금까지 37년째, 호텔에서 일한 시간만 따져도 2002년부터 현재까지 24년째인 지금. 업계 고수들에는 비할 수 없는 시간이겠지만 길다면 긴 시간을 호텔에 몸담았다. 그 시간 동안 참 많은 위기가 있었다. 굵직한 것만 따져도 2003년 사스, 2008년 신종플루와 미국발 글로벌 금융위기, 2015년 메르스, 2016년 사드 배치와 중국의 한한령 그리고 2020년 코로나19 팬데믹까지. 이렇게 호텔업계의 기반이 흔들릴 정도의 큰 위기 상황을 반복해 마주했다.

좋았던 일도 많았다. 2000년대 초 우리나라에 처음 등장한 비즈니스 호텔과 그에 따른 호텔시장의 확대, 2002년 방영된 드라마 〈겨울연가〉부터 시작된 일본의 한류 붐, 여행지로서 제주도의 부각과 리조트의 호황 등 남기고 싶은 이야기들이 아직 많이 있다.

가끔 후배들과 지난 시간의 이야기를 하다 보면 나의 경험이 도움이 되었다는 이야기를 듣게 되는데 그것이 끝까지 글을 쓰게 한 동기가 되었다.

마지막으로 이 책을 읽을 독자분들께 한 가지 당부드린다. 언급한 사례의 다른 당사자가 기억하는 것과는 조금 다르게 담긴 부분이 있을 수도, 의도와 달리 누군가는 불편하게 느낄 수도 있지 않을까 싶다. 그렇지만 이 책을 통해 담고자 한 것은 고객만족을 선사하는 최고의 호텔을 만들기 위해 함께 고민하고 땀 흘린 시간, 그 결과 손에 쥘 수 있었던 변화와 성과였음을 헤아려주시면 좋겠다. 모쪼록 너그러운 마음으로 읽어주시기를 당부드리며 지나온 시간을 함께해준 모든 분들께 다시 한번 감사를 전한다.

디테일리즘

초판 1쇄 발행 2025년 11월 10일

지은이	조정욱
펴낸이	신현만
펴낸곳	(주)커리어케어 출판본부 SAYKOREA
출판본부장	박진희
책임편집	김선도
편집	양재화 손성원
마케팅	허성권
디자인	studio forb
등록	2014년 1월 22일 (제2008-000060호)
주소	04779 서울시 성동구 성수일로 39-34 서울숲더스페이스 12F
전화	02-2286-3813
팩스	02-6008-3980
홈페이지	www.saykorea.co.kr
인스타그램	instagram.com/saykoreabooks
블로그	blog.naver.com/saykoreabooks

ⓒ (주)커리어케어 2025
ISBN 979-11-93239-37-7   03320

- 이 책은 저작권법에 따라 보호받는 저작물이므로 무단전재와 무단복제를 금합니다.
- 이 책 내용의 전부 또는 일부를 이용하려면 반드시 (주)커리어케어의 서면동의를 받아야 합니다.

※ 잘못된 책은 서점에서 바꾸어 드립니다.
※ 책값은 뒤표지에 있습니다.

SAY KOREA는 (주)커리어케어의 출판브랜드입니다.